文明としてのツーリズム

歩く・見る・聞く、そして考える

神崎宣武 編著

Liberal Arts Publishing House

人文書館

カバー装画
根本有華「街が斜めに遠ざかる」2003年

扉写真
鈴木一誌「命の山なみ」(唐松岳稜線、2003年)

文明としてのツーリズム

歩く・見る・聞く、そして考える

目次

はじめに――旅と観光へのまなざし

神崎宣武

食わんがための旅から

「旅」は、古い言葉です。白川静『字通』によりますと、もとは、「氏族旗を掲げて進む氏族の軍団の出行」をいったそうです。のちに「行旅」、「旅行」にも転じますが、その本意は「旅すること」にほかなりません。

古くは、旅は、難儀な行為でした。たとえば、『万葉集』にも、旅を愁う歌が少なくありません。「家にあれば笥《け》に盛る飯《いひ》を　草枕旅にしあれば椎の葉に盛る」（有間皇子）は、よく知られる歌です。旅の枕詞に「草枕」がつかわれるようになったのも、旅が野宿を覚悟の行為であったことを物語っています。

もっとも古く、中国の『易経』（周易＝紀元前十世紀前後）でも、「旅、小亨」と説かれております。つまり、「小《すこ》しく亨《とお》る」。旅に出れば、難儀が多く、万事につけ思いどおりにはいかない。少しだけ望みがかなえばよい、としなければならない。と、解釈できます。

かの柳田國男（民俗学者）は、それをよくご存知だったのでしょう。「旅は、タベである」と述べています。すなわち、タベは「給え」、「たまわれ」の古語であり、行く先々で「タベタベ」と物乞いをしなくては旅が成りたちにくかった、といったのです。

その柳田説に対して、反論の語源説もでました。「とび」（飛び）説、「たび」（他火・手火）説などですが、いずれも柳田説を越えるほどの説得力をもっとは思えません。私も、柳田説を支持しております。

旅が難儀な行為であったことは、古くさかのぼれば、世界に共通することでもあります。よくもちだされるのは、トラベル(travel)がトラブル(trouble)を語源にしているという例です。

現在《いま》でも、ごくかぎられた不幸な例ではありますが、たとえば難民のさまよえる旅、亡命者の必死の旅などでは、難儀がつきものです。国連や支援団体の援助を、この文脈からいえば「タベタベ」と乞わなくては成りたたない旅でもあるのです。

でも、なぜ、そうまでして先人たちは旅に出たのでしょうか。まず、そうせざるをえないから、という事情が想定できます。もっとも古くは、「食わんがため」の旅が想定できます。狩猟や採集の旅に代表されるように、旅そのものが食料生産の場である事例です。物乞いを食料生産とするかどうかは、意見が分かれるところですが、食わんがための旅ということでは、狩猟や採集に近い旅の形態といえるでしょう。

旅の形態は、じつにさまざまあります。物乞いをせざるをえない旅から、上げ膳据え膳で贅沢三昧の旅まで。時代と階層によって、多様化していきます。大別すれば、次のような形態が揚げられるでしょう。

(一)狩猟・採集などの旅

(二)行商・交易などの旅

(三)祈禱・遊芸などの旅

（四）零落・厭世などの旅（漂泊の旅）
（五）巡察・赴任などの旅（公務の旅）
（六）修行・布教などの旅（悟道の旅）
（七）登拝・巡礼などの旅（信仰の旅）
（八）侵略・征圧などの旅（軍事の旅）
（九）修学・留学などの旅（研修の旅）
（一〇）遊山・観光などの旅

もちろん、数えようによっては、まだ別の項目がたつでしょう。「求婚の旅」や「死出の旅」も無視できません。が、旅の歴史を目的別にまとめてみれば、右のような分類が妥当であろう、と思います。

楽しまんがための旅へ

歴史の大略としては、ほぼ（一）から（一〇）へと旅が発達します。もっとも、かなりの分野が併行したり重複したりして発達します。端的にいうならば、食わんがためになす旅〈（一）〜（三）〉が古く、楽しまんがためになす遊山・観光などの旅〈（一〇）〉が新しいのです。

ここでは、中間に列挙した旅〈（四）から（九）まで〉は、省きます。「食わんがための旅」と「楽しまんがための旅」

の両極で考えてみましょう。歴史を通じて、もっとも多くの人びとが体験を共有したところの旅の形態でもあります。「普遍文明としての旅」といいかえてよいでしょう。

食わんがための旅は、いうなれば自然発生的な旅です。きわめて動物に近い、それゆえに原初的な旅でもあります。

それに対して、楽しまんがための旅の発達には、いくつかの条件が満たされなくてはなりません。つまり、そのためには、ある程度の安全と快適を保証する装置系と制度系の整備が必要となります。

この場合の装置系とは、まずは交通。次に、宿屋や飲食店。制度系とは、為替や通信。そして、旅程のうえでの諸事を手配する斡旋業者。それらの発達が前提となります。

そうした装置系・制度系の発達があって、はじめて大勢が旅を楽しむことができる。いわゆるマス・ツーリズムが発達するのです。

たとえば、日本では、江戸前期(十七世紀)に、その発達をみました。参勤交代の定例化が、公共事業としての街道と宿場の整備を進めることになり、それが、ひいては庶民の旅を誘発することになったのです。その一方で、庶民社会では、旅を方便化すべく寺社詣での講社や代参の制度が発達しました。

たとえば、ヨーロッパでは、十八世紀にグランド・ツアーの発達をみました。イギリスの貴族の子弟たちが通過儀礼としてフランスやイタリアを周遊することにはじまります。そのころ、とくにフランスでの幹線道路の整備が進んでおり、敷石で舗装した道路は、馬車での通行も可能としました。グランド・ツアーには、何人もの家庭教師や召使いたちが同行しております。はじめは、自炊も多かったようです。が、やがて、それを受け入れる街道筋でホテルやイン、イギリス風の食事を提供する仕出屋やレストランなどの急速な発達をみました。すると、グランド・ツアー以外の、たとえば巡礼の旅、画家・文人たちの旅なども活況を呈することになったのです。

旅行の斡旋業者でいうと、世界ではトーマス・クックが元祖であるかのようにいわれます。しかし、トーマス・クックがグランド・ツアーの手配を拡大してパッケージ・ツアーを売り出すのは、十九世紀のことです。日本では、それより一世紀以上も前から、庶民の寺社詣でを手配する御師《おし》や先達《せんだつ》の商業活動がはじまっております。とくに、伊勢参宮を斡旋する御師は、十八世紀前後には六〇〇から七〇〇株となり、全国的に市場を分割して、それぞれが企業的な営業を行うようになっています。したがって、伊勢の御師をもって、世界の旅行業者の元祖というべきなのです。そのところでも、江戸時代の日本は、世界で冠たる旅行大国でありました。

物見遊山と観光旅行

江戸時代は、「旅」とか「行旅」のほかに、「物見遊山」、あるいは「物見遊山の旅」という言葉がつかわれておりました。

私ども日本人は、物見遊山の旅の文化的な伝統をもっております。江戸時代の寺社詣でも、信仰をタテマエとしながら、ホンネは道中の遊山にある旅でした。

ここで、物見遊山という言葉に、あらためて注目しておきましょう。

物見遊山は、「物見」と「遊山」の複合語です。物見には、①見物すること、②見張ること、の意味があります。遊山には、①山野に遊ぶこと、②遊びに出かけること、の意味があります。これを、意味をそこなわない範囲で少し拡大して解釈してみますと、物見は観察的な行為、遊山は遊興的な行為、となります。タテマエ的な行為(物見)とホンネ的な行為(遊山)、といいかえてもよいでしょう。すなわち、物見遊山の旅には、両面性がある、ということになります。

文化七(一八一〇)年に出版された八隅蘆菴著の『旅行用心集』は、当時のベストセラーです。そのなかにも、以下のように旅立ちの心得が書かれています。

「旅ハ若輩の能《よき》修行成といひ、又諺にも可レ愛子にハ旅をさすべしとかや」(原文のママ)

つまり、旅は、遊山が目的だけではない。旅には、一方で修行の意味がある。ゆえに「愛《いと》しい子には旅をさすべし」という、とします。この修行のために風物や人情をしっかりと物見することが必要なのです。

江戸時代でいう物見遊山の旅とは、現代でいう観光旅行に相当します。「観光」という言葉は、幕末から明治にかけてつかわれるようになりました。たとえば、オランダ国王から幕府に寄贈された汽船が「観光丸」、下野《しもつけ》国佐野藩の藩学校が「観光館」。明治初年に国産品奨励のためにつくられた公社が「観光社」でした。高尚な意味でつかわれております。

これも、出典は、中国の『易経』に求められます。「国の光を観る。もって王に賓たるに利ろし」（高田真治・後藤基巳訳＝岩波文庫版『易経』）。つまり、君主たるもの、国俗の威勢をしかと認識しておかなくては民を治められない、といっているのです。観光とは、もとより、高邁な政治思想をふくんだ言葉なのです。

観光の本来の意味は、「観察」であり「観示」。これを物見遊山にあててみますと、遊山でなく「物見」の方に共通性があった、ということになります。それが、やがて、遊山の方におきかえられることになります。

明治の中期以降のことです。たとえば、おもに外国からの旅行者の斡旋のために「国際観光奨励会」がつくられたのです。時おりしも、鉄道の開設も進み、日本人の旅行もより拡大します。「日本観光奨励会」もつくられました。そして、観光旅行という言葉も広く普及していくのです。

観光文化の成熟とは

現在《いま》は、観光旅行が全盛の時代です。とくに、社会・経済が安定している先進国のあいだでは、国内旅行も国外旅行（国際旅行）も盛んです。

たとえば、二〇〇〇年には、国外旅行をした人の数は、世界中で五億人に達した、といわれます。半世紀たらずで二〇倍にも増加したことになります。

日本でも、経済の高度成長期以降、とくに海外旅行が目立って盛んになりました。昭和四七(一九七二)年に海外旅行者が一〇〇万人を越えます。そして、それから急速な増加がみられます。一〇〇〇万人を越えたのが平成元(一九八九)年で、平成七年以降のこの数年間は、一五〇〇万人以上の海外旅行者を数えています。ただし、これはビジネス旅行者も含んだ数字ですので、観光旅行者にかぎっていえば、一〇〇〇万人ほどになるでしょうか。

国内旅行者数は、公的な機関でも正確な数字がとらえられておりません。延べ三億一七〇〇万回人ほど、と推計されています(平成一七年度版『観光白書』)。そして、このうち約半数が観光旅行者、とみられています。

これが、世界のなかでは多いのか少ないのか。同列で比較する数字が乏しいのでたしかなことはいえません。たぶん、人口比でみると、先進国のなかでも多い方でしょう。

「近い将来、観光産業は、世界の基幹産業のひとつになるだろう」と予想したのは、アメリカの未来学者ハーマン・カーンです。現在《いま》から三〇年も前のことでした。以来、二十一世紀は、観光の時代である、といわれるようになりました。日本でも、社会学者や文化人類学者たちが未来指向の観光論を説くようになりました。「観光ルネッサンス」「ポスト・モダンとツーリズム」「ツーリズムとボーダレス」「ネオ・ノマド(新遊動民)の時代」「オルタナティブ(もうひとつの)・ツーリズム」などの標語が、研究者のあいだでつかわれるようになりました。観光の輝かしい未来が、期待をこめて語られるようになったのです。
二十一世紀は、まだ数年しかたっていませんが、たしかにその方向に進んでいる、といってよいでしょう。しかし、観光旅行が停滞したり後退したりする事態も時どきに生じます。戦争やテロ事件、サーズの流行など。私どもの記憶に新しいところでも、それがありました。

観光旅行は、平和の象徴であることを、あらためて認識しなくてはなりません。そして、観光旅行が安定して持続できる社会のあり方を問題にしなくてはなりません。

「なぜ、人は旅に出るのか」という問いに対しては、物質的な利益があるから、という答えも可能でしょう。しかし、「なぜ、観光旅行に出るのか」という問いに対しては、その答えはふさわしくありません。多くは、気分が解放され、精神的に満たされるために旅行に出かける、と答えるはずです。

ある種のパラダイス（楽園）を求めて、ヒーリング（癒し）の旅に出る、といいかえてもよいでしょう。それは、美術や音楽、演劇やスポーツの観賞と同質の余暇活動です。が、さらに贅沢な消費活動でもあります。

旅行者（ゲスト）は、自分の満足を得るために、関連の業者（ホスト）に代価を支払います。業者は、サービスを提供することで対価を得ます。じつは、ゲスト・ホスト間の程よい関係が観光旅行の持続のためには大事です。「双方両得」の関係が成立することが望ましいことは、いうをまちません。これは、観光旅行の発展についてのひとつの条件となります。

ゲストが金銭の力にまかせて遊び楽しむ旅行は、未成熟の過程にすぎません。いちどはその過程を通るにしても、私どもは、観光旅行の成熟を目ざさなくてはなりません。とくに、日本人としたら、それが「キャリア」の責任というものです。

何も仰々しくいうのではありません。江戸時代の日本は、世界で冠たる旅行大国であった、といいました。物見遊山の旅の成熟期であった、といってもよいでしょう。

いみじくも『旅行用心集』で指摘しております。

「旅ハ楽《たのしみ》、遊山の為にする様に心得居《おる》故、人情に疎《うとく》、人に対して気随《きずい》多く、陰にて人に笑指《わらいゆび》さゝるゝこと多かるへし」（原文のママ、次も同じ）

「されば泊《とまり》々土地、処の風俗によって、けしからぬ塩梅《あんばい》の違あるものなり。此等の事を兼《かねてより》而心得居《おら》ねば、大に了簡《りょうけん》違ふものなり」

これを、現代の海外旅行にあてはめてみると、なおわかりやすいでしょう。異民族・異文化との出会いのなかで、新しい自己を見いだす。そのことを説いているのです。不易の原則、といわなくてはなりません。私どもは、先人たちがなした「物見遊山の文化」の成熟を、たえずふりかえってみればよいのです。

もちろん、学問的な姿勢としては、幅広く研究資料を求めることが望まれます。ただ、最近の研究者のなかには、海外の、多くはアメリカの研究書を引用して、旅や観光を抽象的に体系分類しようとする傾向が強いように思えます。旅行者が、観光ガイドブックを手に、その情報どおりに歩こうとするのと同様の傾向です。いかがなものでしょうか。旅行者であれ研究者であれ、基本的には、自分の五感で事象をとらえ、自分の言葉で思考することが大事なのではないでしょうか。旅を経験することで、旅のさまざまを学ぶのです。観光旅行を経験することで、観光旅行のあり方を学ぶのです。

私どもは、自身がよき旅人でありたい、と思います。

東アジアの島々からの視点・論点

私ども三名(石森秀三・高田公理・神崎宣武)は、それぞれ立場が違います。石森秀三は、日本でいちばんはじめに観光学(カンコロジア)を提唱しました。文化人類学的な研究実績だけでなく、観光行政にも大いに関与しています。高田公理は、社会学の立場から旅や観光を考えてきました。とくに、情報文明論への展開を試みてきました。また、神崎宣武は、民俗学の立場から日本人における旅や観光を考えてきました。その三名が、旅の文化研究所で共同研究を行うことになりました。時どきに何人もの研究者の協力をあおぎながら、私どもの共同研究は、もう一〇年が経過しました。

私どもは、東アジアの観光地、あるいは開発地における観光の実態に注目しました。これは、あくまでも日本、あるいは日本人という「ものさし」をもってみるのに、いちばん適した地域であろう、と考えたからです。

とくに、東アジアの島嶼部における観光の実態に注目しました。これは、工業誘致もままならぬ島々の近代化のなかでは、いわゆる「観光立島」が必然というものであろう、と思えたからです。そして、島世界であれば、私どもの足腰と経験をもっても全体像が比較的とらえやすいだろう、と考えたからです。そこでは、共同でフィールドワークを行い、その場で印象や疑問を十分に語りあうことを重ねてきました。三人の視点・論点を相乗することを心がけたのです。あくまでも、具象例と経験値をもとに。あくまでも自分の言葉で。そう心がけました。

本書は、その結果を六項目(六章)に分け、分担執筆しました。しかし、そこに相互の意見もとりいれて発表するかたちをとりました。「まえがき」が長すぎましたが、ご興味がおありの項目からお目通しをいただけたら幸いに存じます。

第一章

民族と観光

石森秀三

第一節　「旅学《ツーリズム・スタディーズ》」のはじめに――孤島にて

離島クルーズ船の到来

一九七九年一〇月のある朝、ミクロネシアのサタワル島で島民会議が開催された。議題は観光客を乗せたクルーズ船が島に来るので、いかに対応すべきか、というものであった。この島は、周囲が約六キロメートル、人口が約五〇〇人という、小さな隆起サンゴ礁の島である。この時、私は民族学的調査のために、島に滞在中であった。

日本からサタワル島に来るためには、まずはじめにジェット機でグアム島まで飛び、そこでヤップ島行きのジェット機に乗り換える。ヤップ島は、ストーン・マネー(石貨)で有名な島であり、離島に向かう連絡船が出る島でもある。実は、ヤップ島から離島に行くには相当の幸運と手間が必要だ。連絡船は二ヵ月に一度ほどしか離島に向かわないうえに、不定期便なので、運が良くないと船に乗れない。

しかも、離島に行くためには、行政府の許可が必要になる。ミクロネシア地域は当時、国連の信託統治領であり、米国が統治を任されていた。そのために、サイパン島に設置された信託統治領行政府本庁の調査許可を得たうえで、ヤップ支庁において離島に入るための許可を得なければならない。

一連の調査許可を得たうえで、ようやく乗船できた船は五〇〇トンほどの小さな貨物船であった。目的地のサタワル島までは約一〇〇〇キロメートルの距離があり、途中の島々に立ち寄って行くので、十日間から二週間の遠洋航海になる。船酔いに苦しみながら、太平洋の大海原を乗り切った末に、ようやくたどり着いたサタワル島は、まさに近代文明から隔絶された絶海の孤島であった。

この島では、男性はフンドシ一本、女性は腰布一枚でトップレスで暮らしており、ココヤシの葉葺きの伝統的家屋に住み、タロイモやパンノキの実を主食にしている。もちろん、電気も水道も電話もない島である。私は、この島でフンドシ一本になって約一年間滞在し、島の人々が神々や自然に対して観念しているコスモロジー（宇宙観）の調査を行った。

私の滞在中に突然、離島観光のクルーズ船の到来の話が舞い込んだ。島に一台だけあるオンボロ無線機に、ヤップ支庁からクルーズ船来訪の件が連絡されてきたために、首長が島民会議を招集したのである。島には三人の首長がいるが、調整役に徹しており、なにかの事態が発生するとホラ貝を吹き鳴らして、成人男性をカヌー庫に招集して、島民会議を開催し、島の総意をまとめあげる。クルーズ船来訪の件については、女性が浜辺で歓迎の踊りを行い、男性がカヌー庫で棒踊りを披露することが決められた。さらに、すでにキリスト教に改宗しているので、通常は行われていないカヌー完成儀礼を観光客のために特別に演じることが提案されて、船大工のタオルマイが儀礼を演じることに決まった。そのほか、観光客歓迎のための飾りつけや清掃などの役割分担、みやげものの販売などについても話し合われた。

その当時、私はまったく観光に興味がなかったので、離島観光クルーズ船など来ない方が良いと思っていた。私を含めて日本の民族学者のうちで、その頃に観光研究を志す研究者は一人もいなかった。むしろ、観光客を嫌悪していたと言ってよいだろう。なぜならば、観光客が入り込むことによって、民族文化が悪用されたり、売買春が問題になったりするからだ。観光地では「マヤカシの民族文化」が横行するようになるので、民族学者は観光地を避けて、より秘境に向かうことになった。私の場合にも、南太平洋における「ホンモノの民族文化」を追い求めているうちに、サタワル島のような絶海の孤島に行き着いたのである。南太平洋の雰囲気を味わいたい観光客は、ハワイ諸島やタヒチ島などの観光地に行けば良いのであって、わざわざ離島にまで観光に来る必要はないと考えていた。まさに、当時の私は「純朴な離島の島人たちをできるだけ観光客に近づけたくない」と真剣に思っていた。

そのような私の思いとは裏腹に、島人たちは実におおらかに外国人観光客の来訪を楽しんでいた。クルーズ船が島にやって来る当日になると、島人たちはココヤシの若葉で浜辺を飾り、それぞれなりに正装をして歓迎準備を整えた。なんとなく、島中がお祭りの日のような華やかな雰囲気に包まれていた。

一万トンぐらいのクルーズ船は早朝に島の沖合いに到着した。朝一〇時頃になってから、モーターボートで観光客が島に順番に送り込まれてくる。全員が島に到着してから、浜辺で女性たちによる歓迎の踊りが披露される。その後に、観光客はばらばらになって、島のなかを散策する。島人のほとんどが簡単な英語ができるので、観光客と話し合いながら、歓迎の意を示している。ある島人はタロイモやパンノキの実やパパイヤなどを観光客に食べるようにすすめている。また、別の島人は腰布やカヌー模型やココヤシ殻繊維製のロープなどをみやげ物として買うようにすすめている。

昼頃になって、クルーズ船の船長が島の首長たちを船に招いて、昼食をご馳走してくれることになった。幸い、首長が私にも付いて来るように誘ってくれたので、一緒にクルーズ船に乗船した。島のなかで日々、フンドシ姿で暮らしていて、ほとんど恥ずかしさを感じなくなっていたが、クルーズ船に招かれて急に「洋服の世界」に入り込むと白人の視線が気になり出す。それでも、久しぶりの洋食を供されて、恥ずかしさよりも食い気が勝ったので、なりふりかまわずに洋食を堪能した。帰りぎわにテーブルの上に盛られていたリンゴをおみやげ代わりにいただいて帰った。

島に戻ってみると、一人の白人男性が熱心に島人たちと話し込んでいる。ほとんどの観光客はそれほど見るべきものがない島なので、早々に船に戻ったのに不思議だと思って近づいてみると、その白人男性の方から話しかけてきた。「あなたは人類学者ですか?」とずばりと尋ねられたので、びっくりした。「そうです」と答えると、相手は「実は私も人類学者です」と言う。詳しく聞いてみると、その男性はワシントンにある国立自然史博物館のオセアニア研究部長を務めているS・リーゼンバーグ博士とわかった。博士はミクロネシアのポナペ島の政治組織の研究で有名であり、私も彼の著書を読んでいたので、大いに話が弾んだ。今回はクルーズ船の同行講師として乗船し、航海中にミクロネシア地域の伝統文化について講義をしているとのことであった。

夕方には早くもクルーズ船はつぎの離島を目指して船出して行った。観光客がいなくなると、島にはふたたび静けさが戻り、いつも通りの単調な生活が繰り返されて行く。クルーズ船は数年に一度ぐらいしかやって来ないので、島人の生活に与える影響はほとんどない。されど、絶海の孤島といえるサタワル島にクルーズ船が到来するということは、まさに「世界の秘境」の情報化と観光化が一九七〇年代末の時点ですでに始まっていたことが如実を示している。★1

第二節　それもまた人生
――観光ツアーとポストコロニアル

ミクロネシアのサイパン島

一九九二年の秋に、旅の文化研究所のプロジェクトメンバーと一緒にミクロネシアのサイパン島を訪れる機会があった。三泊四日(機中で二泊、現地一泊)という慌ただしい旅行であったが、成田空港を夜一〇時に出発するジャンボ・ジェット機は若い人たちで満席であった。当時の日本はバブル経済がはじけた後であり、不況の最中だったので、海外旅行についても「安・近・短」なものがもてはやされていた。

金曜日の夜一〇時発のフライトに乗ると、サイパンに土曜日の早朝に到着する。まずはホテルに入って、少しだけ休憩してから、早速、ウィンドサーフィンやシュノーケリングやダイビングなどに精を出す。そして、二日間を目一杯楽しんでから、サイパンを月曜日の真夜中一時頃に飛び立つフライトを利用すると、成田に早朝に到着するので、そのまま会社に出勤すれば休暇を取る必要がない、というわけである。週末に目一杯遊び回って疲れ切っているので、仕事にはそれほど身が入らないはずだが、二宮金次郎型の会社人間ではない若者たちにとっては、「それもまた人生」なのだろう。

私にとって、サイパン訪問は四度目であった。最初に訪問したのは一九七四年のことであり、当時はまだ米国が国連信託統治領として当地を任されており、観光地化されていなかった。空港も貧弱で、米軍のバラック兵舎のようなターミナルで入域手続きを済ませたことを思い出す。夕方に到着したので、まさに「地の果て」に来たような寂寥感《せきりょうかん》に襲われた。その翌々日に、日本語の達者な島人にガイドを頼んで、島内観光を試みた。あまり舗装されていないデコボコ道ではあったが、見るべき所が限られていたので、一日観光ツアーで十分であった。観光ツアーが終わってから、ガイドの島人はホテルのバーで酒をふるまってくれたが、最後に法外なガイド料を請求されて、一挙に酔いが醒めた。それから一八年が過ぎた一九九二年のサイパンは立派な国際空港をもち、年間に約五〇万人が訪れる観光地に発展していた。ただし、そのうちの約七割は日本人観光客であった。

ミクロネシアの島々に人類が住み着き始めたのは、五〇〇〇年ほど前のことといわれている。考古学的調査の成果によると、サイパン島に人間が住み着き始めたのは、四五〇〇年ほど前とみなされている。それ以来、一部の島々のあいだでカヌーを用いた交流があったが、基本的にはそれぞれの島々で独自に海洋文化が育まれていった。

島嶼《とうしょ》世界に生きる人々にとって、大きな歴史的転換はヨーロッパ人によってもたらされた。一五二一年にマゼランに率いられたスペインの探検隊は、太平洋の横断航海に成功して、グアム島に到着した。マゼランの船団は幸運にも嵐に遭うことなく、太平洋を横断できたために、この大きな海をマール・パチフィコ（太平なる海）と名づけた。

一五六五年にスペインはグアム島やサイパン島などのマリアナ諸島の領有を宣言した。サイパン島の先住民であるチャモロ人は、一六七〇年にカトリックの強制的布教に反抗して宣教師を殺害して、反乱を引き起こした。しかし、スペイン軍によって制圧され、先住民はすべてグアム島に強制移住させられた。当時（十七世紀中頃）のグアム島の人口は一〇万人ぐらいと推定されているが、十八世紀の中頃には五〇〇〇人ぐらいに激減している。度重なる反乱弾圧による戦死、スペイン人が持ち込んだ伝染病による病死、食料不足による餓死などが、人口激減の原因であった。

グアム島は、スペインの植民地であったメキシコとフィリピンを結ぶ貿易航路の中継基地として重要な役割を果たしていた。スペインは、東洋の香辛料とアメリカ大陸の金を取り引きする貿易で莫大な富を獲得していたので、中継基地としてのグアム島を維持しなければならなかった。ヨーロッパを「中心」とする世界システムのなかで、世界の果てといえる「周辺」に位置するグアム島もまたシステム維持のために重要な役割を果たしたのである。けれども、マリアナ諸島は小さな島々が多いので、植民地としての魅力に欠けていた。そのために、本格的な植民地化を免れることができた。

十九世紀後半になると、遅ればせに植民地主義に参入したドイツ帝国がミクロネシアに軍艦を送り込んできた。東端のマーシャル諸島を占領して植民地化し、その他の島々も軍事力で威圧してドイツ領に組み入れていった。米西戦争でスペインが破れたことによって、一八九八年にグアム島は米国領になり、サイパン島はドイツに売却された。やがて、第一次世界大戦が勃発すると、ドイツ帝国と同様に、遅ればせに帝国主義に参入した大日本帝国は軍艦を派遣して、ドイツ領の島々を無血占領することに成功した。第一次大戦後に、国際連盟はドイツ領であったミクロネシアの島々を委任統治領として、日本に統治を任せた。

日本は、これらの島々を「南洋群島」と称し、南洋庁を設置して委任統治を行った。一九三三年に国際連盟を脱退した日本は、欧米列強との緊張関係が続くなかで、南洋群島の軍事基地化を進めるとともに、植民地化を強化していった。南洋群島では、サトウキビ栽培、コプラ生産、鰹節製造、リン鉱業などを奨励するとともに、製糖やアルコール製造にも力を入れた。太平洋戦争前のサイパン島には、島民人口の三倍をこえる約一万五〇〇〇人の日本人が移住しており、日本の植民地として発展した。

やがて、太平洋戦争が勃発し、一九四四年には米国軍によるサイパン上陸が行われ、日本の守備隊は全滅した。そのさいに、「生きて虜囚の辱めを受けず」と教育された日本の婦女子は、当時「鬼畜」とみなされた米国軍に追いつめられたあげくに、断崖絶壁から海に投身自殺を図るという悲劇が生じた。私もかつて、断崖絶壁からつぎつぎと投身自殺を図る日本人の姿を記録映画で見て、やるせない思いにかられたことがある。その場所は、いまや「バンザイ・クリフ」と名づけられて、観光名所になっている。

サイパン島をはじめとする南洋群島の島々は、太平洋戦争後に国際連合によって信託統治領と認定され、米国に統治が任された。一九七〇年代になって、ソ連の圧力などで信託統治に終止符が打たれることになり、各地区で住民投票が実施された。サイパン島でも、一九七五年に住民投票が実施され、米国の自治領になることが選択された。七八年に正式に「北マリアナ連邦」が発足し、民選知事をリーダーにして自治領がスタートした。

新・植民地主義

日本統治時代のサイパン島では、サトウキビ栽培や製糖業が導入され、産業振興がさかんに行われた。それに対して、米国統治時代には信託統治領行政府の本庁が置かれ、米国政府の補助金で公共事業が行われただけで、産業振興にはほとんど力が入れられなかった。

北マリアナ連邦の発足に伴って、「観光立島」政策が積極的に推進された。空港の拡大整備や道路整備とともに、ホテル誘致が図られた。当時は、日本人の海外旅行者数が順調に増加していたので、日本の主要なホテル会社がサイパンに進出した。その結果、一九八〇年代に入ってから、急速に開発が進み、観光地化が顕著になった。

一九九二年当時、サイパンには、大きなホテルが一二ほどあったが、そのほとんどが日本系企業の経営であった。日本人観光客は、サイパンに着いてから帰るまでの間、日本語だけを用いてすべてをまかなえる。サイパンはまさに「日本人天国」であり、日本の領土であるかのような錯覚をおぼえた。

観光化の大波は、サイパンを含む北マリアナ連邦の島々を大きく変化させた。たとえば、人口は一九八〇年に一万七〇〇〇人であったが、一九九〇年には四万四〇〇〇人になり、一九九九年には四万九〇〇〇人になっている。約二〇年間のうちに、人口が三倍近くに増えているわけだ。その主要な原因は外国人労働者の激増にある。とくに、一九八〇年代にホテル・ラッシュが生じたさいに、フィリピンから大量に出稼ぎ労働者が流入した。ホテルやレストランやナイトクラブなどの従業員は、ほとんどがフィリピン人であり、一万五〇〇〇人ほどのフィリピン人が居住していた。

サイパンは、短期間のうちに立派な観光地になったが、地元の先住民にとって益するところは少なかった。ホテル経営は日本資本が牛耳っており、従業員はフィリピン人がほとんどである。観光開発によって、雇用機会が増加したにもかかわらず、地元の若者があまり雇用されていない。ホテルの支配人の話では、地元の若者を雇用しても、時間に対してルーズであるために、遅刻や早引きや無断欠勤が頻繁になされるので、解雇せざるを得ないらしい。本来であれば、地元の若者を雇用して、きちんとした社員教育を施すべきであるが、急激に観光開発が進展したので、そのような手間をかける間もないうちに、現実的対応が必要になり、英語が堪能

で、サービス業に慣れているフィリピン人を雇い入れた方が手っ取り早い、ということになったようだ。★2

さらに、観光地づくりのあり方も問題である。サイパンの伝統文化がほとんど活かされることなく、「無国籍的なリゾート」づくりが行われている。民間企業による観光開発が中心なので、利潤追求という経済合理性にもとづくと、現在のような観光開発しか望めない。その結果、「新・植民地主義」と批判されるような観光開発が展開されることになった。

かつての帝国主義国家(欧米諸国や日本など)は、軍事力を行使して、世界の数多くの地域を植民地として支配した。第二次大戦後に、アジアやアフリカやアメリカの各地域で植民地主義に終止符が打たれ、独立ブームが生じた。南太平洋地域では、第二次大戦後も植民地主義が継続されたが、一九六〇年代から七〇年代にかけて遅ればせに独立ブームが生じた。たとえば、一九六二年に西サモア、六八年にナウル、七〇年にフィジー、七五年にパプアニューギニア、七八年にソロモンとツバル、七九年にキリバス、八〇年にバヌアツ、などが独立している。

ところが、植民地主義の時代にコプラやサトウキビなどのプランテーション以外に、産業振興がほとんどなされていないために、独立後も旧宗主国による経済援助に依存する結果となっている。一九八〇年代に入ってから、南太平洋諸国で観光開発が盛んに行われるようになったが、ほとんどが外国企業による事業であった。その結果、サイパン島におけるような「新・植民地主義」という状況が生じたわけである。かつての植民地主義では列強の組織的な軍事力が支配の源泉であったが、今日では外国企業の強力な経済力によって「新・植民地主義」が生じているというわけである。

見世物としての先住民族

一九九二年は、コロンブスによる新大陸発見から五百周年という記念すべき年であった。中南米諸国では「新大陸発見五〇〇年祭」が開催されたが、それに対抗して先住民族は「抵抗の五〇〇年キャンペーン」をさまざまな形で展開した。中南米の諸地域には、ベーリング海峡を渡ってアジアから移住してきたモンゴロイドの末裔とされる先住民族が多数居住しているが、コロンブスの新大陸発見以降におけるスペインやポルトガルによる侵略以来、彼らは白人支配のもとに置かれてきた。先住民族の多くは一般的に山岳部に住み、開発の恩恵を受けることなく、政治的・経済的・社会的・文化的に劣位に置かれ、基本的人権が抑圧されてきた。そのため、メキシコやペルーなどでは、先住民武装グループによって反政府ゲリラ活動が行われているところもある。

一九九二年の新大陸発見五百周年をきっかけにした先住民族の人権回復運動は大いに盛り上がり、九三年五月にはグアテマラのマヤ系キチェ族の女性リゴベルタ・メンチューの呼びかけで世界初の「先住民族サミット」が開催された。そのさいの決議にもとづいて、国連は九三年を「国際先住民年」に指定するとともに、九四年から二〇〇四年までを「先住民族のための国連一〇ヵ年」とすることを決定した。先住民族の人権回復運動で重要な役割を果たしたメンチューは、九三年度のノーベル平和賞を受賞した。

先住民族は支配民族に土地を奪われ、政治的・経済的・社会的・文化的に劣位に置かれるだけでなく、観光の局面ではしばしば「見世物」的に扱われることが多かった。北海道の先住民族であるアイヌの人々も人権抑圧の歴史を生き抜いてきた。アイヌは、近代以前の幕藩体制のもとでは、過酷な収奪に遭いながらも、収奪の対象にならないアイヌ語や工芸技術や儀礼的世界についてはほとんど打撃を受けることなく持続できた。支配者の幕藩側も、アイヌが伝統的に先住してきたアイヌモシリ（人間の土地）に一般の人間が立ち入ることを許さなかった。江戸時代の民衆は、相当程度に日本各地を物見遊山して回ったが、いわゆる蝦夷地は物見遊山でおもむくことのできない特殊な地域とみなされた。ところが、明治維新直後の一八六九（明治二）年に北海道開拓使が設置され、国家による資源収奪の体制が整えられるなかで、先住民族であるアイヌに対する同化政策が徹底的に行われた。その結果、アイヌは土地を奪われただけでなく、伝統文化を破壊され、経済的・政治的・社会的・文化的に劣位に置かれ、基本的人権が著しく抑圧された。

明治政府は殖産興業を目的にして各種の博覧会を奨励したが、一八七七（明治一〇）年に東京の上野で開催された第一回内国勧業博覧会では、アイヌが見せ物として実物展示され、民衆が広くアイヌの存在を知ることになった。その後、欧米列強が開催する万国博覧会にアイヌの人々が参加を強要され、見世物として展示された。たとえば、一九〇四年に開催された米国のセントルイス万国博覧会のさいの写真集が私の手元にあるが、それを見ると、アフリカのピグミーと並んで、アイヌが極東の未開民族として出展させられている。
日露戦争以後に、主として大阪や名古屋の私鉄会社などが団体観光客を募集し、北海道に旅行団を送り込んだ。また、大正時代に入ると、北海道全域で鉄道や道路や港湾などが整備され、本州との定期連絡船も運航されたことによって、北海道観光ブームが生じた。そのさいに、雄大な自然とともに、原始的な生活風俗を残すアイヌは北海道観光に欠かせない観光対象となった。★3
ところが、明治時代以来、政府はアイヌの人々を日本人に同化させるための政策を強制し、アイヌ語の使用、民族衣装の着用、各種儀礼の遂行などを禁止し、歌や踊りや入れ墨なども禁止した。つまり、日常生活ではいわばアイヌをアイヌたらしめているものがすべて排除されたわけだ。そのために、旭川や阿寒や白老など観光客がアイヌ見物に訪れる機会の多いアイヌ居住地では、「アイヌコタン（アイヌ集落）」と称される観光客向けの装置を整えた施設が早くから創られていた。アイヌコタンでは、アイヌの人々が民族衣装を身につけ、伝統的な歌や踊りを演じ、熊送りの儀礼さえも演じられた。日常生活では禁じられているアイヌの伝統がアイヌコタンという観光客向けの施設で虚構的に受け継がれたともいえる。
そのような状況のなかで、「アイヌみやげ」としての木彫りの熊が生みだされた。北海道に居住するアイヌはもともと木彫りの熊を作っていなかったので、観光商品としての熊彫りはアイヌとはかかわりのないところで生みだされた。北海道の渡島半島の八雲に広大な農場を経営していた尾張徳川家の子孫である徳川義親《よしちか》は、一九二二（大正一一）年にヨーロッパ旅行を行い、スイスで農民が冬期の副業として木彫りの熊を製作・販売していることに興味をもち、自分の農場の農民たちに奨励したことが始まりといわれている。アイヌは熊のことをキムンカムイ（山の神）とみなしており、熊を木彫りにして観光客のための土産にするなどということは思いもよらない。木彫りの熊と並んで、アイヌの伝統的衣装を着用した風俗人形も作られたが、それもまた和人の手によるものであった。

一九六〇年代に入ると、白老で「アイヌ文化伝承の里　白老ポロトコタン」、登別温泉でアイヌの伝統的な家屋を建てた「ユーカラの里」などの本格的な観光アイヌコタンが整備され、アイヌの伝統文化をより本格的にアトラクション化した演出が行われるようになった。その一方で、一九七一年に北海道開拓記念館が開館し、アイヌの歴史や伝統文化の展示が行われるようになった。同じ年に、平取町二風谷で貝沢正氏や萱野茂氏らの手で「二風谷アイヌ文化資料館」が開館し、アイヌの人々が自らの伝統文化を収集・展示する試みが実現した。七六年には、「アイヌ文化伝承の里　白老ポロトコタン」内に、「アイヌ民族博物館」が設置され、観光だけに力点を置くのではなく、伝統文化の収集・展示や古老による口頭伝承の記録・保存などをとおして、アイヌ文化を正しく紹介する試みがなされるようになった。

第三節　見えるものと見えないもの
——エスニック・ツーリズムとエコ・ツーリズムと

民族文化村という装置

海南島には、漢民族のほか、リー(黎)族、ミャオ(苗)族、カ(ホ)イ(回)族などの少数民族が居住している[★4]。そのうち、リー族は約百万人、ミャオ族は約六万人、カイ族は一万人弱である。省都の通什市には、海南省民族博物館があり、少数民族の伝統文化の展示が行われている。一九八六年の開館以来、九三年の時点ですでに二〇〇万人の来館者があり、展示内容も優れている。王館長以下、約八〇人の館員がおり、海南島における少数民族研究の拠点になっている。王館長の話によると、三亜市近郊における考古学的発掘調査の結果、リー族の祖先は一万六〇〇〇年前にすでに海南島に居住していたことが明らかになった。その古代人は「三亜人」と名づけられている。そのほか、カイ族は唐代、ミャオ族は明代に、それぞれ海南島に移住してきたといわれている。

私が訪れた一九九三年にはすでに、九ヵ所の少数民族地域が観光地として対外開放されていた。とくに、通什市の周辺には、一八ヵ所の民族文化村が観光客向けに作られている。民族文化村は、一九八九年に最初のものが作られ、その後に各地で作られた。とくに、九〇年代の後半になってから急増している。一方、盛衰も激しく、現在建設中のものもあれば、一般公開をやめて閉じたところもある。

民族村は大小さまざまであるが、共通のパターンがみられる。いくつかの伝統的家屋が復元され、伝統的な生活用具が展示されるとともに、演舞場、レストラン、みやげ物店などが建てられている。民族村の最大のアトラクションは「民族芸能ショー」だ。十数人の若者が、神話から創作した劇を演じたり、祭りのさいの芸能を簡略化して演じたり、竹の棒を用いた踊りなどを披露する。いわば「観光芸能」であり、五〜六の出しものを三〇〜四〇分間かけて演じる。高級ホテルでも、ディナー・ショーやナイト・ショーで、リー族やミャオ族の観光芸能が演じられている。亜龍湾地区の総合リゾート近くのある農村では、二〇〇〇人の住民の九割が少数民族のリー族であるために、民族文化村を建設して、観光客の誘致を図る計画が練られていた。民族文化村では、リー族の伝統家屋が建てられるとともに、伝統芸能などが観光客向けに演じられる計画であった。そのほか、伝統工芸を活かしたみやげ物にも優れた物が多い。たとえば、伝統的な織物については「海南省民族織錦工芸研究所」が八七年に設立され、伝統的技術の保存と継承が行われている。

ボルネオ島にあるマレーシアのサラワク州でも、民族文化村が重要な役割を果たしている。ボルネオ島は世界第三の大きな島で、日本の二倍の面積がある。島の南側三分の二はインドネシア領（カリマンタン）で、北側三分の一にブルネイ王国とマレーシアのサラワク州とサバ州がある。島の北西部に位置するサラワク州には、二三の民族が居住しているといわれており、そのうちイバン、ビダユ、プナン、オラン・ウル、メラナウなどの先住民族が有名である。とくに、イバンはサラワク州人口の三〇%を占めており、中国系とほぼ同じ比率だ。サラワク州では、多様な自然環境を活用したエコツーリズムと多様な民族文化を活用したエスニック・ツーリズムの振興が図られている。とくに、先住民族の村を訪れるツアーがいくつも商品化されている。日帰りツアーと宿泊ツアーがあり、二〜三泊ツアーから三週間ツアーまで、さまざまなツアーが用意されている。とくに、イバンの高床式のロングハウスを訪れるツアーが人気を集めている。ただし、少数民族の村を直接訪れる観光客は多くないので、簡便に少数民族の多様な文化を紹介することを目的にして、「サラワク文化村」がつくられている。

サラワク州で観光振興が活発化するのは、一九八〇年代に入ってからである。石油輸出と木材輸出に依存するサラワク州経済の多様化を図るとともに、地域開発の一環としての観光振興を図ることが不可欠になったからだ。一九八〇年に策定された観光基本計画では、州都クチンのゲートシティとしての役割強化や先住民族観光や野外博物館などについて提言がなされている。民族文化の観光面での活用については、二つの異なる方向性が提言されている。一つは、サラワク州の先住民族の村への観光ツアーであり、もう一つはテーマパークとして囲い込まれた「民族文化村」の建設が提言されている。

サラワク観光基本計画にもとづいて、サラワク経済開発公社がダマイ・ビーチに建設したのがサラワク文化村である。マレーシア観光年であった一九九〇年にオープンしており、サラワク州の七つの代表的民族（イバン、ビダユ、プナン、オラン・ウル、メラナウ、マレー系、中国系）の伝統的家屋が復元展示されるとともに、観光客にそれらの多様な民族文化の諸相を体験してもらうことが意図されている。[★5] ビレッジ内には劇場があり、そこでは民族芸能が観光芸能として観光客向けに演じられている。サラワク文化村は、地域文化の保護と活用をめざす文化遺産センターとしての役割も担っている。

海南島やサラワク州だけでなく、世界中で先住民族や少数民族をテーマにした民族文化村が創られており、それぞれなりにかなりの数の観光客を集めている。そういう意味で、民族文化村は先住民族や少数民族に関する簡便な観光・集客装置として機能しているといえる。それとともに、観光による負のインパクトを先住民族や少数民族に与えないための装置としても、それなりに重要な役割を果たしている。マスツーリストが先住民族や少数民族の村に直接押しかけると、村内でのみやげ物の売買や写真撮影などで現金が飛びかうことになり、日常生活に多大の影響が及ぼされる。村人のあいだで観光客をめぐってさまざまな波紋や軋轢《あつれき》が生じ易くなるために、安直にマスツーリストを村に招き入れることは避けるべきだ。そのような観光による負のインパクトを回避させるための装置として民族文化村は機能しているということができる。

クルーズ船と類比されるリゾート

カリブ海の島々は、日本人には馴染みの薄い地域であるが、欧米の人々にとっては「リゾートのメッカ」になっている。バハマ、バーミューダ、ジャマイカ、バージン諸島など、有名なリゾート地が数多くある。★6

これらの島々でリゾート開発が始まったのは、二十世紀に入ってからのことであった。米国が世界経済をリードし始め、国民所得が上昇するなかで、一九一〇年代に米国の中産階級によるヨーロッパ観光旅行がブームになった。ついで、一九二〇年代にカリブ海の島々やハワイでリゾート開発が行われるようになった。カリブ海地域は現在、年間に二三〇〇万人におよぶ外国人ビジターを受け入れており、そのほとんどが一ヵ所連泊型のリゾート客である。

ジャマイカでも、一九三〇年代からリゾート開発がなされた。私も一九九五年に、ジャマイカを訪れる機会があった。カリブ海の有名なリゾート地ということで期待していったが、ジャマイカの人々の笑顔の少なさが気になった。ホテルのフロントでも受付嬢の無愛想さに驚いた。ジャマイカ人の笑顔の少なさは歴史に原因があるようだ。一四九四年にコロンブスによって発見され、スペイン領となった。十七世紀中頃に英国はスペインから奪い取った後に、アフリカから大量の黒人奴隷を導入し、サトウキビの大規模プランテーションを確立した。ジャマイカは一九六二年に独立を達成したが、人口の約八割がアフリカ系黒人であり、かつての奴隷の子孫である。過酷な歴史の積み重なりが、彼らから笑顔を奪い去ったのかもしれない。

カリブ海地域では、一般的に植民地が継続されている島では快適で良質なリゾートが維持されており、反対に独立した島ではサービスやホスピタリティが悪くなっている。リゾートには植民地的要素が不可欠なのかもしれない。

一九六〇年代におけるジャンボジェット機の導入を契機にして、世界的規模でリゾート開発が進んだ。たとえば、インド洋に浮かぶモルディブ共和国で最初のリゾートがオープンしたのは、一九七二年のことであった。モルディブは、人口約二五万人という島国であるが、すでに「リゾート立国」で成功している。七〇をこえるリゾートがあるが、基本的には一つの無人島に一つのリゾートがつくられており、それぞれが特色のあるリゾートを売り物にしている。ドイツからのリゾート客が最も数多く、第二位がイタリア、第三位が日本、第四位が英国の順になっている。第二次世界大戦のさいの枢軸国がベストスリーを構成している点が興味深い。

モルディブのリゾートのなかで、もっとも予約が困難で人気の高いリゾートはココア島のものだ。小さな島に八軒のバンガローからなるリゾートで、オーナーはドイツ人。空調、電話、冷蔵庫がない上に、温水シャワーもないシンプルなリゾートであるが、いつも満員らしい。ヨーロッパからのリピーターが一年前から予約を入れるほど人気が高い、人気ナンバーワンのリゾートだ。

日本人の経営ならば、すぐに部屋数の多いリゾートをつくって規模拡大を図るだろうが、ココア島のリゾートはゆったりとしたままだ。設備がほとんどないにもかかわらず、一日三食付きで一人当たり約三万円をとる高級リゾートだが、「美しい自然とゆったりとした時空間があれば他にはなにもいらない」というヨーロッパのバカンス客にもてはやされている。

モルディブでは、リゾート開発はかならず無人島で行われており、先住者の居住する島では行われていない。その理由は、簡単である。つまり、モルディブ国民のほとんどがイスラム教徒であり、酒を飲まないので、リゾート客との無用な摩擦を避けるために、無人島でのリゾート開発が一般化している。いわば、先住民族との徹底した隔離方式でリゾートが成立しているわけだ。その結果、モルディブのリゾートでは基本的に地元民との交流がほとんどない形でリゾートライフが展開されている。

私は、一九九四年にモルディブを訪問し、観光省の役人の案内でいくつかの島々を訪れる機会があったが、そのさいに思い浮かんだのは「クルーズ船との類比」であった。つまり、モルディブのリゾートは「クルーズ船」と同じ自己完結型の構造で運営されているということだ。リゾート客は首都の近くの飛行場に到着した後に、パワーボートでただちに特定のリゾートホテルに運ばれる。それ以後、モルディブを出国するまで、基本的に朝から晩まで特定のホテルで過ごすことになる。ボートでダイビングやフィッシングなどに出かけることはあっても、基本的には特定のホテルでリゾートライフが楽しく完結できる構造になっている。さらに、それぞれのリゾートホテルでは、自家発電が行われており、海水を真水に変えるプラントが備えられている。ごみ処理やし尿処理も各ホテルがそれぞれの責任ですべてを行っている。そういう意味では、まさにモルディブのリゾートホテルは「動かないクルーズ船」のようなものとみなすことができる。

いずれにしても、モルディブでは観光の局面において、先住民とリゾート客の隔離を徹底して行っている事例として興味深い。

民族文化の知的所有権

スカンジナビア半島の北極圏に、白夜やオーロラの大地であるラップランドが広がっている。ここには、先住の少数民族であるサーミ人が住んでいる。かつては「ラップ」と呼ばれていたが、それは「辺境民」などの差別的意味合いのある蔑称なので、現在では民族自称にもとづいて「サーミ」と呼ばれるようになった。現在の人口は約五万人で、ノルウェー、スウェーデン、フィンランドにまたがって暮らしている。

サーミ人たちは、トナカイの遊牧、キツネやライチョウの狩猟、サケやマスの漁撈《ぎょろう》などを主たる生業にしているが、近年は観光が重要になっている。「ヨーロッパ最後の大自然」や「白夜の大地」などを売り物にして、ラップランドにおける観光がさかんに推進されているからである。また、近年は「サンタクロースの故郷」として宣伝され、たくさんの観光客を引き付けている。とくに、ラップランド最南端のフィンランドのロヴァニエミ市は、クリスマスの季節には世界各地からチャーター便のジェット旅客機が何機も飛来し、国際的な観光地に早変わりしている。

ラップランドで文化人類学のフィールド・ワークを行った葛野浩昭氏（聖心女子大学教授）は、つぎのような興味深い話を教えてくれた。それは、フィンランドのテレビで放映された「観光産業の切り札、サーミ人」というドキュメント番組のことである。[★7] そのあらましは、つぎのとおりである。

番組は、コンコルド機がフィンランドのロヴァニエミ空港に着陸するシーンから始まる。ついで、観光客を出迎えるサーミの民族衣装を着た男性をカメラがとらえる。レポーターがその男性にサーミ語で、「リアットゥコ　サッメラッシュ?・（あなたはサーミ人ですか?・）」とか、「マッタックコ　サミキエラ?・（あなたはサーミ語が話せますか?・）」などの質問を浴びせかける。ところが、その男性は「エン　ユンメレ　ミタ　スィネ　プフトゥ（なにを言っているのか、わからない）」と答えるのみである。なぜかというと、その男性はロヴァニエミ市でも著名なホテルの支配人であり、多数民族のフィン人なので、サーミ語が理解できない。

このテレビ・ドキュメント番組が告発したかったのは、ラップランドにおける民族文化の知的所有権の侵害についてである。フィンランドの多数民族のフィン人が、サーミの民族文化を盗用して、エスニック観光で利益を上げている点であった。ドキュメント番組の冒頭で、フィン人がサーミの民族衣装を着て、あたかも自分がサーミ人であるかのようにふるまい、観光客をもてなしている。当然のことながら、観光客にはその区別がわからないし、誰であってもきちんともてなしてくれればそれでよい。しかし、サーミ人にとっては、それは重大な民族文化の知的所有権の侵害を意味している。

一九八〇年に開かれた北欧サーミ民族評議会において、「サーミ人以外の人々が、サーミ人の土地やその自然資源およびサーミ人の伝統的文化や文化物を、自分たちの商売目的に利用することを決して認めない」ということを決議している。さらに、その評議会に手工芸部局が設けられて、サーミ人の民族工芸品の知的所有権の管理が行われている。たとえば、サーミ人が制作した手工芸品に、「サーミ・ドゥオッチ（サーミの心のこもった手工芸品）」という通し番号付きの商標をつけるなどの試みである。それは、まさに自分たちの民族文化の知的所有権を主張するための運動である。

このような民族文化の知的所有権運動は、いま世界的に大きな問題になっている知的財産の論議につながる。経済や技術や学術や芸術のグローバル化が進むなかで、近年、知的生産物などに関する権利が問題になっている。知的所有権に関する法律や制度が各国によって異なるので、それらの権利を保護するための国際的ルールづくりがさかんに行われている。すでに、知的所有権を国際的に管理・運営するためにＷＩＰＯ（World Intellectual Property Organization：世界知的所有権機関）が一九七〇年に創設され、七四年に国連の専門機関の一つとして公認されている。

知的所有権は、知的財産権や無体財産権ともいわれ、発明や意匠や小説や絵画や作曲や映画などの精神的創作の結果としての知的成果を保護する権利の総称である。物権や債権とならぶ財産権で、知的成果という目に見えない無体財産に対する権利である。知的所有権は大別すると、二つの大きなカテゴリーに分けられる。一つは産業の振興をめざす工業所有権(特許権、意匠権、実用新案権、商標権など)であり、もう一つは文化の発展をめざす著作権(文芸、学術、美術、音楽の分野における知的成果に対する権利)である。ただし、工業所有権の成立には出願や登録などの手続きを必要とするが、著作権は出願や登録が不要なために権利の侵害が生じやすい。

いずれにしても、二十一世紀にはIT(情報技術)革命の進展によって、経済や技術や学術や芸術のグローバル化がこれまで以上に飛躍的に進むことが予測されており、知的所有権をめぐる国内的・国際的な法制度の整備が急がれている。たとえば、日本国内でも、一九九九年に特許法、著作権法、不正競争防止法、情報公開法などの法改正が相次いで行われ、二〇〇二年には発明や創作を産業競争力につなげるための「知的財産戦略大綱」が政府によって策定されるとともに、「知的財産基本法」が国会で制定されている。二〇〇三年には政府に「知的財産戦略本部」が設置され、「知的財産立国」が図られている。さらに、知的所有権の国際的保護問題がグローバルな課題として重要性を増しており、WIPOは発展途上国における知的所有権制度の近代化支援に力を入れている。

先進諸国における特許、意匠、実用新案、商標などに対する工業所有権、文芸、学術、美術、音楽などの知的成果に対する著作権とまったく同じ意味合いで、先住民族や少数民族にとっての民族文化の知的所有権が認められなければならない。このような民族文化の知的所有権が観光という局面で侵害されることは遺憾なことである。WIPOが必要なのと同様に、先住民族や少数民族の民族文化の知的所有権を保護するための国際機関がぜひとも必要であろう。先住民族や少数民族が、観光をとおして経済的かつ文化的に自立できるようになるためには、知的所有権の保護が不可欠の重要性を持つようになる。

先住民族とギャンブル

米国の先住民族であるインディアンは、白人との長い闘争の末に、土地を奪われ、居留区に押し込められてきた。インディアン居留区は砂漠地帯や山間部や湿地帯など生態環境が劣悪なところが多いので、農業にもあまり適さない土地である。そのうえに、他の分野の産業振興もほとんどなされていないので、居留区では失業率が高く、政府による生活保護への依存率が高いために、失業者やアルコール依存症者が数多く存在した。

一九八〇年代に入ると、フロリダ州やカリフォルニア州の一部のインディアン部族が、ビンゴ・ゲームやカード・ゲームによる賭事を開業して、地域振興資金の確保を試み始めた。インディアンによるゲーム賭事が好評を博して収益をあげ始めるのに伴って、インディアン部族に対する課税権をもたない州政府は賭事規制を求める訴訟を起こした。最終的に一九八七年に、連邦最高裁はインディアンの各部族が自治権を有するインディアン・カントリーで行う賭事を合法であるという判決を下した。その判決に連動して、連邦議会は八八年にインディアン賭事管理法を制定した。この法律は、賭事の公的管理によって、インディアン・カントリーにおける経済発展と自助努力の促進を目的にしている。この法律の制定以降、全米の二四の州で一二〇以上ものインディアン・カジノが営業を行っている。

たとえば、コネティカット州のマシャンタケット・ピークォット部族国家は、一九九三年にカジノを開設したところ、一日に約一万二〇〇〇人が来場し、年間に一億ドルを超える収入を得ている。その結果、居住区の失業率がゼロになり、カジノ収益を住宅・道路建設や大学奨学金制度などにあてることによって、活性化を生みだすことに成功している。

私は、一九九八年にアリゾナ州にあるアク・チン・インディアン・コミュニティを訪れる機会があった。この居留区は州都フェニックスの南方七〇キロの砂漠地帯に位置しており、約五〇〇〇人が居住している。アク・チン・インディアンの祖先は、パパゴ族(トホノ・オーダム族)およびピマ族(アキメル・オーダム族)といわれており、この地に数世紀にわたって居住している。アク・チンはオーダム語で「洪水による沈泥のたまる場所」を意味しており、その語意のとおり、自然の灌漑作用を活用して、トウモロコシや豆類やカボチャ類の栽培が長らく行われてきた。

この居留区でも、一九九四年からカジノが開業されている。実際の営業はカジノ運営企業ハーラー社に委託されているが、年間に一三〇万人が訪れ、七〇〇人が雇用されている。まさに、居留区にとって、カジノは地域活性化の核になっている。

このようなインディアン・カジノの発展に対して、ラスベガスやアトランティック・シティなどの既存のカジノ都市は危機感を強めている。とくに、連邦政府との協定によって、インディアン・カジノの収益には課税がなされないシステムになっているために、関係議員が連邦議会にインディアン部族によるカジノ経営の規制強化法案を提出している。

日本では長らく「飲む、打つ、買う」は悪とみなされてきたが、現実には日本はすでに世界に冠たるギャンブル大国になっている。一九九七年のデータによると、競馬、競艇、競輪などの公営ギャンブルの総売上高は約八兆三〇〇〇億円に達している。これに、パチンコの約二一兆九〇〇〇億円、宝くじの約七〇〇〇億円を加えると、総計で約三〇兆九〇〇〇億円になり、ＧＤＰ（国内総生産）の約六％に相当している。まさに、ギャンブル産業というべき発展のありようである。日本でも今後、人口の少子化と高齢化の進展によって、各地域の社会構造と産業構造が変化せざるを得ないので、従来にもまして交流人口の拡大による地域活性化が重要になる。米国のインディアン・カントリーと同じように、カジノの厳正な公的管理による地域振興をまともに構想すべき時期に来ている[★8]。

結衆の原点としてのエコミュージアム

私がアク・チン・インディアン・コミュニティを訪れたのは、インディアン・カジノを見学するためよりも、むしろ彼らが設立した博物館を調査するためであった。[★9]アク・チン・インディアンは砂漠地帯に居住しているために、水の確保が重要であり、水利権をめぐって連邦政府と約二〇年間にわたって協議を続けてきた。雨が少ないと農業に影響が出て、生活が不安定になるからである。ようやく、一九八四年に連邦政府によって永久的給水が承認された。それに伴って、居留区内で水道工事が実施されたが、工事中に考古学遺跡が発見され、発掘が行われた。その結果、数多くの文化財が発見され、居留区の人々は自らの歴史遺産の重要性に気づくことになった。部族協議会は、次世代のために発掘された文化財を保存するとともに、部族の歴史や伝統文化の保存を目的にした博物館建設の必要性を認めた。そこで、スミソニアン国立研究機構の博物館学の専門家などの協力を得るとともに、コミュニティのリーダーたちが米国やカナダの先住民族の博物館などを歴訪して、最終的にエコミュージアムを設立する方向で博物館構想がまとめられた。

一九九一年に、アク＝チン・ヒム＝ダク(Ak-Chin Him-Dak)と名づけられた博物館が完成した。ヒム＝ダクはオーダム語で「生活様式」を意味している。その言葉が博物館名称に選ばれたのは、現在の生活様式が数世紀をとおして受け継がれてきたように、それを未来の世代に受け継いでいくのが現世代の責任である点を強調するためであった。つまり、この博物館は世代間の架け橋としての役割を果たすことが期待されているわけである。

アク＝チン・ヒム＝ダクの役割を要約するならば、つぎのようになる。①歴史遺産の保存と共有の場、②子どもたちが年長者から学ぶことのできる場、③年長者たちがなにを共有すべきかを考える場、④さまざまな機会に自分たちの生活様式を祝うために集まる場、⑤いっしょに未来を構想するための場、などである。

アク＝チン・ヒム＝ダクは「エコミュージアム」をめざしており、その意味合いはつぎのように要約できる。エコミュージアム（EcoMuseum）のエコ（Eco）の語源は、ギリシア語のエコス（Echos）であり、「家庭」を意味している。アク＝チンの人々にとって、コミュニティは「家庭」であり、生活様式が家庭のコア（中核）をなしている。そのような意味において、エコミュージアムは従来の博物館とは異なる面がある。たとえば、ここでは土地やテリトリー（領域）そのものが、従来の博物館の建物に取って代わっており、コミュニティの住民はキュレーター（学芸員）であるとともに、利用者にもなる。

アク＝チン・ヒム＝ダクでは、土器や石器や生活用具や装身具やカゴ類など約七〇〇〇点の民族資料の収集・保管・展示、約七〇〇〇点の写真アーカイヴと各種の公文書アーカイヴの管理などのほかに、口承伝承の調査、伝統芸術の調査などが行われている。さらに、伝統工芸（カゴづくりや陶芸など）や伝統芸能（踊りや歌など）の教育プログラム、子どものための言語教育プログラムなども実施されている。アク・チン・インディアン・コミュニティにとって、このエコミュージアムはまさに「結衆の原点」として重要な役割を果たしているわけである。

このように、数多くのアメリカ・インディアン・カントリーでカジノが営業され、その収益の一部が地域振興財源として確保されている。そのような地域社会の経済的安定が自分たちの部族の伝統文化の保存・継承を促進している点はもっと正当に評価されるべきである。

第四節　サステイナブル・ツーリズム

秘境の情報化と観光化

『チップス先生さようなら』の著者である英国人作家ジェームズ・ヒルトンは、一九三三年に『失われた地平線』と題する本を出版した。この小説では、一九三一年にインドの争乱を逃れて、英国領事ら四人が飛行機で脱出したが、ヒマラヤ山中に不時着し、パイロットは「ここはシャングリ・ラだ」という謎の言葉を残して死んでしまう。後に残された四人はラマ大寺院の老人に助けられるが、そこはまさに深い森や谷や川に囲まれた不老長寿の地であり、時の流れから解放された秘境であった。ヒルトンは、『失われた地平線』のなかでシャングリ・ラを理想郷として描いたが、それはまさに「桃源郷」であり、ユートピアでもあった。

近年、ヒルトンが描いたシャングリ・ラは、雲南省迪慶チベット地区の中甸(香格里拉)ではないかという説が中国の郷土史家からだされており、中甸が話題を集めるようになっている。

私はこれまでに雲南省を二度訪れる機会があった。一九九九年には昆明と大理とシーサンパンナを訪れ、二〇〇一年には昆明と麗江を訪れた。最初の訪問のさいに、すでに中甸がシャングリ・ラとして話題になっているとトラベルエージェントの人から聞いていたが、雲南省そのものが初めての訪問であったので、ただちに中甸に行きたいとは思わなかった。されど、雲南省をもう一度訪れる機会があれば、ぜひとも中甸を訪れてみたいと思っている。やはり、「シャングリ・ラ」とか、「桃源郷」などのイメージで語られるとついつい訪れてみたくなる。中甸は標高三四〇〇メートルの高地に位置しているので、高山病の危険性もあるが、さりとて麗江から車で五時間で行けると聞くと、ぜひとも行ってみたくなる。すでに、中国と日本の旅行社は中国ファンの日本人旅行者をターゲットにして、中甸ツアーを売り出している。

このようにして、秘境が情報化され、付加価値が与えられることによって、秘境の観光化が進展していく。さらに、秘境の観光地化が進展すると、また新たな秘境が生みだされることになる。かつて、民族学者や文化人類学者は「秘境の専門家」であったが、とくに一九八〇年代以降における高度情報化の進展と国際観光の隆盛化によって、地球上から「秘境」が急速に消えていくとともに、学問としての存立基盤そのものが大きく揺らいで今日に至っている。「秘境の情報化と観光化」のメカニズムを明らかにすることも、ツーリズム・スタディーズの重要な課題である。

秘境の情報化と観光化が進展し始めた一九八〇年代において、北の先進諸国から大量の観光客を受け入れる南の開発途上国は「観光立国」を重視するようになった。巨大な資本や資源や専門的人材を必要とする「工業立国」よりも、豊かな自然や多様な民族文化を活用する観光立国の方が二十一世紀の国家デザインに適しているので、数多くの開発途上国が国際観光の促進に力を入れ始めた。観光立国のプロセスのなかで、観光をとおしてナショナリズムの高揚が図られたりした。また、先住民族や少数民族は、支配民族や多数民族への同化を強いられる過程で固有の伝統文化を喪失していったが、観光のグローバル化にともなって、むしろ観光という場を活用して、伝統文化の復興を図ったり、経済的自立を図る動きも生じた。

しかし、開発途上国における観光立国は必ずしも成功したとはいえない状況にある。開発途上国における観光開発は先進諸国の資本で行われることが多く、「新・植民地主義」や「新・帝国主義」と批判される状況も生み出されている。さらに、観光のマス化やグローバル化は世界各地で、自然環境の破壊や汚染、伝統的生業の衰退、伝統文化の悪用や誤用、売買春や犯罪の増加など、さまざまな負のインパクトを生じさせている。

そのために、先進諸国では一九八〇年代に入ると、マスツーリズムに代わるオルタナティブ・ツーリズム（もう一つの観光）が提唱され、自然環境や地元の人々にとってより望ましい観光のあり方が問い直され始めた。さらに、一九九〇年代に入ると、サステイナブル・ツーリズム（持続可能な観光）の創出がグローバルな課題になり、エコツーリズム（生活環境観光）やヘリテージ・ツーリズム（文化遺産観光）など、新しい観光のあり方が重要性を持ち始めている。

マスツーリズムの進展は、画一的でパターン化されたパッケージ・ツアーの隆盛をもたらした。換言するならば、パッケージ化されたマスツーリズムによって「好奇心の管理」という現象が生み出されたわけだ。旅行は本来、非日常的世界との出会いであり、好奇心をかきたてるものであるが、パッケージ・ツアーでは個々人の好奇心を満足させることが困難である。近年、外国旅行のリピーターの増加とともに、自らの好奇心にもとづいて自分自身で旅行をデザインする人が増えつつあり、今後における観光旅行の変化が予感される。★10

内発的観光開発と自律的観光

現在、世界中のツーリズム・スタディーズの研究者は「持続可能な観光」の創出に関する研究を行っている。私は、持続可能な観光の創出につながる観光開発のあり方として「内発的観光開発」という新しい概念を提起した。★11これまでに世界および日本の各地で展開されてきた観光開発は基本的にマスツーリズム対応を主要な前提にしており、観光開発の対象となる地域社会の外部の企業が開発主体になるケースが圧倒的に多かった。そのような外部企業による観光開発のあり方は「外発的観光開発」と名づけることができる。外発的観光開発では、しばしば地域社会の意向が軽視されたり無視されることによって、各地の貴重な地域資源（自然環境や文化遺産など）の破壊や悪用や誤用などが行われ、さまざまな負のインパクトがうみだされがちであった。外部の開発主体が利潤追求を目的にして、地域社会の意志とはかかわりなしに地域資源の商品化を進めることによって、マスツーリズムに適した観光開発が成就されてきたわけである。しかし、その一方で、外発的観光開発は各種の負のインパクトを生み出し続けてきたことによって、持続可能な観光の創出が必要になったのである。

持続可能な観光の創出を図るためには、いくつかの条件が満たされる必要がある。そのうちで最も重要な条件は、地域社会の主導による「内発的観光開発」を推進することである。内発的観光開発とは、地域社会の人々や集団が固有の自然環境や文化遺産を持続的に活用することによって、地域主導による自律的な観光のあり方を創出する営みを意味している。従来の外発的観光開発は、外部の企業や資本が利潤追求を目的にして、ある地域の自然環境や文化遺産を他律的に活用する営みであった。そのために、しばしば地域社会の意向が軽んじられ、自然環境の破壊や文化遺産の悪用・誤用などの負のインパクトが生じた。それに対して、内発的観光開発は、地域社会の住民が生活の質の向上を目的にして、自律的意志にもとづいて自然環境や文化遺産の持続可能な活用を図る営みである。

現時点では、従来型の外発的観光開発が一般的であり、主流をなしている。しかし、今後、日本だけでなく、世界の各地で地域社会の人々や集団の主導による内発的観光開発の試みが積み重ねられていくならば、おのずと「持続可能な観光」が二十一世紀の観光の主流になっていくはずである。

内発的観光開発は、ある特定地域社会の住民や集団が地域固有の自然環境や文化遺産を持続的に活用する試みであるが、その最も重要な前提条件は「自律性」である。

内発的観光開発は「自律性」を前提にしているが、それはかならずしも外部の諸要素を排除するものではない。「内発的」という言葉は閉鎖的な意味合いを喚起するが、一つの地域社会が潜在的に有している各種の可能性が発現される契機はほとんどの場合に外部の諸要素との出会いにもとづいている。そういう意味では、内発的観光開発は決して外部性をすべて排除して成り立つものではない。むしろ、地域社会の側がみずからの意志や判断で外部の諸要素を取り込んだり、それらとの連携を図ることによってよりよい成果を生みだす試みとみなすべきだ。内発的観光開発では、外部の情報や人材や資金の導入を図ることもありうるが、あくまでも地域社会の側の自律的意志にもとづいて自然環境や文化遺産の持続可能な活用を図ることが重視されており、そういう意味で、「自律性」が最も重要な要件になる。それに対して、外発的観光開発は外部の企業や資本が利潤追求を目的にして、地域社会の意向を無視あるいは軽視しながら、地域の自然環境や文化遺産を他律的に活用する営みであり、地域社会の側からみると、「他律性」にもとづく開発のあり方といえるものである。

地域社会の「自律性」を基盤にした内発的観光開発は、地域社会にとって、外部の企業やトラベル・エージェントによる規制や条件づけが少ないという意味で、「自律的観光」の創出につながる試みとみなすことができる。それに対して、外発的観光開発は、地域社会にとって、外部企業やトラベル・エージェントの力によって観光のあり方が規制されたり、条件づけられるという意味で、「他律的観光」をうみだす原因となっている。

自律的観光と他律的観光という概念は、地域社会にとっての観光のあり方を説明するうえで有効であるだけでなく、観光者にとっての観光のあり方を説明するさいにも有効性をもっている。従来のマスツーリズムでは、旅行会社によって予めパッケージ化された旅行商品が一般的に利用される。その場合には、観光者の個別的な希望や意向は基本的に無視されており、観光者は旅行会社によって予め設定された観光ルートや観光サービスを受け入れることが前提にされている。そういう意味で、マスツーリズムは観光者にとって、まさに「他律的観光」を強いる構造を有している。それに対して、近年、パッケージ化された旅行商品を利用せずに、観光者みずからが自分の意思で旅行ルートを設定し、観光を行うケースが増えている。そのような観光のあり方は、観光者みずからが自分の意思で旅行を可能ならしめているという意味で、「自律的観光」とみなすことができる。

いずれにしても、二十一世紀を迎えた今日、従来の「他律的観光」の優位性に陰りが生じており、地域社会と観光者の両サイドから「自律的観光」に対する期待が高まりつつある。ツーリズム・スタディーズにおいても今後、より望ましい自律的観光のあり方をいかにして生みだしていくかが重要な研究課題になるはずである。さらに、世界の諸民族が自律的観光を創出していくさいに、ツーリズム・スタディーズの研究者は専門的知識やノウハウを積極的に提供して、国際協力や連携を進めていく必要がある。より望ましい観光を生みだしていくために、ツーリズム・スタディーズはただ単なる「批評の学」や「理念の学」として存在するのではなく、「実践の学」として重要な役割を果たすことが期待されている。

［注］

★1…南太平洋における観光については、旅の文化研究所の機関誌『まほら』第四号（一九九五）で特集されている。

★2…サイパン島における観光については、『まほら』創刊〇号（一九九三）のなかの「旅学のすすめ」と題する共同討議（神崎宣武、千田稔、高田公理、石森秀三）で論じられている。

★3…アイヌをめぐる観光については、大塚和義「アイヌにおける観光の役割：同化政策と観光政策の相克」石森秀三編『観光の二〇世紀』ドメス出版（一九九六）、および齊藤玲子・宇仁義和「更科源蔵をたどる旅：北海道観光における類型化されたアイヌ文化の探求」旅の文化研究所『研究報告』第一〇号（二〇〇一）などを参照。

★4…海南島における観光の実態については、神崎宣武・石森秀三・高田公理による『共同討議（二）「海南島」』旅の文化研究所『研究報告』第二号（一九九五）を参照。また、『まほら』第七号（一九九六）で「海南島」が特集されている。

★5…サラワク州における観光については、神崎宣武・石森秀三・高田公理『共同討議「東南アジアの島」』旅の文化研究所研究報告第五号（一九九七）を参照。

★6…カリブ海地域のリゾートについては、『まほら』第一二号（一九九七）の特集「リゾート」で取り上げられている。

★7…ラップランドにおける観光については、葛野浩昭『トナカイの社会誌：北緯七〇度の放牧者たち』河合出版（一九九〇年）、および葛野浩昭『サンタクロースの大旅行』岩波新書（一九九八年）などを参照。

★8…ギャンブル観光については、『まほら』第二四号（二〇〇〇）の特集「ギャンブル」などを参照。

★9…アク・チン・インディアンについては、石森秀三『博物館資料論』放送大学教育振興会（二〇〇四）を参照。

★10…二十一世紀における観光の動向については、石森秀三「21世紀における自律的観光の可能性」石森秀三・真板昭夫編『エコツーリズムの総合的研究』国立民族学博物館調査報告第23号（二〇〇一）を参照。

★11…内発的観光開発や自律的観光などの詳細については、石森秀三「内発的観光開発と自律的観光」石森秀三・西山徳明編『ヘリテージ・ツーリズムの総合的研究』国立民族学博物館調査報告第21号（二〇〇一）を参照。

第二章

芸能と観光

高田公理

第一節　芸能をたのしむ観光体験から

ふたつの人形劇——ベトナムとチェコ

ベトナム語はまったくわからない。それでも、はじめからおわりまで、こみあげてくるわらいがこらえられなかった。水の都ハノイ、ホアンキエム湖のかたわら、国立水上人形劇場で演じられているベトナム特有の芸能「ロイ・ヌオック」[★1]をみたときの話である。

劇場の規模は、それほどおおきくない。なかにはいると、正面にベトナム風、深紅の屋根の宮殿がしつらえてある。その左側に、音楽を演奏し、せりふをかたり、歌をうたう楽士たちの席があり、宮殿のまえには人形劇のステージとなる、水をたたえたプールがある。幅は七、八メートルで、観客席は三〇〇席ていど。それが毎夜、八時からと九時からの二度の公演のさいには満席になる。

開演の時刻になると、場内の電灯がきえてくらくなり、舞台が照明にてらされる。と、鉦や太鼓、月琴や笛などの、カローン、チャンチャン、ピョョーン……と交錯する、なんとも不思議な音が場内をみたす。その瞬間、濃厚な緑色の水面に、突如として旗のならぶ花道があらわれる。そして、宮殿の模型の軒下にたらしたすだれのうしろから、爆竹のはじけとぶ音とともに、水上をすべるように、とぼけきった表情の人形が登場する。劇とも舞踊とも区別のつきにくい、じつにおもしろいしぐさが満場の観客のわらいをさそう。

演じられるのは、長江以南の諸民族の祖となった妖精の王夫妻が一〇〇人の子をうみ、その子どもたちのひとりがベトナムの王になったとする伝説をはじめとする、さまざまなものがたりである。口から火花や水をふきあげる黄金の龍の舞、牛をおいながら土地をたがやし、田うえをする夫婦の農作業、魚と人の必死の攻防をえがきだした魚とり風景……。それらは、ときに神秘的であり、牧歌的である。にぎやかであり、スピーディであり、かつ饒舌でもある。そこには、ベトナムの人びとのくらしのたのしみやくるしみ、彼らを支配しようとする異民族や権力者を小馬鹿にした気もちなどがこめられているのであろう。それが、人形のわかりやすいうごきをとおして、こちらにつたわってくる。いうところの感動とは、ちょっとちがう。しかし、ほこりたかい人びとにであったさわやかさと、おおわらいのあとの気もちよさが、たしかに記憶にきざみつけられる。

それからちょうど二年目の夏、こんどはチェコの首都プラハにある国立人形劇場で、あやつり人形劇をみる機会があった。ここには、当然のことながら、水をたたえたプールはない。しかし、舞台の規模も、客席数も、ハノイのそれとほぼおなじである。ただ、プラハの劇場には、少数の座席をならべた二階がある。

そこで演じられるのは、モーツアルトの有名なオペラ「ドン・ジョバンニ」であった。主人公のドン・ジョバンニが、オッタビオという男のフィアンセのドンナ・アンナ、ドンナ・エルビラや村の娘ツェルリーナを誘惑しようとして失敗し、ついには決闘で刺殺したドンナ・アンナの父親である騎士長の石像によって地獄におとされるまでをえがきだす。このものがたりには、ふたつの原型がある。ひとつは「色事師」として、あまりにも有名なスペインの伝説上の人物ドン・ファンの生涯である。今ひとつは「自分がころした人物の石像をコケにして食事に招待し、その復讐をうける」という昔話★2である。オペラとしての初演は一七八七年、プラハのエステート劇場においてであった。

モーツアルト作曲のオペラ「ドン・ジョンバンニ」は、有名なだけではない。くりかえし上演される傑作でもある。しかし、プラハでみたあやつり人形劇は、退屈きわまりない。理由をかんがえてみた。つかわれていた音楽が録音されたものの再生である。生身のオペラ歌手のうごきをなぞる人形のうごきに、「人形だからこそ表現できるおもしろさ」が感じられない。西欧諸国におけるオペラをはじめとする芸能一般の先端性への「ぬきがたい劣等感」のようなものがただよっている。その背景には、半世紀以上にわたって社会主義体制に蹂躙され、さまざまな面でおくれをとらざるをえなかった中欧ヨーロッパの悲劇が作用しているのかもしれない。

それにたいしてベトナムの水上人形劇は、生演奏の音楽、独特の節まわしのかたりが、人形つかいの心身とみごとに共鳴していた。その結果、人形でしか表現できないうごきのおもしろさがうまれる。しかし、いちばんだいじなことは、たぶん彼らの歴史と生活体験からにじみだすのであろう。いきいきとした話の展開とそれを表現するほこらしさが、がっちりと観客の心をつかんではなさない。

歌やおどりや演劇など、さまざまな芸能には、それをつくり、演じる人びとの心と体、それらをはぐくみ、それらが体験してきた歴史、ふだん体験している生活そのもののありようが、みごとにうつしだされる。いっぽう、そこをおとずれた観光者は、それらが演じられている地域の自然や景色、人びとの生活などを、ほんのすこし体験する。同時に、みずからの実体験そのものを、それらがうみだし、絵空事の世界に結晶させた芸能という砥石《といし》にかけて、あらためてたしかめようとする。芸能と観光とは、このような関係によって、きりむすばれている。

「世界民族芸能祭ワッショイ二〇〇〇」

そんなことをかんがえていた矢先、二〇〇〇年七月二八日から一〇日のあいだ、大阪の堺市で「西暦二〇〇〇年世界民族芸能祭」[★3]が開催された。会場の大仙公園には、エスニック料理を提供する仮設のレストランや世界各地の物産をあきなう売店が開業し、真夏の炎天下、いくつもの野外ステージで、おびただしい数の民族芸能が演じられた。参加した芸能団体は、世界中の五五か国から八四団体、国内から五四団体をかぞえた。そして期間中の入場者は、予定の三五万人をこえる三九万人にたっする大成功をおさめた。

会場に足をはこぶと、週日だというのに、おりから夏やすみをむかえた小・中・高校の生徒や大学生、わかものカップルや家族づれなど、たくさんの人びとでにぎわっている。そんな会場を、出番をむかえ、あるいは出番をすませた世界中の芸能者たちが、舞台衣裳に身をかためてあるいている。二十世紀さいごの年をむかえて、日本でも、諸外国でも、膨大な数の人びとが、国境をこえて旅や観光をたのしむようになった「民族大遊動の時代」の到来が実感できる。じっさい、ここをおとずれる人びとは、いっぽうで未知の民族の芸能への好奇心にみちびかれながら、たほうでは、すでにおとずれた旅先での記憶をよびおこし、あるいは、やがておとずれようとかんがえている旅先のイメージを先どりしようとしている。そのことが耳にとどく話の端ばしに感じられた。

いずれの民族芸能も、じっくり時間をかけてながめていると、それぞれに興味ぶかい。ただ、どうしても人のあつまりかたには、かたよりがでる。会場中央のおおきな池にしつらえられたベトナムの水上人形劇「ロイ・ヌオック」には、上演時刻がちかづくと、いつも一〇〇〇人をこえる観客がひしめいた。ベルギーのフランス国境にちかい都市イーペルからやってきた約五〇名の市民が、猫の化粧をし、猫の衣裳をつけて、ネコのフロートとともにねりあるく「ねこ祭」★4のパレードにも多数のファンがついていた。

そして、メキシコの東海岸、パパンドラ地方にすむトトナカ人の「ボラドーレス」――白シャツに赤パンツという派手で華麗な衣裳の五人の演者が、たかさ二五メートルの柱のてっぺんに回転台をつけ、ひとりがそこで笛と太鼓を演奏し、のこり四人が回転台に固定したロープを足にむすびつけ、さかさづりのまま一三回転しながら、まいおりてくるというものである。まいにち何度も上演されるにもかかわらず、この柱のまわりにも、いつも多数の観客があつまっていた。

いったい多様な民族芸能のうち、どのような内容と性格をもったものが、人びとの人気をあつめるのか。話をさきにすすめながら、おりにふれてかんがえてみたい。

第二節　芸能における「商業化」の諸段階

起源そのもののような芸能体験から

前節でとりあげた芸能は、いずれも一般に「民族芸能」とよばれる。当然、民族ごとに特有の生活からうみだされた文化としての特徴を、色こくうつしだしている。しかし、たほうでは、人びとの実生活からは一定の距離をもちながら、入場料とひきかえに上演される「商業演劇」としての属性をおびてもいる。そのかぎりにおいて、これらの芸能は「産業としての観光」の一翼をになうことになる。

では、あらゆる芸能は「産業としての観光」に、なにがしかの貢献をすることが、つねに期待されるのか。そこで「芸能」の意味をたずねると、「人間の身体をもちいて、なにかを表現する活動である」ということになろう。そこには音楽や舞踊、演劇や演芸のほか、連歌や茶の湯や蹴鞠《けまり》までもがふくまれる。

ただ、明治時代いこう「芸能」が、英語のアート(art)やドイツ語のクンスト(Kunst)の訳語としてもちいられるようになった。そのため、近代ヨーロッパ的な意味での「創造的な技芸」を「芸術」、「伝承性を重視する伝統的・民俗的な技能」を「芸能」として区別する傾向がつよまった。むろん、録音や録画や放送の技術が発達した現代では、映画やテレビやラジオなどの情報メディアをとおしてつたえられる、身体をもちいた表現活動も芸能の一分野として認知されている。

つぎにかんがえるべきは、こうした芸能の起源である。圧倒的につよいのは「宗教起源説」であろう。神まつりのさいに、歌やおどりを奉納したのが、芸能の起源だというのである。神まつりとは、「神の立場」にたてば、豊穣の保証や悪霊のおいだしなど、いわば「人間のかってな要求」をひきうけさせられる催事にほかならない。神を擬人化すれば、神が代償をもとめても不思議はあるまい。その代償こそが、酒やご馳走にくわえ、見聞したのしめる芸能であった。

これはそのまま芸能の、よりあたらしい利用法にもあてはまる。みしらぬ顧客に商品をうろうとするとき、しばしば商人は、一種のサービスとして芸能を提供する。みずからの身体をもちいた、おもしろいしぐさ、うつくしい歌声などには、顧客をたのしませて、気分をうちとけさせる力がある。げんに現代のテレビCMのおくは、芸能者のおもしろいしぐさやうつくしい歌声などで、それとはまるで無関係な商品や企業にかんする情報を顧客につたえる。それが視聴者の商品や企業へのしたしみのイメージをよびおこす。

ただ、人の心身をよろこばせ、たのしませる芸能それ自身が、これまた一種の「商品」として流通するようになった時代には、こうした芸能のはたしてきた役割がみえにくくなる。という意味において、芸能の宗教起源説にも、たしかに一定の説得力がある。

しかし、それなら宗教以前に芸能はなかったのか。民族学者の梅棹忠夫氏が、きわめて興味ぶかいことをいっている。

「人間はサルの時代から、つまり言葉を使い始めるよりも前から芸能を知っていた」──これは私のかなり大胆な仮設です。歌ったり、踊ったりすることは、人間にとって非常に根元的なところに根差した欲望ではないだろうか。大きな声を出したい、踊りたいという欲求は、言語活動以前からあったんじゃないだろうか。私はそんなふうに思っています（梅棹忠夫、一九九九「劇場空間都市へ」『グラフさかいｖｉｅｗ』四三号）。★5

そういえば、ケニアのトゥルカナ湖の東南に位置する湾岸で、きわめて素朴な「芸能」をみた記憶がある。演じていたのは、サンブラ語をはなし、りっぱに漁業をいとなみ、キリスト教を奉じているエル・モロ族の女たちであった。だから、けっして彼らが「おくれた人びと」だというのではない。ただ、とつじょとしてはじまるおどりが、文字どおり人間の、どこか非常に根元的なところに根ざした欲望の発露のようにみえた。

たよりない五人のりセスナでトゥルカナ湖畔に到着して三日目、一九九六年九月一六日の朝のことである。

透明だが、黒色を感じさせるほどにあおくはれた空をうつして、油のようにとろんとみえる水面のほとり、人口二〇〇人の村をおとずれて、ぼくは子どもたちとあそんでいた。すると、とつぜん、かんだかい女の歌声がひびきわたった。やがて彼女のまわりに、あたりでめいめいに手仕事にはげんでいた女たちがあつまってきて唱和する。まもなく誰かが、その場でジャンプすると、みながそれに応じ、足音のリズムと調和したアップテンポの歌声が高揚した。それから三〇分あまり、とちゅうで客人のぼくをまねきいれながら、額に汗がにじむまで、歌とおどりはつづいた。

「たいてい今ごろの時刻に、女たちは気ばらしの歌とおどりをはじめるんだ」

村の長老の男のはなしであった。つまり、けっしてそれは神や人にみせるために演じられたのではない。ただ、彼女たちと手をつなぎ、とびちる汗のにおいをかぎながら、みなと唱和し、くりかえしとびはねていると、ちょうどランニング・ハイというのか、ジョガーが感じるといわれるのと同様の心身のこころよさが感じられた。かるいトランス感覚とともに、まわりの大自然、さらにおおげさにいえば、宇宙の鼓動との一体感のようなものが、胸と腹のあたりから全身にひろがっていくようでもあった。

一定のリズムの声や音にあわせて、はげしく体をゆすっているうちに、なんだか体と宇宙が連動しているような気分になるおどりを「コズミック・ダンス（宇宙舞踊）」とよぶ。二〇〇〇年当時の日本で、わかものだけでなく、高齢者までをもまきこんで流行していた「パラパラ」にも、よくにた性格がはらまれている。みているだけでは、たのしむのがむつかしい芸能だということもできる。

しかし同時に、たまたまそこをおとずれた観光客であり、旅行者であるぼくの記憶に強烈な記憶をきざみこんだエル・モロ族の女たちのおどりは、そのかぎりにおいては、産業としての観光に、なにがしかの貢献をしたのだといえなくもない。

バリ島のケチャとバロン・ダンス

トゥルカナ湖畔で体験した女たちのおどりは、都会ぐらしでなまくらになった体のおとろえを感じさせられる体験でもあった。ちょっとの間、とびあがっているだけで息がきれてくる。しかし他方では、自分の体のなかに浮遊してきた気分や感情を外にむけて放出し、かるい自己陶酔とトランス状態にみちびいてくれるおどりは、結果として心と体の健康を維持する役割をはたすことがあるのではないか。

そんなことを感じたのは、ずっと以前、一九八三年にバリ島のデンパサール市内にある文化センターの石づくりの野外舞台でケチャの上演をみたときである。陽がおちた暗闇から、老若あわせて一〇〇人あまり、上半身が裸の男たちが姿をあらわして、車座になる。かがり火にてらされた肌は、褐色にかがやいている。まもなく二〇〇本あまりの筋肉質の手が天空にむけて「バンザイ」の格好にさしあげられた。その瞬間、せっぱつまったようなテンポの、一糸みだれぬ正確なリズムで男たちの手が躍動をはじめる。

それにあわせて、

「チャ、チャ、チャ、チャッ、チャッ……」

という声が、これまた一〇〇あまりの口からほとばしる。

声というか、音というか。そのひびきのあいだに、ごくみじかい静謐《せいひつ》の瞬間がある。だから、左右二〇〇あまりの、息をする人の肺がうごき、とまる、くりかえしがわかる。それにあわせて、けんらんの衣裳に身をつつんだ幾人かの男女のおどり手が、ラーマーヤナのものがたりを、優美な身のこなしと繊細な指づかいで、おどりはじめる。まわりを暗闇でつつまれた薄明のなかで演じられるそれをみていると、どこか夢幻の世界のできごとであるような、漆黒の宇宙にとけこむような、そんな感興がよびおこされる。

そのとき、はたと気のつくことがあった。ケチャのさいの、手をさしあげ、躍動させる体のうごきと、それにリズムをそえる発声のためのはげしい息づかいは、はからずもバリ島の男たちの心と体を健全な状態にととのえる役割をはたしているのではないか。中国の気功法やインドのヨガ、日本の民間療法など、腹式呼吸をともなう発声法、なかばトランスの状態にあそぶ体の運動法などが、心と体のゆがみやひずみをただすというかんがえかたは、けしてめずらしいものではない。

これとよくにたことは、すこし視点をずらすと、おなじバリ島の、もうひとつの芸能の代表である「バロン・ダンス」にもあてはまる。ものがたりは、たくさんの真鍮《しんちゅう》製の楽器を合奏するガメラン音楽にあわせて演じられる、ヒンドゥ教の叙事詩『マハーバーラタ』のエピソードに由来している。その上演は、真鍮製の打楽器から発せられる、本来なら人間の耳にきこえるはずのない周波数のたかい音が、心と体に快感を感じさせる。★6

それだけではない。このだしものの筋がきは、王妃クンティが、王子であるその息子サドゥワを死の女神ドゥルガのいけにえとしてささげさせられるまでをえがきだす。その間に、善なる怪獣バロンと魔女ランダのたたかいが展開される。そのさい、さしあたり王子の化身であるバロンは「善獣」、ランダは「わるい魔女」として性格づけられる。しかし魔女ランダは、善獣バロンと力が互角であるだけでなく、いったんは善獣バロンに変身する以前の王子とのたたかいにやぶれ、王子にころされることで天国にめされるとかんがえたり、死をとおしての再生をつかさどる役割をはたしたり……。単純に「白黒がつけられる悪」としての資質をもっぱらにしているわけではない。日本風に表現すれば「清濁あわせのむ」ような複雑なパーソナリティが登場人物に託されているのである。

だから、だろうか。バリ島の「バロン・ダンス」は出演者を、ときにほんとうのトランス状態にみちびく。同時に、あまりに明確に「白黒をはっきりしなければならない日常」に居心地のわるさを感じがちな生活者である観客に、ある種の「ゆとり」を提供する機会ともなる。★7 民族芸能には、それを演じる人びとの心と体に活力をよみがえらせ、それをみる人びとを、そうした活力に感染させる資質をはらんだものがすくなくない。

海南島の手品師からもらった腹痛

それは、たんに民族芸能だけではなくて、ほんらい芸能一般がそなえていた資質であるのかもしれない。音楽にしろ舞踊にしろ演劇にしろ、どこか芸能には、現代の日常生活からみれば魔術的な要素がはらまれている。ただ、バリ島のケチャやバロン・ダンスのように、たんに観客としてそれらをみているあいだは「……らしい」といっていればよい。しかし民族芸能、とくにそれが観光客を相手に演じられる場合には、ときに観客である「ぼくら」が舞台にのぼらせられる。そんなときには観光者までもが、その魔術性にまきこまれる。

一九九五年六月、一〇人ばかりのグループで、中国の海南島をおとずれたときの話である。[★8] 香港から南西へ約五〇〇キロ、北緯二〇度に位置する海南島は、中国最南端の島で「東洋のハワイ」を自称している。そのため、島の南端に位置する三亜市を中心に、一九九〇年代にはいって海浜リゾート開発がすすんだ。あちこちに奇岩のある天涯海岸、しろい砂浜がつづく大東海には、ヤシの木が木陰をつくり、中国本土からの多数の観光客が散歩をたのしみ、白亜のリゾート・ホテル建設がはじまっていた。ただ、気候は本家のハワイが熱帯海洋性であるのにたいし、海南島はアジア・モンスーン性——夏のむしあつさは、相当なものである。

島のひろさは日本の九州とおなじぐらい、総人口も七〇〇万人程度である。しかし、漢族をはじめ、リー(黎)族、ミャオ(苗)族、ホイ(回)族など、三七民族がすんでいて、漢族をのぞく少数民族の人口だけでも一二〇万余をかぞえる。そのため、これら少数民族の生活と文化にふれる、中国語で「民族風情観光」と名づけられた民族文化観光がさかんである。その中心のひとつが、遠望する角度によって、ちょうど五本の指をたてたような姿をあらわにする海抜一八七九メートルの五指山麓の高原都市トンザ(通什)である。

トンザの「雲棲賓館」というリゾート風ホテルで、夕食後、少数民族の歌やおどりをみせるショーが上演された。その内容は後述するが、やおら観客のひとりを舞台にあげての手品がはじまり、その役がぼくにまわってきた。照明をあびて舞台にあがる。手品師は、ぼくの親指と人さし指でつくった輪に針金をとおし、指の輪をとじたまま、かけ声とともに、それをはずしてしまった。ふしぎといえば、ふしぎだが、よくある手品にすぎまい。つぎに手品師は、その針金をぼくの胴体にまきつける。ふたたび、かけ声を発しながら、ぼくの胴体を切断する方向に針金をひっぱる。その瞬間、あろうことか、針金は「ぼくの胴体を横ぎって」しまっていた。手品だからタネがあるのは、うたがいない。しかし、ぼくも観客も、キツネにつままれたように、ポカンとしている。

場内には拍手の嵐……。その夜のことである。過食もしていないし、食あたりの気配もないのに、強烈な腹痛におそわれた。それでも、旅のつかれから夢うつつの領域をたゆたっていると、ぼくの胴体を針金が切断して、ふたたび元にもどっている。そんな幻想が、くりかえし心と体によみがえる。意識では「他愛もない手品なのだ」とおもっている。にもかかわらず、時間的にも空間的にも、日常をとおくはなれた海南島の五指山の麓で、これまた日常の常識の裏をかくことを目的とした「手品」という芸能が、二重の意味でぼくの心と体を「非日常の世界」につれていってしまう。根拠のない腹痛は翌朝、地元の医師の診察をうけるまで、ひと晩じゅう、ぼくの油汗をしぼりつづけたのであった。

第三節　観光客をあてこんだ民族文化村の芸能

トンザの民族文化村でみた民族芸能

ところでトンザには、少数民族の生活文化を展示した海南省民族博物館のほか、域内に数か所の民族文化村がある。ぼく自身が実際に足をはこんだそれには「番空黎族旅游村」「黎苗山寨」などの名前がついていた。そこには民族ごとに伝統的な住居がしつらえられ、農具や家具、調理用具などが展示してある。つまりは伝統的な生活習俗の展示場なのである。そして、わかい女性がガイドとして観光者といっしょについてまわり、展示の説明をしてくれる。その一部はリー族の酒や料理をだす飲食店、リー族やミャオ族の手工芸品から大陸の物産までをもふくめたみやげものをあきなう商店などに利用され、たいてい民族芸能を上演する歌舞場が付設してあった。

その建設の最初は一九八九年――いらい二〇か所ちかくが建設されたという。しかし過当競争のためであろう、おおくが廃業においこまれ、一九九五年には数か所だけがのこっていた。さらに、それらを整理統合するために、民族博物館のかたわらに八角形の板じきの演舞場が建設されていた。

そこで演じられるのは、木の葉の笛の演奏、★9「椰殻舞(ヤシの殻のおどり)」「銭鈴双刀舞(銭鈴は棍棒の名、両側に鈴をつけてまう)」「年舞(年こしに祖先をまつるリー族のおどり)」「竹竿舞(バンブーダンス)」などである。いずれも、演者が民族特有の衣裳を身につけ、伝来の音楽の伴奏がつく。なかでも竹竿舞は、笛を中心としたアップテンポの楽器の演奏にあわせて、四本から八本ぐらいの竹竿を平行、または直角に交差させながら左右に移動させ、一瞬ごとにできる四角い空隙をえらんでとびはねるダンスである。最初のうちは、出演者が演じている。しかし、そのうち観客の手をひいて、それを旅行者に実際に体験させる。たしかに気分のなごむ少数民族の生活文化体験の瞬間ではある。

そんな体験をすると、とくにリー族の人びとの「のびやかさ」が、あらためて感じられる。ふるくから彼らが、客人のもてなしを大切にしてきたこと、そのために山蘭米というモチ米からかもしたあまい酒を、あびるほど客にのませる習俗をもってきたこと、男性をおもんじるが、女性を尊敬する念もつよくふかいこと、結婚は男女の自由意志にゆだねられてきたことなどが、なんとなく納得できる。それに女性たちは、がいして容姿端麗である。清楚な目鼻だちの丸顔と均整のとれた細身の体形——歌やおどりを演じるさいの、黒地に赤や黄など、原色の刺繡をほどこした筒形のミニスカートを身につけた姿は素朴ながら、ほんとうにうつくしい。

ただ、ここでのだしものは、さきに「後述する」とのべた雲棲賓館で夕食後に演じられたものと、ほぼおなじであった。そのことが残念だといえば残念である。しかも、民族芸能の出演者のなかに、生気のとぼしいうたい手が目についたり、おどりの伴奏が録音テープの再生であったり……。本来は生活のなかでたのしまれていた芸能が「完全に商業化して洗練される」までの過程で、出演者に「いやな仕事」とみなされ、あるいは演出者が「粗雑な手ぬき」をしているらしい。もしかすると、これらの民族文化村全体が、少数民族自身の手によってではなく、しばしば漢民族のなかの富裕な個人によってになわれているといったことが影響しているのかもしれない。

カリマンタンと台湾の民族文化村

海南島旅行から六か月後の一九九五年末、こんどはマレーシアのサラワク州をおとずれた。サラワク州は、首都クアラルンプールのあるマレー半島の東海上にうかぶカリマンタン(ボルネオ)の北西部分に位置している。それは、ブルネイをはさんで、その東側に位置するサバ州とともに東マレーシアと一括される。そのサラワク州の州都クチンから自動車で四〇分、南シナ海の海岸線にそったビーチリゾートとして名だかいダマイ・ビーチに「サラワク文化村」がある。

熱帯雨林の自然をのこした広大な敷地には、マレー人はじめ、かつての勇壮な首狩り習俗で有名なイバン族、海岸部でサゴヤシ栽培を生業とするメラナウ族など、七部族の伝統的なすまいと生活器具のほか、手工芸の実演などが実物展示されている。

その一角の、民族料理をたべさせるカフェテリアをともなった文化劇場では、さきの七部族の民族芸能が上演される。よく整備された屋内の舞台に登場するのは、船の櫂をあやつる男たちや背負籠をかついだ女たちのおどり、竹の柱のうえでおこなわれる曲芸、そして、頭を鳥の羽でかざり、左手に縦なが亀甲型の楯、右手に蛮刀をもった男が演じる「戦士のおどり」などである。舞台のうしろにひかえた楽士たちが音楽をかなで、もはやプロの域にたっした歌手がうたい、色彩もあざやかな照明がてらしだす諸民族の芸能は、あきらかに海南島のそれより洗練され、ショーとしての完成度はたかい。

しかも同時に、これらの芸能には、出演者たちの日常生活から完全には遊離していないがゆえのリアリティが感じられる。たしかに舞台衣裳や舞台でのしぐさは、かなりみごとに洗練されている。しかし「戦士のおどり」などは、自動車と小舟をのりついでクチンから五時間、いまなお原始林にすむイバン族のロングハウスで、その村の長老が披露してくれたものを、きちんとふまえていた。

むろん今日では、山ぶかいイバン族の生活場所そのものを多数の観光者がおとずれる。しかし、たずさえていった菓子や雑貨のみやげを、人びとはおなじロングハウスにくらす家族ごとに正確に平等に分配していた。そのことに象徴される伝統的な生活が、そこには、たしかにのこされているような気がする。そうしたことが、クチンという都市にほどちかいサラワク文化村で演じられる「戦士のおどり」にも、生活に根ざしたリアリティをそえているのだとおもう。

このサラワク文化村が建設されたのは、一九九一年にマハティール首相が提起した「ビジョン二〇二〇」というあたらしい国家デザイン計画に刺激されてのことである。一九八一年に首相に就任したマハティールは、中国系住民より生活水準のひくかったマレー系住民を保護するために「ブミプトラ政策」という名のマレー人優遇政策を実施した。さらに、マレーシアの東方に位置する日本の近代化政策をまなぼうと「ルック・イースト政策」を施行し、着実な経済発展をとげてきた。

ところが一九九〇年代、経済成長に拍車がかかると、「ブミプトラ政策」だけでは、多民族が混住するマレーシアの国民的統合がすすみにくいという問題が顕在化しはじめる。そこで一九九一年、その二〇年後に先進国の仲間いりをめざす「ビジョン二〇二〇」を提唱——ここで、ことなる文化をもつ諸民族の文化の顕彰が課題のひとつとしてとりあげられた。サラワク文化村は、その一環として建設・整備されたのである。

そういえば、ここでは観光者にしめるマレーシア人の比率がたかい。このことは、マレーシア国内において、おなじ国にすんでいる異民族の文化をたずねてあるく国内旅行が重要な意味をもちはじめたことをものがたっている。国内観光旅行の隆盛が、サラワク文化村のような、あたらしい観光資源をうみだすようになったというわけである。じっさいサラワク文化村には、サラワク経済開発公社が資金を投資しているほか、その経営にも一定の関与をおこなっているという。

ところで、これまでにみてきた民族文化村の基本形は、一九八五年に台湾の日月潭にほどちかい山地に建設された「九族文化村」にある。そこでは漢民族や日本人の進出以前に先住していた、言語体系や祭祀習俗のことなるタイヤル族、サイセット族、ブヌン族、アミ族など、九民族の伝統的な住居や生活様式を展示しているという。

そこで、一九九七年の秋に現地をおとずれてみた。山地の地形を利用して、九民族それぞれの集落を再現したそれは、壮大かつ整備のゆきとどいた一種のテーマパークになっていた。集落ごとに民族衣装を身につけた数人の村人が常駐し、農作業や建物の修理、随所にあるレストランで提供する民族料理の調理や手工芸の制作をおこない、村内をめぐりあるく観光者に応対している。ここにも直径二〇メートルちかい板ばりの円形舞台があり、まわりを五メートルばかりのドーナツ型の池がとりまいていた。

開演時刻がちかづくと、池のまわりの石の階段が満席になる。まず、九族のなかでも歌舞音曲にひいでているとされるアミ族の長老が登場する。つづいて、布製のボールをなげあげ、五メートルばかりの竹竿の先でうけとるあそび、火うち石でおこした火からたいまつの炎がもえあがるまでの作業、結婚式の模擬的な実演などを、民族ごとの歌やおどりの間にはさんで演じてくれる。やがてプログラムがすすむと、上からたらした一本のロープだけをたよりに、山中の谷にみたてたドーナツ型の池をとびこえるパフォーマンスがはじまる。これには観客が参加し、池の水に足をとられて、わらいをさそっていた。そして最後には、海南島とおなじ「バンブーダンス」――それは、台湾あたりから海南島をへてタイやマレーシアにいたる東南アジア全域に分布しているのであるらしい。

このように、台湾の九族文化村をみると、これまでに紹介した海南島の民族文化村やサラワク文化村などが、観光客にたいして一定の吸引力を発揮していることがわかる。同時に、その地域の少数民族を中心とした人びとの生活や文化を紹介する窓口としての役割をはたしている。それはまた、日本のように首相みずからが「日本は単一民族の国」などといいはなって「よし」としているのにくらべると、たかく評価されるべきであろう。

ただ、これら民族文化村のこころみは、テレビなどのマスコミやインターネットなど、あたらしいメディアにくらべると地味である。先端技術を駆使した多数のアトラクションをそろえた、たとえば東京ディズニーランドのようなテーマパークが多数、出現するようになった時代には、集客力という点において、おくれをとらざるをえない。

じっさい九族文化村の入場者数も減少傾向をたどっている。そのため、かたわらにジェットコースターをはじめとする多様な遊具をそなえた、あたらしい遊園地が建設されていた。そのにぎわいは、本体の九族文化村をはるかにしのいでいる。いわゆる民族芸能を、その原型にちかい状態のままに上演する民族文化村という形式は、観光施設という視点からみれば、再検討をせまられているのかもしれない。

第四節　芸能を核とした観光開発

民族芸能――さまざまなみせかた

ここまで、東アジア各地の民族文化村を中心に、そこで演じられている民族芸能についてかんがえてきた。しかし、それは何も東アジア世界にかぎった話ではない。

たとえばハワイのオアフ島の北端を海岸ぞいにすこし南東にすすんだライエ地区に「ポリネシアン文化センター」がある。一七ヘクタール余の敷地には、ハワイをはじめ、サモア、フィジー、トンガ、マルケサス、ニュージーランドの村が再現されている。

その園内では、民族衣装を身につけた人びとが、時刻をさだめて、彼らの日常生活を素材に、ショーや民族芸能を演じている。ココヤシの木にのぼり、実をおとす。実の皮をむいて、中味をわり、ココナツジュースをしぼりだす。そうかとおもうと、むしたタロイモを石臼でつぶしてねりあげたポイという主食を調理する。むろんレストランや劇場があって、それぞれの民族料理をはじめ、多彩な料理がたのしめる。夕方には、レストランを併設した劇場で「これがポリネシアだ」と題した、総勢一五〇人余が出演する、太平洋諸島の音楽とおどりの華麗なショーがおこなわれる。ポリネシアの料理と民族芸能が同時にたのしめるのである。

その開業は一九六三年、すでに四〇年以上の歴史がある。そして入場者の累計は三五〇〇万人、いまなお年間一〇〇万人がやってくるという。

規模はハワイのそれよりちいさいが、よくにた施設はタヒチのモーレア島にもあった。島の西海岸の「ティキ・ビレッジ」である。園内には、たくさんの伝統家屋が、内部をふくめて再現されていて、みやげもの屋や工房として利用されている。工房ではヤシの葉のバスケット細工、パレオというタヒチ風の袈裟の染織などがおこなわれている。夜になると、太平洋諸島の石むし料理を中心とした夕食が供せられ、そのあと、野外の舞台で、体じゅうに刺青をした男たちが、火のついたタイマツをもってアクロバティックにおどるタヒチアン・ダンスを頂点とした民族芸能が演じられる。

これらはいずれも、東アジア各地にあった民族文化村の、むしろ先駆形態である。そのいずれもにおいて、民族芸能の上演が、観光者をひきつける魅力の焦点となっている。

むろん民族文化村が、民族芸能の演じられる唯一の場所だというわけではない。

ハワイ諸島の場合、観光者用のホテルの多くが、主として野外に開けたレストランで、フラ・ショーをもよおしている。
夕闇がせまるころ、たくさんのテーブルのならぶ、野外レストランのトーチに火がともされる。やがて歌手とハワイアン・バンドが登場して音楽をかなで、それにあわせてフラのダンサーたちがおどりはじめる。こうした場所で上演されるのは、ただハワイの伝統的なメレ・フラだけではない。西洋音楽の影響をうけて土着化したメレ・フラ・クイ、二十世紀がはじまるころに、さまざまに分岐していったハワイアン音楽一般はもとより[★10]、強烈なリズムのタヒチアン・ダンスもふくまれている。という意味でこれらのショーは、ハワイの「正統的」な音楽と舞踊だけでできあがっているわけではない。

しかし、それらは、世界各地からやってくる観光客のこのみを熟知したホテルが主宰するショーにほかならない。芸能にたいして「それなりに成熟した目」をもっている顧客を想定しているからであろう。その洗練の度合は、民族文化村で上演されている民族芸能にくらべると、ずっと高度である。不思議はない。民族文化村でなら、そこで演じられる民族芸能に、まわりの風景が「らしさ」をそえる一種の舞台装置として作用する。それにくらべると、「らしさ」を強調する装置が充分とはいえない舞台で、おなじような「らしさ」を観客に感じさせるには、出演者の技能を高度化するほかに手がないからである。

これとよくにたことは、スペインのアンダルシア地方でフラメンコをみたさいにも感じた。場所はグラナダ、サンクロモンテの丘にうがたれたクエバ(洞窟)内のタブラオである。カマボコ型の室内は、ごつごつした岩肌が石膏でしろくぬられ、壁には絵皿や銅製のフライパンなどがぶらさげてある。ぐねぐねまがった生木をくみたてた椅子とテーブル、サングリアのグラスをはこぶ、ほりのふかい、漆黒の髪の「いかにもジプシーらしい」相貌の女や男たち……。洞窟の奥の舞台で、やおらはじまったギター演奏にあわせて、カスタネットをならしながらのおどりを目にすると、観客の誰もが手をうちならす。これなら多少、演奏や歌やおどりが、へたくそであっても観光者は、

「たしかに本場のフラメンコをみた」

という気になれる。それにくらべ、日本の劇場で、世界的に有名な、たとえばパコ・デ・ルシアが演じるフラメンコは、舞台装置とは無関係に、みききする観客の心と体をとらえてはなさない。こうした芸能までをも「民族芸能」とよべるのかどうかはべつである。ただ、民族芸能のみせかたには、じつに多様な可能性があるということは、たしかだといえる。

芸能祭、劇場街、そして街づくり

だからであろう。たんに民族文化村、さらには民族芸能だけでなく、芸能一般を観光者の誘致に利用しようとするこころみは、きわめて多岐にわたっている。

この小論の冒頭で紹介した「世界民族芸能祭ワッショイ二〇〇〇」も、こうしたこころみのひとつである。た

だし、このイベントには、企画のさいに参考にした先駆形態があった。一九八二年にイギリスではじまったWOMAD(World of Music, Arts and Dance)フェスティバル[★11]である。それは、世界各地の民族音楽と民族舞踊に現代的な要素をとりいれながら演奏・上演活動をしている、いわゆるワールド・ミュージック[★12]の音楽・舞踊家やグループが、海水浴場や公園などの野外に設営された舞台で演じるというものである。このもよおしは、会場でのテントぐらしや近隣のホテルを利用した多数の観客をあつめてきた。つまり、日時と場所をさだめ、いくつもの民族芸能をあつめて上演することによっても、観光者をひきつけることができる。

それは、民族芸能以外の領域にもあてはまる。たとえば毎年八月、三週間にわたってスコットランドで開催される「エジンバラ国際フェスティバル」は、その典型であろう。この期間、エジンバラには世界じゅうから音楽や舞踊、演劇や曲芸など、プロやアマチュアの演者があつまってくる。街角でキルトを身につけたバグパイパーが演奏しているかとおもうと、市内の劇場はもとより、ビルや公園の一角を利用してフォーマンスを演じる者がいる。有料のものもあれば、無料のものもある。街じゅうがおまつり気分にわきあがる。オーケストラの演奏と同調し、ときにはなやかに、ときにしずかにうちあげられる花火が、人びとの興奮をさそう。とうぜん力のあるアーティストやグループの発掘をねらうプロデューサーをはじめ、一般の観光者も数おおく、ふだんはないにぎわいがもたらされる。プロとしての成功をめざすアマチュアにとっては、これが登竜門の役割をはたす場合もある。

クライマックスはエジンバラ城の「ミリタリー・タトゥー（Military Tattoo）」である。いまだあかるい午後八時の青空のもと、石づくりの城の広場に、さまざまな音楽バンドやダンスチームが登場して、はなやかなパレードをくりひろげる。やがて一〇時、こい藍色の空を背景に屹立する石づくりの城から、バグパイプを演奏しながら勇壮なスコットランド兵の隊列が姿をあらわし、何百という楽器の音が会場をみたす。人びとはあらためて「みずからがスコットランドにきている」ことを、心身ともに実感する。それは、芸能を核として観光者を誘致する事業として、おおきな成果をあげている。

エジンバラ国際フェスティバルは、時期をさだめて開催される一種の年中行事である。それが集客に役だつなら、それを恒常化しようというこころみがあっても不思議はあるまい。じっさい一九二〇年代後半以降、世界のミュージカルの中心地となったニューヨークのブロードウエイは、膨大な数のミュージカル・ファンをひきつける、芸能を核とする集客装置が恒常化されたものである。

そこには四〇軒ぜんごの劇場がある。ひとつの劇場あたりの客席を千席として、入場者数は毎日四万人——そのわずか一〇パーセントが遠来の観光者だとしても、年間では一五〇万人の集客に貢献していることになる。げんに、とりわけてミュージカルずきでもないぼく自身がおもいだすだけでも、映画でみた「王様と私」や「ウエストサイド物語」をはじめ「コーラス・ライン」「オー！ カルカッタ」など、いくつもの作品が記憶にのこっている。それらを目あてに、ニューヨークをおとずれる人の数は、かなりの数にのぼる。ブロードウエイは「ミュージカルの名所」としての地位をほこっているのである。

むろん最近は「キャッツ」や「オペラ座の怪人」など、ロンドン発のミュージカル人気がたかい。ぼく自身の勤務先での観察によると、それをみるためにイギリスをおとずれた女子学生は相当数にのぼる。いまひとつ、かつてギャンブルで世界じゅうの観光者をひきつけた都市ラスベガスが、他地域との競争の激化[13]にともない、最近はブロードウエイのミュージカルをとりいれようとかんがえた[14]。その影響もあってラスベガスは、二〇〇〇年当時、日本のわかい女性がおとずれたいアメリカの観光地のトップにかぞえられていた。芸能は観光者をひきつける、つよい力をたしかに秘めているのである。

こうした状況がしられるようになったからか。日本でも、芸能を核とした観光開発をこころみる都市がでてきた。そのきっかけのひとつは、深刻な過疎になやむ富山県利賀村のこころみである。ここでは、早稲田小劇場時代から海外をふくめて公演活動に実績のあった演劇人の鈴木忠志を誘致し、

「利賀で創造し、公演は世界で」

をスローガンに、演劇による地域づくりがはじまった。一九八〇(昭和五五)年には、磯崎新設計の専用劇場「利賀山房」を建設、その二年後には、獅子舞や能など、日本の芸能を中心に、はじめての「利賀フェスティバル」が開催された。また、一九八七年には六〇万ドルにのぼるカリフォルニア大学の寄付をうけて演劇図書館を完成。現在は事業主体を富山県にあずけながらも、毎年夏には、世界じゅうから前衛的な芸能集団を招聘《しょうへい》して

演劇祭を開催し、多数の観光者をあつめている。

いまひとつ注目すべきは、おなじ富山県高岡市のスペクタクル野外音楽劇「越中万葉夢幻譚」である。それは、かつて同市の繁栄をささえた銅器製造の不振をきっかけにはじまった地域づくりの成果である。数年にわたって市民が議論をかさねた結果、越中の国主として赴任した万葉歌人の大伴家持《おおとものやかもち》にちなむ壮大な歴史のものがたりを、★15大音響のサウンドシステムと色彩ゆたかな演出照明を駆使した、これまた壮大な野外音楽劇として上演しようということになった。一九八九年、平成元年のことである。以来すでに一五年がすぎたが、着実な「質の向上」を達成してきたためか。今なお市外・県外から多数のリピーターを誘致することに成功している。

このように、観光者をひきつける芸能の力はきわめておおきい。同時に、芸能の演じかたには、じつにさまざまな方法がある。伝統的な生活の現場で演じられる芸能、実生活の場ときりはなされた民族文化村の舞台で演じられる芸能、その本来のありようとは無関係な時期と場所で演じられる芸能、さらには都市に整備された恒久的な施設で演じられる芸能など、きわめて多岐にわたる。そのいずれもが、観光者の誘致におおきな役割をはたすのである。

第五節　芸能の「アベセデス・マトリクス」

「アベセデス・マトリクス」——酒から芸能へ

演じかただけではない。観光におよぼす芸能のインパクトもまた多様である。ごく少数の旅行者の目にふれる、トゥルカナ湖畔エル・モロ族の人びとの時ならぬ歌とおどりもあれば、世界じゅうの多数のファンを魅了するブロードウエイのミュージカルもある。あるいは、ぼく自身、たとえばチェコの人形劇はつまらなかったが、ベトナムの水上人形劇は非常におもしろかった。こうしたちがいには一体、どんな要因が作用しているのか。

そこでおもいだすのは、やや唐突ながら「酒のグローバル性」をめぐって提起された「アベセデス（ABCDS）マトリクス」である。[★16] つぎの図が、その内容をしめしている。

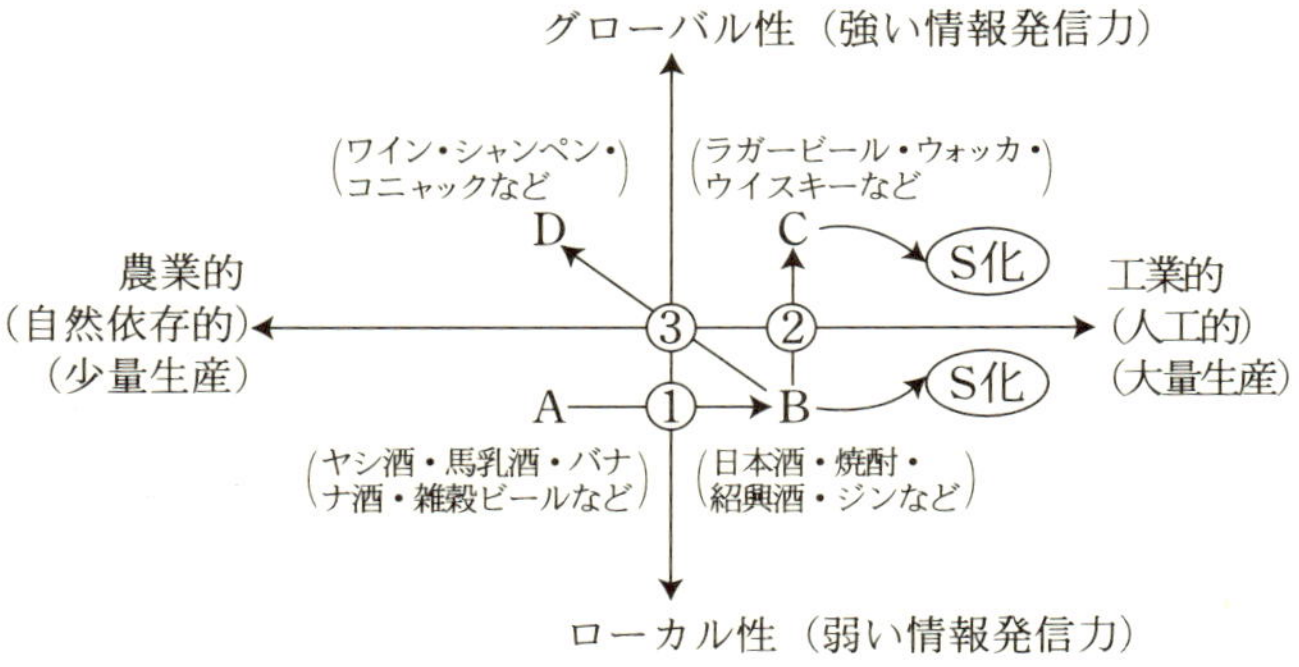

このマトリクスによると、現代世界でのまれている酒は、AからDにいたる四類型にわけられる。図中の「S化」とは、二十世紀後半に酒の世界で急速に拡大した、B類型とC類型のアルコール濃度のたかい酒を、水やソーダ水やジュースなどでうすめて「よりソフト（soft）な酒」に変化させることをこのむ傾向を意味している。そのうえで、各類型に属する酒を今すこしくわしく表示すると、上記のような表になる。

さて、この表にしめした酒は、元来はそれぞれ少量ずつ、特定の地域だけでつくられていた。という意味において、すべての酒は、A類型に属する「民族酒」であった。ところが、近代化がすすんだ地域では、一部の酒が工業的に大量生産されるようになる。こうしてB類型の酒がうまれた。それが、さらにつよい情報発信力をもっと世界じゅうにひろがり、巨大な生産量をほこるC類型の酒になる。

ただし、B類型の酒がすべてC類型に成長するわけではない。工業的に生産されながら、生産量をむやみに拡大するのではなく、その生産地の風土の特徴を、あらためて強調することによってD類型の酒をめざす場合も

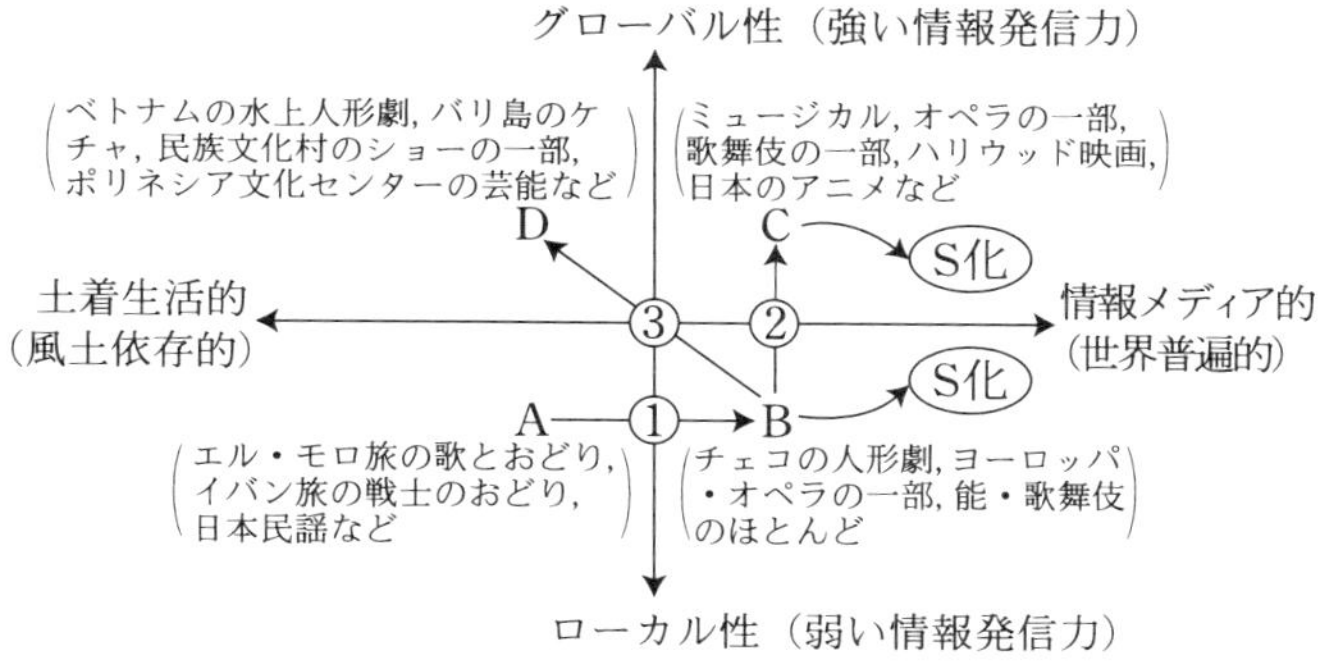

ある。さきの四象限グラフのなかの、①から③にいたる矢印は、酒のたどる工業化とグローバル化のプロセスをしめしている。つまり、この四象限グラフは、こうしたダイナミックなプロセスをへたのちに、それぞれの酒が結果としてしめるようになった位置をしめしてもいるのである。

　このマトリクスは、すこし改造すると、観光にしめる芸能の役割と、ローカル性のつよい民族芸能が、グローバル性をはらんだ民族芸能、あるいは世界芸能に変化していくプロセスにもあてはまる。ただ、ここでは「酒のアベセデス・マトリクス」とちがって、X軸に「土着生活的」と「情報メディア的」という属性を託した。ある芸能が、それを演じる人びとの日常生活にそくしているほど「土着生活的」であり、ぎゃくに日常生活とはことなる特定の場所で演じられたり、さらには映像メディアに媒介されたりするほど「情報メディア的」であるというわけである。つぎの図が、このことを説明している。

　このマトリクスによると、本小論でとりあげた芸能の数かずは、四種類に類型化される。上記の表に示すとおりである。なお、四象限グラフのなかの「S化」は、酒の場合とはことなり、「目だたせること＝ショーアップ(show-up)」もしくは「洗練＝ソフィスティケーション(sophistication)」を意味するものとかんがえておく。

すると、とくにB類型に属する芸能は、ひとつには「S化」に成功することでグローバル化しながらC類型に発展する可能性と、今ひとつには「土着生活的」な要素を強調するという、すこしことなった道筋をたどってD類型の地位を確立する可能性をはらんでいることがわかる。じっさい、世界じゅうに膨大なファンを擁するニューヨークやロンドンのミュージカルも、もとはといえば、十八世紀にグローバル化を経験したヨーロッパ・オペラが現代化したものである。そのオペラ自身も、淵源をたずねれば、近代以前のイタリアに芽ぶいた田舎芝居にほかならない。それが近代から現代にかけての時期に「S化」、すなわち「ショーアップ」と「洗練」をくりかえしながら、ヨーロッパ・オペラをへて、今日のミュージカル人気をもたらすにいたったのである。

たほう、たとえばチェコの人形劇は、一定のグローバル化に成功したオペラの一作品が、いわばB類型に退化した芸能だということになる。それにたいして、ベトナムの水上人形劇は、A類型の民族芸能から出発しながら、現在は土着の生活の現場をはなれ、芸能メディアの一種である「恒久施設化した劇場」で演じられる場合がある。という意味においてB類型に位置しているとかんがえられる。しかし、つねに「S化」を追究しながら、同時に「土着生活的」な要素を積極的にとりいれることによって、D類型の地位にちかづきつつあるようにみえる。

では、本小論でとりあげたアジアや太平洋諸島の民族文化村で演じられている民族芸能の場合はどうか。そのおおくはB類型に位置していることがわかる。それがグローバル化することで、観光者へのさらにつよい吸引力を発揮しようとするのなら、あらためて土着生活的な要素をとりいれ、民族芸能としての充実度合をふかめ、つよめるか、それとも積極的な「S化」をめざすことによって世界芸能への道を模索することが大切だということになる。そのことによってのみ、これらの芸能は「民族芸能村」という情報メディアの枠をこえて、多様な映像・音響メディアにのり、ひろく世界の人びとにもとめられるものに発展していくであろう。

そこで、この項の最後に、今すこしくわしく「S化」についてコメントしておく。というのも、ほんらい芸能の「ショーアップ」と「洗練」とは、たがいに影響しあいながら、その質をたかめるはたらきをする作用である。しかし、たがいの間には、意味とイメージの微妙なずれがある。

たとえばイバン族の「戦士のおどり」や日本の村につたわる神楽など、一種の儀礼として生活にそくして演じられる民族・民俗芸能の「洗練」は、しばしば演者の加齢にともなう「芸の円熟」によってもたらされる。それは、芸能のアベセデス・マトリクスにそくしていえば、A類型の芸能全般にあてはまる。おなじことは、オペラや歌舞伎など、C類型の芸能にもあてはまるであろう。むろんC類型の芸能の場合は、これに衣装や照明や舞台装置の工夫や豪華化などをとおして「ショーアップ」が追究されることになる。

ところが、おもしろいことに、B類型に位置する、とくにアジアの民族文化村で演じられている民族芸能のおおくは、出演者の「芸の円熟」による「洗練」に、あまり熱心でない。そうではなくて出演者の「わかさ」と「女性であること」だけを強調することによって、もっぱら「ショーアップ」を追究しているようにおもえる。これでは「つよい情報発信性をおびたグローバル性」をもつことはむつかしいにちがいない。今後はB類型に位置する芸能も、C類型に位置する芸能が積極的にとりいれようとしている衣装や照明や舞台の装置の工夫や豪華化、さらには出演者の芸の円熟による洗練がもとめられるのではなかろうか。

「情報メディア化」とゲストが演じる芸能

ところで「芸能の情報メディア化」をきわめた極限の姿のひとつに「映画化」がある。すでに二十世紀のはじめから、ハリウッドでは「太平洋の楽園ハワイ」をイメージにとりこんだ映画制作がはじまっている。その最初の作品である「アロハ・オエ」(一九一五年)は、カリフォルニアで撮影された。はやくもこの映画には、ハワイ先住民の女性がフラをおどる場面が、たくさんでてくる。

それ以来、きわめてたくさんのハワイを舞台とした映画がつくられ、世界の人びとの耳目をたのしませてきた。そこには、しばしば白人たちがハワイ先住民の生活や文化を意図的にねじまげ、いたずらに扇情的にえがきだすといった問題が内包されている。しかし、これらの映画がハワイの民族芸能を、いわば「情報メディア化」することによって観光者の増加に、おおきな貢献をしたことはいなめない。いうまでもなく問題があるかぎり、その問題性は追究されるべきである。しかし、このましいかたちで映画化がすすめば、さまざまな地域が観光者の誘致に、それを活用することができるという事実をわすれてはなるまい。

そういえばオードリー・ヘップバーンが主演した「ローマの休日」(一九五三年)もまた、スペイン広場やトレビの泉などローマ市内の観光名所を、たくみにドラマの舞台装置として活用した映画であった。それは映画館で上映されただけでなく、最近まで、くりかえしテレビで放映されてきた。この映画をみて、ローマへの旅行を計画し、こころみた日本人はすくなくあるまい。げんにスペイン広場かたわらのジェラートの店は、今なお多数の日本人女性がおとずれる観光名所のひとつになっている。

映画だけではない。一九六〇年代、ポピュラー音楽に一大革命をもたらしたビートルズは、ラビ・シャンカールというシタール奏者の影響のもとに、インドの民族音楽を、みずからのロック・ミュージックにとりいれて大成功をおさめた。それは、彼らの音楽のファンであるわかものたちを、インドへの旅にかりたてる役割をはたしもした。

ジャマイカの大衆が、生活のなかからうみだしたレゲエを世界にひろめたボブ・マーリーもおなじである。彼もまた、その死後にいたるまで、すくなからざるレゲエ・ファンをジャマイカにひきつける役割をはたしつづけている。

このように、観光にはたす芸能の役割はきわめておおきい。ただ本小論では、その可能性の一端を、いくつかの具体例にそくして提示するにとどめざるをえない。

そのうえで蛇足ながら、最後に示唆しておきたいことが、ひとつある。それは、あらゆる芸能は、たんに観光者によって見聞されるだけではないという点である。海南島トンザのリゾート・ホテルで、ぼく自身がショーの舞台によびだされたように、とくに民族文化村における民族芸能の上演プログラムには、かならずといってよいほど、観客を参加させる場面が用意されている。それは、

「見聞したことがらは、みずから体験もしてみたい」

という人びとの欲求の根づよさをものがたっている。同時に、現地の人びとにとってはゲストである観光者が、彼らをうけいれるホスト役の人びとと、もっと密接にふれあい、よりふかく彼らの生活にちかづきたいとする欲求にこたえるものでもある。

しかし、まったく逆の視点にたてば、それは、ゲストをむかえるホストの日常生活をそこないかねないゲストの過剰な好奇心から、ホストの日常生活を保護するために、たがいの接触を、民族文化村やそこで演じられる芸能の舞台に限定するための工夫でもあるといえる。観光対象としての民族文化村、そこで演じられるさまざまな芸能には、このような機能が託されてもいるということであろう。

[注]

★1…水上人形劇はベトナム語で「ロイ・ヌオック(Roi=人形、Nuoc=水)」。十一世紀ごろ、氾濫をくりかえすホン河流域の農民が、田畑を水没させる洪水の被害にうちかとうと上演したのが起源だという。

★2…この話の原型は、十四世紀ごろ、ヨーロッパ各地でかたりつがれるようになった伝説にもとづいている。つまり、「路傍にころがっているドクロをけると、その亡霊があらわれ、その亡霊の石像を食事に招待することになる」というのである。

★3…この祭典は、国連総会で決議された「平和の文化国際年」と「ユネスコ二〇〇〇年計画」の公式行事としてユネスコの認定をうけた世界的な二〇〇〇年記念事業のひとつとして位置づけられた。

★4…中世からつづく伝統的な行事で、三年に一度、開催され、ペストが流行したとき、豊作を祈願するときなどに、神にネコをささげたという伝説に由来する。現地では祭がちかづくと、広場や道路にネコのたれ幕や標識、商店にはネコの菓子やパンがならび、街じゅうがネコ一色になるという。

★5…ここで展開されている議論は、つぎの文献で、いますこしふかくほりさげて論じられている。

梅棹忠夫、一九八七「芸能の起源」(守屋毅・編)『祭りは神々のパフォーマンス——芸能をめぐる日本と東アジア』力富書房

その記述を、つぎにランダムに引用しておく(カッコ内は筆者)。

動物にもパフォーマンス(芸能)があるかもしれない。自分の五体をうごかす快感に、ただよいしれる。そういうことは、動物にだってじゅうぶんありうるのではないか。……(アメリカの心理学者の夫婦の観察によると)チンパンジーが室内で、あるものをひっぱるしぐさをしているという。うしろにあたかも箱があって、それについたひもを肩ごしにひくようにしてあるく。……実際にありもしない虚構の状況をつくりあげて、その約束ごとのなかであるプレイをするのであるから、これは芸能とひじょうによく似ている。演劇の起源はそういうプレイかもしれない。……(これにくらべると)宗教は、そうとう高度の観念とイメージの連合体系であるが、芸能は、それよりはるかに根元的ないとなみといえないか。サルだって、多少は芸能のまねごとをするのである。しかし、そのサルがお宮まいりをしている気配はない。

★6…人間の耳にきこえる音の周波数は、これまで五〇ヘルツから二〇キロヘルツ程度だとかんがえられてきた。しかし、それ以上の周波数を発生させる録音・再生システムと脳電位活性の計測・分析システムをもちいた実験に

よると、二〇キロヘルツよりも周波数のたかい音を「きいた」人間の脳波には、「こころよさ」を感じたときに増加するとされるα波が増加することがわかっている。そして、バリ島のガムランやブルガリアン・コーラスには、これら周波数のたかい音がふくまれているのである(大橋力、一九九九「ブルガリアン・コーラスの魅力」『たて組ヨコ組』第五三号)

★7…キリスト教的な世界観、ひいては、その影響のつよい近代社会の価値観においては「善と悪」「光と闇」の関係は、基本的に対照的であるとかんがえられる。しかし、現実の社会や生活においては、それと同様の判断をくだせる場合は、かならずしもおおくない。それを無理に「白黒つけよう」とすると、軋轢や葛藤が生じやすい。それにたいして、バリ島の芸能にあらわれる「ランダとバロンの関係」は「白黒がつけにくい」ように設定されている。この点にかんして中村雄二郎氏は、つぎのようにしるしている。

両者(魔女ランダと善獣バロン)は……なにからなにまで対照的である。まず、ランダが女性で、左手の魔術=悪しき魔術を使うのに対して、バロンは男性で右手の魔術の使い手である。また、ランダは夜であり、病気や死をもたらす暗闇である。それに対してバロンは太陽であり、光であり、病を癒すものであり、悪の反対物である。……(しかし)バロンもまた、根本的には怪獣として、ランダと同じく事物の暗い、大地的な側、つまり天井とは反対側に属しているからである。他方、ランダも死の原理を体現しているだけでなく、同時に死をとおしての再生をも司っている(中村雄二郎、一九八三『魔女ランダ考――演劇的知とはなにか』岩波書店)。

★8…旅の文化研究所では、やがて外貨獲得のための観光がさかんになるであろう開放後の中国で、その重要な拠点のひとつになるはずの海南島に焦点をさだめて、一九九三年いらい、現地調査をすすめてきた。一九九五年に再度ここをおとずれたのは、一般の旅行者の反応をしりたいとおもって実施したモニター旅行のためである。

★9…海南島には今なお「歌垣」ににた風習がのこっている。歌垣とは古代日本の野外でおこなわれたわかい男女の恋歌のかけあいである「対歌」の交換を中心とする行事で、ひろく照葉樹林地帯に分布している。リー族の場合、わかい男が木の葉を口にくわえて、うつくしいメロディをかなでると、わかい女がやってきて歌をかえす。すきな男がいれば、相手の耳や指をつねる。その女がすきなら、男も女の耳か指をひねりかえす。木の葉の笛の演奏には、そんな由来がある。

★10…「メレ(Mele)」はハワイ語で「音楽」を意味する。メレには本来、日本の神道の祝詞にちかい、宗教儀礼につかわれた「メレ・フラ」と、フラの舞踊のダンス音楽としての「メレ・オリ」があった。ところがキャプテン・クックの到来いらい、西洋音楽の影響をうけてつくられた「アロハ・オエ」など、あたらしいハワイ音楽が登場して「メレ・フラ・クイ」とよばれ、あたらしい正統音楽の地位を確立。やがて一九〇〇年前後をさかいにハワイ音楽は、さらに多様化していった(山中速人、一九九二『イメージの「楽園」——観光ハワイの文化史』筑摩書房)

★11…創始者はイギリス人のピーター・ガブリエル。初回はイギリスのサマーセット・セプトンマリットで、一九八二年七月一六日から三日間にわたって開催された。これにはヨーロッパ、南北アメリカ、アフリカ、アジアから一八か国のアーティストが参加した。

★12…近代ヨーロッパ諸国による植民地経営をとおして、ヨーロッパ音楽が世界各地につたわった。そのながれが、録音や放送の技術が発達した二十世紀にいっそう加速する。その結果、伝統的な民族音楽のなかに、みずからの個性をのこしながら、ヨーロッパ音楽の要素をとりいれる音楽が誕生し、ひろく世界に普及するようになった。楽器ならギターをモデルとする南米のチャランゴ、演奏形態ならギターやアンサンブルにボーカルをくわえたメキシコのマリアッチ、音楽ジャンルならアメリカ黒人のあいだに芽ぶいたジャズやソウルなどが、その一例である。さらに最近、西インド諸島で誕生したレゲエやラップなども、ここにふくめられる。こうした音楽を一般に「ワールド・ミュージック」とよぶ(ブルーノ・ネトル、一九八五(細川周平・訳、一九八九)『世界音楽の時代』勁草書房)

★13…アメリカの先住民であるインデアン居住区では、失業者やアルコール依存症者の増加が深刻な社会問題になっていた。そこで一九八八年、連邦政府は居住区におけるギャンブルを解禁、多数のカジノが居住区で開業した。そうした新興ギャンブル地帯との競合に直面して、かつてギャンブル都市として名をはせたラスベガスも、家族づれにもおとずれやすい多様なエンターテイメントをとりいれはじめた(石森秀三、二〇〇〇「ギャンブルと地域づくり」『まほら』(二四号)旅の文化研究所)。

★14…貴多野乃武次、二〇〇〇『ファンタジー・シティ ラスベガスの法則』APS

★15…大伴家持が、うかれめ土師と舟あそびをたのしんでいるうち、ねむりにおちて夢をみる。夢のなかで家持は、つぎつぎに越中一二五〇年の歴史上の事件にまきこまれ、奇想天外なタイムスリップをくりかえす。台本や演出や照明などは一流のプロに依頼する。しかし出演者をはじめ、舞台や客席の設営や接待などは市民が分担する。ようやく二〇〇〇年ごろから採算ベースにのりそうになってきたという。

★16…つぎの書物が詳細を論じている。米山俊直ほか、二〇〇〇『アベセデス・マトリクス——酒の未来図』世界文化社

第三章

飲食と観光

神崎宣武

第一節　旅で、ハレの飲食とケハレの飲食

ハレの旅、ケハレの旅

「食欲」とは、もっとも抑制のきかない欲望に相違あるまい。飲食を断っては、人間は生きていけない。人間だけでなく、動物はすべて生きていけない。ゆえに、食欲を満たすことは、呼吸をしたり排泄をしたりするのと同様の生態であって、その日常的な最低限の行為は「文化」とはいいがたいものである。

しかし、人間は、日常の単調な飲食にも文化性をみいだしてきた。どのように調理するか、どのような食器を用いるか、そしてどのように保存するか、など。それが、家庭ごとに、地域ごとに、民族ごとに差異が生じるのが、つまりは文化性ということなのだ。

その文化性は、ケ（褻＝日常）の飲食についてのそれとハレ（晴＝非日常）の飲食についてのそれとでは差異がある。ここで問題とするのは、ハレの飲食のなかでも旅先でのそれである。

旅は「ハレの行動様式」である、というとらえ方が一般化している。ただし、それは、旅を物見遊山の旅、今日的にいいかえれば観光旅行と狭義にとらえる場合にのみあてはまる。広義にとらえると、たとえば巡礼や行商や留学などの旅を想定した場合には、必ずしもそうはいえなくなる。

そもそも、ハレとケの解析概念は、かつての農村社会に適合したものである。ハレは余暇、ケは労働と区分する傾向が、とくに民俗学の分野には根強い。それに、ケガレ(穢)という解析概念を加えると、ケ→ケガレ→ハレ→ケという再生循環の構図が成立する。この場合、ケを「気」とするとわかりやすい。ケの生活のなかで生じるさまざまなケガレ(気枯れ)をハレの行事をもってはらい、またケを再生•復活させるのだ。つまり、ゲンキ(元気)に戻すのだ。

たしかに、農村社会では、おおむね誰もが同じように一年をそうした循環のなかですごすことができた。集落のケ•ケガレ•ハレは、おおむね個人のケ•ケガレ•ハレと合致していたのである。

だが、都市社会は、それだけではかれない。たとえば、盛り場を一般的には祝祭空間ととらえる。たしかに、田舎にはない華やかにしてにぎやかな世界である。その観点からはかれば、ハレの空間であることは相違ない。しかし、そこで働く人も大勢いる。その人たちは、いかに着飾っていたとしても、ハレの生活空間に身をおいているとはいいがたい。また、勤めからの帰路を途中下車して盛り場に立ち寄り、ホステス相手に酒を食らう客も、それが習慣化しているところではハレの行動とはいいがたい。つまり、農村の定住社会を解析するようにはいかないのである。

都市社会は、混沌としている。皆が皆、同じように働き同じように休んでいるわけではない。もちろん、個別には、また、ある集団別にはハレとケの区別ができなくもない。だが、全体をそれでおしはかるわけにはいかないのだ。そこで、私は、盛り場については「ケハレの場」としたらどうか、と提案したことがある(『盛り場の民俗史』岩波新書)[★1]。

旅についていえば、ゲストとホストの関係でそれがいえる。ゲスト、つまり旅人は、その行動が非生産的であるかぎりハレの道中である。が、一方のホスト、つまり交通手段や飲食や宿泊を提供する者は、それが営業行為であるので、ケの日々ということになる。したがって、いわゆる観光地は、両者が混在していることにおいて、都市に準じるケハレの場ということができるのである。

旅行者について、ハレの旅人たちとケの旅人たちに大別できる、とした。それぞれの旅先での「食」であるが、同様にハレ的なそれとケ的なそれに区分ができる。しかし、そういいきるのは早計だ。少なくとも旅のあり方が非生産行為か営業行為か、というほどの明確な区分はできないのではないか。

たとえば、宿屋の発達をみたところで、同じ宿屋に物見遊山の客と生業をたずさえた客が泊る場合である。そこでの食事や酒を提供する宿屋の者が、ハレの道中客とケの道中客の区別をするであろうか。たとえ、「旅すること」について区分ができたとしても、「食すること」については区分がさほど明確にはできないはずであ

旅の空間的循環

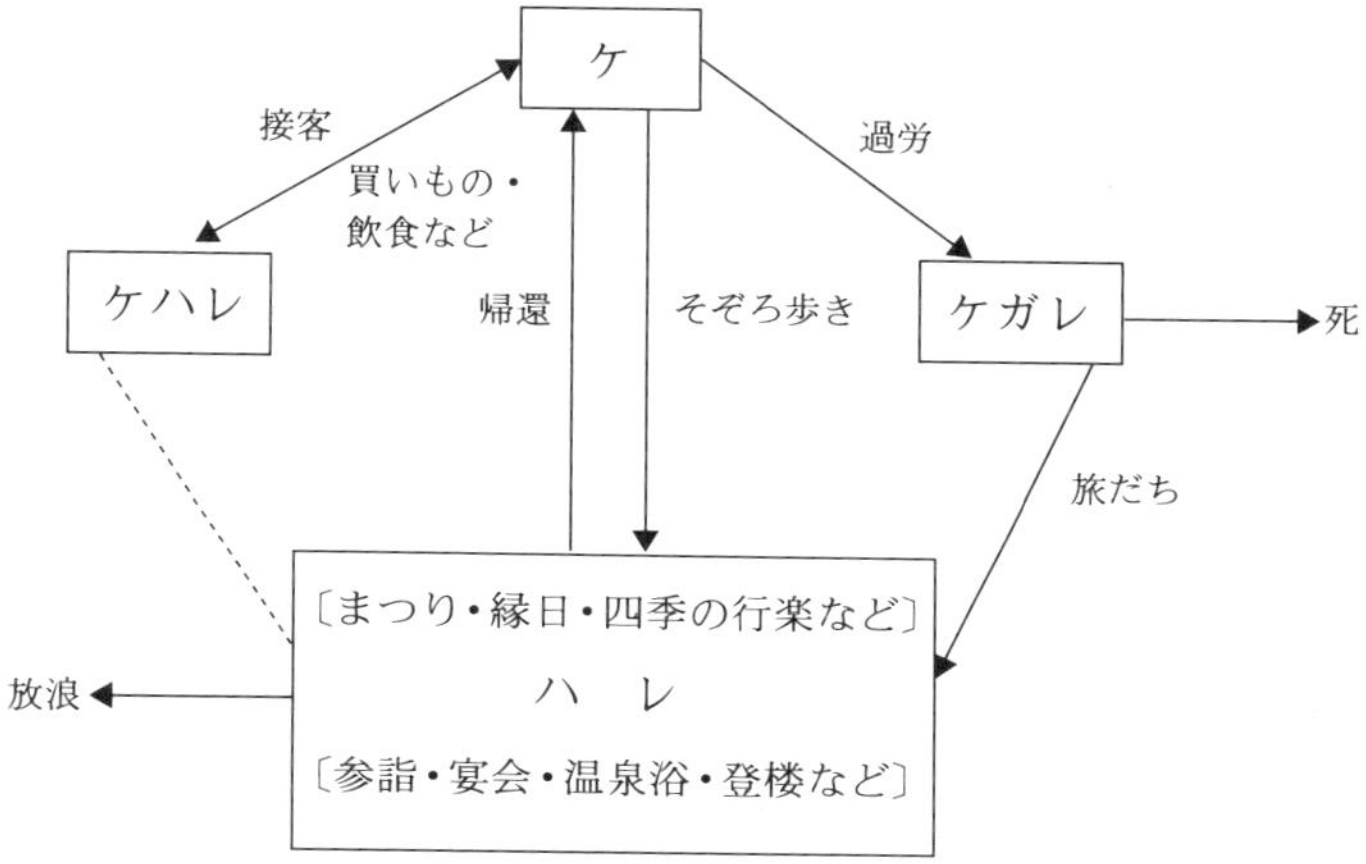

る。

そのことは、現代の私たちが業務出張に出かけるときを考えてみても明らかだ。「旅すること」にはケ的要素を多くふくんでいても、「食すること」にはハレ的な要素を多分にふくんでいる。本書の私たち執筆者も、東アジアにおける観光のさまざまを折々のテーマとして旅の文化研究所の研究費をつかって調査行を重ねた。★2 そのところにおいては仕事に近いが、実際はその土地の代表的な観光コースをガイド付きで巡ることに多くの時間を費やした。そのところでは、観光旅行の形態に近い。そういう、いうなればケハレ的な旅を重ねてきた。そして、飲食については、まず、その土地の名物料理を食することを優先した。次に、一般的な観光旅行者が定番とするコース料理も食するように心がけた。明らかに、ハレの食事を食べ重ねてきたのである。

少なくとも、観光旅行での「食」は、それが日常の台所料理でないということにおいて、また、金銭を払って食するということにおいて、ハレの食に相違ないのである。

ケハレの飲食、ハレの飲食——海南島での体験から

しかし、そうはいっても、観光旅行をする者の場合の飲食にも、ハレにふさわしい例とケハレというべき例とがある。

ハレの例は、それなりに華やいだ演出ができている食卓。料理よし、酒よし、それにサービスもまたよし。時間の制限はあっても、急くようすがない。食がすすむと、追加注文にも応じてくれる。つまり、ゲストを喜ばすべくホスピタリティが整えられた席ということになる。その主要な技術は、「あつらえ」と「あしらい」ということになろうか。

観光地の飲食業者なら、おおむねホスピタリティに長《た》けている。といいたいところだが、なかなかそうもいかない。未熟なホスピタリティも存在する。冷めた煮ものや天ぷら、言葉と顔さきだけの応対などで不快な思いをなさった方もあるだろう。「旅の楽しさも中ぐらいなり」である。つまり、これがケハレの食事ということになるのである。

観光旅行をする者は、旅の開放感のなかでしかるべき条件の整った飲食を楽しもうと願う。それが叶った場合がハレ、半分ほどしか叶わなかった場合がケハレ。その仮定にしたがうならば、観光地の成熟とは、ケハレ

の接待法からハレの接待法へ進化が成ったところにある、ということができよう。

私たちは、さいわいにして、その進化の過程を目のあたりにする機会を得た。一九九三年と九四年における海南島での体験がそうである。★3

海南島の観光開発は、海南島が省への昇格と中国最大の経済特別区への指定を受けた一九八八年からはじまる。それは、自然資源を利用・開発し、海南島を熱帯島の特色ある国際観光リゾート地にするというもの。全島を、海口・三亜・石梅湾など六つの旅游区に分け、整備がすすめられることとなった。なかでも三亜旅游区のリゾート開発にはとくに力が注がれた。

ちなみに、中国政府にとっては、ひとり海南島にかぎらず、観光市場、あるいは観光産業の開発は、一九九〇年代での最重要な施策というものであった。「文物旧跡観光」とか「民俗風情観光」という標語が、中国全土に掲げられた。そうした一連の施策のなかにあって、なお海南島の位置づけが明確になってくる。

かくして、海南島には、観光開発のための資金と人材が、工業開発のそれよりも積極的に導入されることになった。そして、公民あわせて多くの観光施設が、次々とつくられていったのである。それは、まるで雨後のタケノコのごとくであった。

たとえば、ホテル。一九八六年から九二年までに、全島で観光ホテルが約七〇、六九〇〇室（一万三八〇〇ベッド）が新たにつくられた。さらに、二〇〇〇年までに、外国人観光客の増加を見込んでハイクラスのホテルが約三〇、三五〇〇室を追加する計画があった。ただ、私たちが行った九三年には、混乱をきわめていた。いうなれば、国の政策や投資もさることながら、海南省や民間業者が自立して観光開発に取組まなくてはならなくなりつつある、そんな状況下にあった。

そこで、ひとつの対策として生まれたのが、「落地ビザ」制度。落地ビザとは、あらかじめビザを取得せずともよく、空港到着時に申請すれば入国が許される法である。むろん、国籍をかぎってのことではあるが、入国・入島の簡便さは、観光客にかぎらず広く波及することになった。

私たちも、九三年の入国時には日本で取得したビザを用いたが、九四年のときにはその場で取得したものである。

さて、本題に戻る。

九三年の旅行でも、九四年の旅行でも、コースは、ほぼ同じ。海口―興隆―三亜―通什―海口という、海南島をほぼ半周する観光コースである。案内は、海南省人民政府外事弁公室主任の李琦《りち》さん。旅行の手配は、海外旅游公司であった。

九三年のときの食事は、朝・昼・晩と三食がホテルに設営されていた。魚介類の蒸しもの・肉類の炒めもの・野菜類の炒めもの・それにスープなど。いわゆる中華料理の定番が円卓上に並べられている。酒は、ビールが一人一本付く。一〇日間、ほとんど変化がない。とくに、連泊の地で昼にわざわざ時間をかけてホテルまで戻るのには閉口もした。

たまには外で食事がしたい、土地の名物料理も食べてみたい、と要求してみたが、叶わない。すでに旅行料金に組みこまれたことであるから、というのがひとつの理由である。

ただ、酒だけは、別料金の精算としてその場で注文を追加した。また、東海岸の文昌という小都市では、市中の食堂に入って海南随一という蒸し鶏料理を食べることができた。これは、途中のぬかるみ道で自動車の運行に難儀をして遅延し、昼食予定の興隆のホテルまで時間どおりに行けなくなったおかげであった。

もっとも、当時の海南島では、外国人観光客がたどるコースは、それが一般的であった。というか、それ以前、とくに国交が回復後しばらくの間、中国を旅行なさった方は、ほとんどが同様の体験をおもちであろう。中国での外国人観光客の受入れの初期段階では、何かと規制が多くみられたものである。部外者にははかり知れないお国の事情というものもあろう。いたしかたないこと、といわなくてはならない。

いうなれば、客の好みを配慮しないおしきせの食事。それに、たとえれば公務員然としたウエイターやウエイトレスの対応は、当然のごとく愛想に欠け、観光客には不満をいだかせる。しかし、料理の内容は、まぎれもなく馳走なのである。サービスも過度に期待しないかぎり、彼ら彼女たちを好意的に観察することに興味をおきかえることもできる。ということで、これをもって旅先でのケハレの飲食とする。

しかし、翌年(一九九四年)は、いささか違った。

先に示したように、中国の観光開発の政策がかわった。それによって、海南島で観光関連の事業に従事する人たちの意識がかわった、とまではいえない。が、観光客を引きとめるにはしかるべきサービスの向上が必要だ、という指導者層の意識は強まってきた。そのことは李琦さんや時社長(海外旅游公司)の発言からもうかがい知れることであった。それと、前年からのつながりで、李琦さんや時社長と私たちの間にある程度の信頼関係がつくられたことも好都合であった。私たちは、あらかじめ昼食は市中の食堂でとりたい希望を伝えておいて、海南島の再訪にのぞんだのである。

それが、叶えられた。たとえば、島の中央部の山地に位置する通什では、獣肉料理を食することができた。イノシシの乾燥肉・キヨンの肉炒め・コブラのスープなど。むろん、野菜炒めや卵スープなども並ぶ。酒も、山鹿酒(地の焼酎)。それにコブラの胆汁をしぼって加えた強壮酒も飲んだ。誰かが自家醸造の酒も持ちこんでくれた。げてもの料理といえば、そうである。が、旅先でいちどは土地の名物料理を食うべし、という主義からすれば、私たちは満足した。まわりの卓で飲食を楽しんでいる地元の人たちも、私たちを歓迎してくれた。

美味かそうでないか、それはともかくとして、珍味がいっぱい。その場の飾らない雰囲気と一期一会の人びととの共飲、あるいは共食。その体験は、旅の醍醐味のひとつに相違あるまい。つまり、これこそ、旅先におけるハレの飲食というべきなのである。私たちは、二年にまたがって、ケハレの定番料理とハレの特注料理を味わい分けたのである。貴重な体験であった。

第二節　食いバレの旅文化とその国際性

食欲をそそる日本型ツアー

江戸時代、「名物を食ふが無筆の旅日記」とうたわれた。旅に出て、その土地土地の名物料理を食し、地酒を飲することは、旅の楽しみのひとつに相違ない。洋の東西を問わず、誰もが共有する楽しみ、といってもよかろう。

「とくに、現代の日本は、世界でも冠たるグルメ旅行国家だ」と、多くの外国人が述べるところである。たとえば、M・ウイリアム・スティール氏(国際基督教大学教授)は、食の文化フォーラムで旅行会社のパンフレット類十数点を手にして、「これだけの食事コースが仔細に記されているのは、異常でもある」と指摘した。★4

なるほど、朝刊・夕刊にもパッケージツアーの広告が掲載されるが、ほぼ例外なく食事内容が明記されている。たとえば、今年(二〇〇五年)のゴールデンウイークに近い四月一六日から二五日の夕刊に掲載された国内

旅行については、以下のような傾向がみられた。★5

温泉・桜見物・東京ディズニーランドなどへのパッケージが二三社六八件。うち、食事例が明記されたものが二七件。三九パーセントになる。さらに、そのうち写真で事例を紹介するものが、二一件、三〇パーセントにもなるのだ。

新聞広告以外にも、地方ごとの案内パンフレットや旅館・ホテルごとの案内パンフレットの類も数多い。全部に当たるわけにはゆかないが、約一〇〇点をとりだして大ざっぱに見当づけると、こちらでは七七パーセントに食事例が紹介されている。しかも、そのまた七〇パーセント以上が写真付きで紹介されているのである。

海外旅行についても、同様の傾向がみられる。たとえば、台湾・中国(雲南地方)・グアム・サイパン・バリ島について、大手旅行代理店三社の三泊から四泊のパッケージツアー・プラン(二〇〇四年三月〜四月)をつぶさに比較してみると、それぞれ特色をだそうとはしているものの、おおよその基本的な食事例がみいだせる。

一例をあげると、台湾のもっとも一般的なツアー(台湾四大都市の見どころを巡る旅)では、次のとおりである。

一日目　夕食＝広東料理(花蓮泊)
二日目　昼食＝台湾料理
　　　　夕食＝湖州料理(高雄泊)

三日目　昼食＝飲茶料理
　　　　夕食＝北京料理（台北泊）

コースが違っても、だいたい食事は右の五種類に集中している。なかでも、もっとも多くみられたのが広東料理であった。そのメニューは、たとえば次のとおり。

焼き鴨オレンジソース風味・蒸し煮フカヒレスープ・キャビアと焼き伊勢海老・蒸し煮アワビオイスターソース風味・カリカリ鶏に新鮮パイナップル添え・中華ソース風御飯・フルーツプレート・バニラソース風赤ナツメヤシパンケーキ

また、ツアーによっては、宮廷宴席・四季宴・フカヒレ料理・バーベキュー料理・ビュッフェなどもみられるが、それはオプションとなっている場合が多い。

さらに、昨今のツアーの特徴として、食事クーポンで好きな料理を選ぶという方式もみられる。スタンダードクーポン・デラックスクーポンと、値段によって料理内容は異なるものの、やはり内容は、広東料理・台湾料理・北京料理・上海料理が中心である。

もちろん、台湾の場合は、観光政策と治安対策の歴史的な実績があり、観光客個々にかなりの選択肢が認められている。個人旅行者も多く、そこでは、レストランから屋台店までさまざまな食体験が可能である。が、パッケージツアーの旅行者には、右のような定番化がみられるのは、まさにまぎれもない事実なのである。

中国の雲南地方を巡るツアーは、上海や北京などを巡るそれに比べて数が少ない。「山水画の世界を感じ、雲南の名勝地をゆったり巡る旅」とうたったツアーでの食事例は次のとおりである。

一日目　夕食＝桂林名物料理（桂林泊）
二日目　昼食＝自由
　　　　　夕食＝薬膳料理（昆明泊）
三日目　昼食＝自由
　　　　　夕食＝納西族の鍋料理（麗江泊）
四日目　昼食＝自由
　　　　　夕食＝雲南名物料理〈過橋米線《かきょうべいせん》など〉（昆明泊）

ここでは、昼食の自由選択がうたわれている。先に海南島での事例を紹介したが、ここ数年間のあいだに大きな変化がみられる。最近の中国では、こうした選択肢が大幅に増えているのだ。ホテルでの食事は、朝食をのぞくとほとんど必要としないツアーが増えているのである。

これは、第一の理由として、中国が経済の開放政策をとりだしたからではあるが、「観光の成熟」を物語ることでもある。つまり、ひとり食事にかぎらず、旅行での行動に規制が多く厳しい状態から、その規制が少なくゆるやかになる、それをホスト側の成熟のひとつの基準とみてよいのである。

そのところで成熟度が高いといえるのが、グアム・サイパン、バリ島である。ここでは、旅行会社がフリータイムをうたって集客している事例が多い。したがって、食事についての個々の選択肢が多く、データもとりにくい。が、オプションの夕食として、グアム・サイパンではバーベキューディナー・チャモロディナー、バリ島ではロマンティックディナーと称するカップルやハネムーナーを対象にした食事がみられる。

近年は、全体的にこうしたオプションでの食事も多くなっているが、それでもその対象地はかぎられる。日本人の観光客の扱いに慣れたところで、もちろん日本語も通じやすいところ。つまり、個人的にもレストランに入りやすいところにかぎられる。たとえば、ロシアやインドなどでは、まだオプションが普及しにくい現状なのである。

そして、日本人の観光動向としては、なお「団体行動」を重視する傾向にある。たとえば、パッケージツアーに参加する人たちの大勢として、自由行動枠についても旅行会社が用意するオプションへの同行者が七割方ある、と、Kツーリストの C氏は証言する。

自由行動での選択肢が広がったとはいえ、依然としてそこそこの「あてがい料理」への安心感が強い、というのである。

いまいちど、右に一部を紹介したパッケージツアーでの食事を俯瞰《ふかん》してみよう。まず第一に、毎日夕食は、食事内容を違えて用意されている。とくに、その土地での代表的な料理、つまり名物料理が用意されている。以前の一時期は、和・洋・中混交のビュッフェスタイルが夕食でも取りいれられる形態が流行《はや》った。が、最近では、毎食のように名物料理を冠した夕食を売りものにする形態が主流をなしているのだ。

それは、ひとつには、ビュッフェスタイルが海外、国内を問わずホテルでの朝食や昼食に定番化したせいである。また、日本人を全体的にみると、旅行慣れもしてきて必ずしも日本的な味に固執しなくなったせいでもある。それに、現地の名物料理というものの、日本人客の多い観光地のホテルやレストランでは、調理・調味に日本人を意識した標準化をはかる傾向にもある。そうしたところでの変化が、毎日毎食の食事を差別化させているように思える。

そして、それがさらに発展したところに、すでに述べたオプションでの食事も登場するようになっているのである。全体的にみれば、最近はパッケージツアーでも食事の紹介を簡略化する傾向にある。先に示した係数(広告掲載例)も、一〇年前に比べると減少傾向にはあるのだ。が、まだ、すべてを省くまでには至らない。とくに、海外旅行で自由時間が少ないパッケージツアーでは、ほとんど例外なく食事例の記載がみられるのである。

もちろん、それは、団体行動を円滑にすすめるための合理であるに相違ない。が、ここでは、その場合の日程表にいちいち食事内容を記載するかどうか、を問題にしているのだ。

私たち日本人は、なぜにこうまで旅先での食欲が旺盛なのか。経済の高度成長ののちは、いわゆるグルメツアーが発達をきわめてもいる。数字の比較をもって実証することは、むつかしい。が、たしかに、世界でも特異なこと、と認めざるをえないところがある。

隣国の韓国は、歴史を通じて日本との交流が濃密であり、韓国人の観光行動は日本人と類似の様式を伝える、とされる。ヨーロッパやアメリカでだけでなく、アジア諸国でも、日本人の観光客と韓国人の観光客は、しばしば見間違われるのである。たとえば、団体行動や記念写真、そして、みやげ買いやマッサージ好きなど。その韓国でさえ、パッケージツアーの広告では、これほどに食欲をさそう事例の記載がみられないのである。

「一泊二食」は江戸期から

日本では、一泊二食つきという「泊食」形態が基本であった。私どもは、それをごく普通のこととととらえてきた。だが、こうした泊食形態は、じつは世界をみても稀なことなのである。

つまり、旅籠《はたご》（旅館）に宿泊すれば、朝食と夕食は「あてがい料理」なのである。選択肢は、ほとんどない。その成立は、江戸時代までさかのぼれる。

江戸時代の日本は、世界に冠たる観光大国であった。たとえば、長崎のオランダ商館付きのE・ケンペルは、元禄四（一六九一）年とその翌年に商館長に随行して江戸参府を行ったが、そこで次のように驚いている。

「この国の街道には毎日信じられないほどの人間がおり、（中略）これは、ひとつには他の諸国民と違って、彼らが非常によく旅行することが原因である」（『江戸参府旅行日記』より）★6

元禄のころというと、江戸前期での経済成長期であった。特に、農村での小農層の自立経営が安定し、手工業的な余剰生産物が都市に流通して貨幣経済を発達させた。そして、江戸という新興都市が流通経済の上でも中心となる、そんな時代であった。

農民は、年貢制度によって生活は困窮を極めていた、とするのは、歴史教育での偏った概念というべきである。開幕当初は、築城や城下整備、さらに街道整備などの必然から、各藩で年貢や夫役の徴収を厳しくせざるをえないのが実情であった。「六公四民」とか「七公三民」といった言葉が、その実情を表している。しかし、そうした整備事業が一段落したところで、年貢の徴収率もゆるんでくるのである。多くの藩で、四公六民、三公七民に逆転する。それが、元禄期のころ、とみればよい。

もとより、稲作以外の畑作や副業については、ほとんど年貢の対象外とされていた。そこで、農民は、農閑期を利用して大工や左官、杜氏や売薬などの「農間稼ぎ」に精をだすことにもなった。

その副業収入があればこそ、村の氏神さまに神輿《みこし》を、御寺さんに梵鐘を寄進することができたのだ。庶民の旅の隆盛も、そうした社会背景のなかに位置づけるべきなのである。

しかし、江戸の前期においての私用の旅は、タテマエ上は幕藩の禁足令や倹約令に反することであった。ゆえに、しかるべき方便が必要であり、それには天下泰平と五穀豊穣を主願としての「寺社詣で」がもっとも妥当であった。そして、「講」を組んでの団体旅行であるのも、お上の黙認が得やすい対策であった。[★7]

講を組んでの団体旅行、それは、現代風に言えば、旅行積立金によるグループ旅行にほぼ等しい。往時に比べると全体的に信仰の目的こそ薄らいでいるものの、現代でも、地縁社会を単位とした寺社めぐりや旧跡めぐりのパッケージツアーが数多くある。職場単位では、かつての「代参」に相当する研修旅行もまた数多い。さらに、地域や団体を代表する者が広域圏で集まって団体を組んで旅行をするという例も数多く存在する。すべてがそうだというわけではないが、今日も隆盛を極めるこの種のパッケージツアーの源流は、江戸期における「講旅」にたどれそうなのである。

そして、その仕掛けに大きく関与したのが御師《おし》であり、先達《せんだつ》であった。御師・先達は、今日の旅行斡旋業の草分け的存在とすればよい。旅行業の発達もまた、江戸期の日本では世界に冠たるものであったのだ。

ちなみに、世界での旅行業の開祖のようにいわれているイギリスのトーマス・クック社が始動するのは、十九世紀のこと。[8]それよりも百数十年以上も前から、日本では御師や先達が大量の講旅を取り扱って、企業的な活動をしていたのである。[9]旅行業の元祖は日本にある、といわなくてはならないのだ。

そうした講旅での食事は、いかなるものであったか。銘々が好きなように食事をとる、その選択肢がなかなか発達しないのも、無理からぬことであった。

それでは、御師に導かれた講の旅がじっさいどのようなものであったのか、『伊勢参宮献立道中記』を一例に考察してみたい。『伊勢参宮献立道中記』[10]は、弘化五（一八四八）年春に、讃岐国神埼村志度ノ浦の某が講仲間約二〇名と伊勢参宮に出た際に、旅籠や茶屋の料理を中心に書きとめたものである。約二ヶ月の旅で、三〇ヵ所あまりの旅籠に宿泊、一〇ヵ所ほどの料理屋や茶屋で飲食をしている。ちなみに、その旅程は、だいたい次のようなものであった。

三月四日に志度ノ浦を船で出て、一二日に大坂木津川に着く。そこでの宿は、砂糖問屋でもある岡屋定七方であった。大坂には五日間滞在し、芝居見物や食べ歩きなどを楽しんだあと、一八日にようやく出発。伊勢路に入り、平野、信貴山、奈良、三輪、長谷、阿保、六軒と宿泊を重ねる。三月二五日、伊勢に到着。伊勢の滞在は五日間で、外宮、内宮参詣、神楽奉納はもとより、二見浦見物や古市油屋への登楼などを楽しんでいる。帰途は、京都をまわり四月一二日に、大坂の岡屋定七方に戻る。そして、また、芝居見物や遊郭での遊びに興じ、五月二日に大坂を発って九日に神埼に帰りつくのである。

これをみると、伊勢参宮そのものに費やした時間はわずかで、いわゆる物見遊山に費やした時間が圧倒的に多いことがわかる。つまり、当時の庶民の旅とは、寺社詣ではあくまでも方便であり、物見遊山に重きをおいたものだった、といってよい。「伊勢参り　大神宮へもちょっと寄り」、という川柳があるがごとくにであった。

もっとも、寺社詣でという方便をもって旅に出た以上、彼らも目的を果たすまではそれなりに禁欲的な旅を続けたことがうかがえる。つまり、往路にかぎっては精進した。だが、参拝をすませると、町見物を楽しみ、精進落としと称しては宴会を持った。宴会ばかりではなく、男たちは遊郭で遊ぶことも定例化させた。つまりは、馳走を味わい酒を飲み、大いに騒いだのである。ここにも、戦後日本の経済成長期、海外旅行に出はじめたころの我同朋たちが、たとえば台湾や韓国で顰蹙《ひんしゅく》もかった「旅の恥はかきすて」の原型がうかがいとれるのである。

しかし、道中を通してみれば、彼らの食事はけっして贅沢ではなかった。むしろ、慎ましかった、といえよう。旅のなかでのハレとケ、いやハレとケバレ。ただ、場所と日時を定めて周期的に大ご馳走を食していたのである。

『伊勢参宮獻立道中記』から、旅籠での食事をいくつか拾ってみよう。

伊勢路に向かった一八日夜は、舛屋茂兵衛方に宿泊しているが、そこでの夕飯の献立は、「汁(味噌・青み)・猪口(シタシ)・菓子椀(綿麩・三ツ葉・ユバ・サカナ・シヒタケ)・飯」、また、翌朝飯の献立は、「菓子椀(豆腐海苔)・猪口(芋づいき酢)・飯」であった。そして、その日の昼飯は、河内国教光寺村綿屋浅右衛門方で、「皿(イカナゴ煮付)・菓子椀(根芋・たけの子・油あげ)・みそしる(とうふ・ツムギ・さんせう)・飯」をとっている。

二〇日の夜は、奈良樽井町小力屋善助方に宿泊。そこでは、夕飯に「菓子椀(みつ葉・椎たけ・たけの子)・茶碗(麩・すり生姜・獨活)・羹《あつもの》(味噌にて青み)・香物・飯」を、翌二一日朝には、「椀(芋・ぜんまい・ゆば)・猪口(三盃酢・みづから・ほそ大根)・味噌煮(青み)・飯」を食している。旅の全般を通して、だいたいこうした食事が続く。つまり、旅籠での食膳は、夕食・朝食ともに会席形式の一汁二菜が一般的であった。それでも、日常の一汁一菜より一菜多い。旅のなかのケバレの食事とするゆえんがそこにある。

旅籠での宿泊のかたちは、ほとんど例外なく一泊二食付である。その理由は、簡単にはとけない。ただ、宿改めとの関係は、容易に見当づけられる。当時、幕府の取り締まりの一環として、通常五つどき(夜の八時)に宿改めが行われた。そのとき、旅籠に泊る旅人は全員揃っていなくてはならなかった。宿改めは、毎晩行われたわけではないが、そこで失態が生じれば旅籠の責任にもなる。ということで、夕食をほぼいっときに出すのが、つまりは旅籠側での管理ということになったのではないか。また、旅人としても、宿改めをくぐる危険をおかしてまで外で飲食に興じるほどの気持ちもなかったであろう、と推測できるのである。

朝と晩は宿で食べ、昼は移動の途中でとる。だが、昼食先もほぼ定められていたようで、店選びに迷っている風はみられない。昼食の献立は、だいたい朝食に準じる。たとえば、「皿(煮肴)・菓子椀(三ッ葉・椎茸・たけの子・

麩・クズレ肴）・小皿（煮物）・飯」（芝居茶屋にて）、「猪口（したし物）・菓子椀（しひたけ・たかんな・いも・ゆば）・汁（赤みそ・雀貝）・飯」、「皿（鱧の酒煮）菓子椀（玉子のふわふわ）・飯」（宿場の茶屋）などとなっている。また、ときには、旅籠でつくってもらった握り飯を昼食にとることもあった。ちなみに、握り飯は、携帯に便利で日持ちもよいので、道中食としてよく食された。握り飯を入れる飯籠《いいかご》を持って旅に出る者もいたほどである。

なお、干飯《ほしいい》もまた、簡便な旅の携帯食として重用された。干飯は、その名のとおり、米を炊いたり蒸したりしたのち乾燥させたものである。ふつうは湯をかけてふやかして食べるが、そのまま口に含んでおいて時間をかけて噛む簡便な方法もある。干飯は、宿泊施設が未発達で野宿を余儀なくされていた中世の旅では必需品であったが、近世になっても携帯された。

旅のハイライトは、大名並みの食膳

さて、伊勢道中での食事における圧巻は、何といっても伊勢の御師《おんし》の館でのそれである。神楽奉納を済ませたあとの饗宴がとくに仰々しい。

何と本膳から十一膳まであり、本膳から四の膳にいたるまではすべて白木膳である。その献立は、次のとおり。

本膳

皿（独活せん切り・とさかのり・さより糸づくり・紅麹）

壺（磯もの・銀杏）

瓦器（粒さんせう・花しぼ）

味噌しる（松露・くずし身・あられ）

飯

二の膳

白木台（紅かんてん・肴・青磯草・ねりからし）

白木台籠（大根・かちぐり・干菓子）

椀盛（鯛すまし・さんせう）

三の膳

白木台（伊勢海老）

白木台（鶴）

椀すまし（鯛真子・じゅんさい）

四の膳

皿（鯛塩焼）
猪口（ウルカノシオカラ）

そして、このあとさらに五の膳から十一の膳までが並ぶのであるから、その豪華さは並大抵ではない。もちろん、こうしたもてなしは、この一行にかぎったことではなく、どの御師も檀那場の講中には、同様の接待をしていたのである。

ちなみに、ほぼ同時期の『金井忠兵衛旅日記』★11（文政五＝一八二二年）には、御師の家での一日目の夜の献立として、「菓子・雑煮・吸いもの・硯ぶた（あわび・鯛・九年母・えび・いも・こぶ・かまぼこ）・引さかずき・大鉢（大たい）・本膳（皿　なます・汁・坪　二品しれず・飯）・二の膳（小皿　さしみ・汁・九年母・肴・猪口　すみそ）・平（あわび・青な・しみとうふ）・皿（焼き肴）」とある。前半が茶懐石の形式、後半が本膳料理の形式である。ここでも、いかに豪華な宴席であったかがうかがえよう。

御師の館での接待について、「大名並みの食膳」、と感想を述べた道中記もある。記事の分量からみても、旅のハイライトであった、と読みとれる。もっとも、それも御師の側からすると、次の集客への仕掛けでもあることは、いうをまたない。

さて、こうした江戸期の講旅における飲食のかたちをみると、今日私どもが団体旅行で行く先の旅館やホテルで楽しむ飲食の基本的なかたちが、すでに定型化していることがわかる。道中でも、特別にハレの食膳。徒歩で何日もかけて行く江戸期の旅では、目的地の宿でそれが設けられた。鉄道やバス、あるいは飛行機で行く現代の旅行では、それが初日に設けられることにもなる。その違いはあるが、とても食べきれないほどの料理が並ぶ形式にはかわりがないのである。

旅の食事にも、ハレの食事とケバレの食事がある、といってきた。しかし、ケバレの食事といえども、日常(ケ)のそれよりも一品か二品が多い。それに、酒もつく。となれば、庶民にとっては、旅の楽しみが食事にあったことはまぎれもない事実だったのだ。

しかも、講中での旅なら、あてがい料理といえども、外れることなく一日三食、それが保証されているのである。選択肢が少なく、個人的な決定権も少ないといっても、相謀ったうえで求めれば、追加料理もでてくるのである。

いちいち紹介するまでもなく、江戸期の道中記の多くがそうした旅の楽しみを物語っている。

「名物を食ふが無筆の道中記」、とは、よくいったものだ。

あるいは、「旅は食いもの、食らいもの」、ともいった。旅が大衆化された江戸のころから、私ども日本人にとっては、旅に出ることは食道楽を満足させることでもあった。「食いバレ」という言葉もある。ハレもケバレもいっしょに、食いバレ。江戸期における庶民の旅は、まさしく食いバレを主軸においたものだったのである。

旅行における飲食の文明化

もっとも古く、旅は、食材を求めての移動であった。狩猟や採集などによる食料調達は、一ヵ所に定住してなせるものではない。食することが、すなわち旅することであったのだ。

一方で、何らかの事情で放浪する旅も、古くからあった。そこでは、食料の確保は、きわめて困難なことであった。物乞いも余儀なくされる旅であった。

いずれも、「食わんがため」の難儀な旅であった。旅程の計画も、食事の計画もたてにくい難儀な旅であった。

そののち、さまざまな旅が発達する。「はじめに」でも述べたように、いわゆる「観光旅行」に至って、人びとは、まったく食わんがための苦労をせずに過ごせることになった。つまり、観光旅行とは、「食の提供」(食の確保)が保証された旅といいかえることができるのである。また、いいかえれば、旅行者(ゲスト)と食の提供者(ホスト)のあいだで、飲食が売買される、その制度が整ったところで観光旅行の発達をみるのである。

その前に、ゲスト・ホスト関係でいうと、僧侶や巡礼者などに対して善意の人びとが「施食」をする食事提供の形態があった。また、勅使や巡検使などに対して、土地の有力者が「接待」する食事提供の形態があった。しかし、それは、旅行を大衆化させることではない。

食わんがための旅から、「食うは安心」、あるいは「食うは楽しみ」の旅行へ。それが、日本では江戸期(十七〜

十九世紀）にすでに拡大をみた。ヨーロッパにおけるそれは、十八世紀のグランド・ツアー★12、そして十九世紀のトーマス・クック社企画のパッケージツアー企画のあたりから広まった、とみることができる。もちろん、中国やその他の国との比較もしなくてはならないが、観光旅行の発達ということでは、日本とヨーロッパが世界でも先がけていた、とみてよいであろう。日本では幕藩体制の安定による国内需要の活況、ヨーロッパでは各地で頻発した戦乱が治まり、産業復興の活況が背景にあった。

日本でもヨーロッパでも、食の提供は、宿屋の発達と相乗するかたちで発達をみた。

もちろん、宿屋でも宿泊場だけを提供する例もある。近世の日本では、木賃宿や宿坊の一部がそうであった。ヨーロッパでは、大都市の宿屋を除くと、ほとんどの宿屋がそうであった。そこでは、旅人は、自炊をしなくてはならなかった。

たとえば、十六世紀末にフランスに留学したスイス人のトマス・プラッターは、その途中で立寄ったバルセロナ（スペイン）の宿屋について次のように記述している。

「宿屋は食卓とベッドしか提供しない。食物は自分で持ち込まなければならないが、頼めばわずかな費用で準備してくれる」（『フランス印象記』★13より）

日本の木賃宿もそうで、木賃（炊飯用の薪代）相当額だけ支払って自炊が原則であったが、簡単な賄いであれば注文することができた。これは、宿泊だけの宿屋から食事付きの宿屋へのひとつの発展過程とみることもでき

愛読者カード

◆ 本書のタイトル

◆ お買い上げの書店名

市群区　　　　町　　　　　　　　書店

◆ 本書を何でお知りになりましたか。

1. 書店で見て　2. 新聞・雑誌の広告（紙・誌名　　　　　　　　）
3. 新聞・雑誌の書評（紙・誌名　　　　　　　　）4. 人にすすめられて
5. インターネット　6. その他（　　　　　　　　）

◆ ご購入の動機

1. 著者（訳者）に興味があるから　2. タイトルにひかれたから
3. 装幀がよかったから　4. 作品の内容に興味をもったから
5. その他（　　　　　　　　）

◆ 本書についてのご意見、ご感想をお聞かせ下さい。

ホームページなどで紹介させていただく場合があります。（諾・否）

◆ ご要望をお書きください。

注文書

書　　名	冊　数
	冊
	冊
	冊

※お急ぎのご注文は　電話 03-5453-2001(代表)　FAX 03-5453-2004
電話 03-5453-2011(営業)
E-mail：info@zinbun-shokan.co.jp までお申しつけ下さい。

郵便はがき

151-0064

恐縮ですが、
50円切手を
お貼りください。

(受取人)

東京都渋谷区上原1−47−5

学芸図書出版 人文書館 行

◆ご購読ありがとうございます。アンケート内容は、今後の刊行計画の資料として利用させていただきますので、ご協力をお願いいたします。なお、ご住所やメールアドレス等の個人情報は、新刊・書籍目録等のご案内、または読者調査をお願いする目的に限り利用させていただきます。

お名前　フリガナ　年齢　性別

歳　男・女

ご住所　(〒　-　)　TEL.

ご職業または学校名

E-mail：

※小社のホームページで書籍の詳細をご覧いただけます。
http://www.zinbun-shokan.co.jp

る。なお、トマス・プラッターは、またその過程で調理用具や食器を少額の代金で貸してくれる宿屋も存在する、とも記述している。

やがて、宿屋が食事を提供することも制度化する。日本の宿屋（旅籠）については、すでに述べた。ヨーロッパでは、インの発達がその制度化をともなったものであった。そして、それは、観光旅行の大衆化をまたず、都市への旅行者相手にはじまった。スティーブン・メネルの『食卓の歴史』[★14]によると、それは、大方がありきたりの料理の提供だったようである。

「インは、滞在する旅行者に食事を出したが、客は、食事が出された時に、出された物を食べなければならなかった」

「インでは、客がメニューから食事を選ぶことができず、概して、そう手が込んだ食べ物ではなかった」

つまり、食の不安はなくなったものの、食事を楽しむ水準にはなかった、ということである。これも、ひとつの発展過程としてとらえることができよう。先に、「ケバレの食事」といった水準である。

やがて、その食事の水準があがる。ホテルにもレストランが付設される。町中にも、レストランや酒場が開設される。それが、フランスやイタリアでは十八世紀のころ。旅人の選択肢が増え、食べることが楽しめだした。日本でも、城下や宿場では、旅籠のほかに茶屋、居酒屋、料理屋などの発達をみる。世界では、ほぼ同時期に発達の先行例である。

これをもって、旅における飲食の「文明化」としよう。つまり、ゲストが飲食を選ぶことができる。ホストは、ただ単に飲みもの・食べものを提供するだけでなく、そこにサービスを付加する。ということで、飲食の売買の発達をみたのである。

考えてみれば、「食べること」「味わうこと」は、きわめて保守的な行為である。餌で腹を満たす段階では食欲にもとづく行為であるが、料理を工夫して食べて味わうところでは、その民族、その社会での文化性を強めていく。いわゆる食文化が醸成される。ゆえに、保守性が強いのである。

であるならば、旅先で食べること・味わうことも、もとから楽しめたはずがない。[★15]旅人は、行く先々の「水になれる」「食べてみる」努力、というか自己開発も求められた。宿屋で提供する食事、ここでいうあてがい料理は、可もなく不可もなく、それがある標準に達しているから便利だったのである。

ゆえに、これをケハレの食事、とした。ハレの食事への過渡期にある、とした。いいかえれば、文化としての食事から文明としての食事へと移行する、そのはじめでもあるのだ。

私ども日本人は、世界に先がけて、食いバレの旅を発達させた。そして、食いバレの旅の文化を伝えている。現代の流行語「グルメ」も、本来の健啖、大食漢（グルマン）から転じて、美食とか美食家の意味でつかわれている。これも、食いバレの文化伝統というしかないだろう。グルメ旅行も、最近ますます盛んである。いうなれば、食いバレの観光旅行を世界にもちだしているのである。

さいわいなことに、世界のおもだった観光地では、私ども日本人のそれを満足させるホスト側の文明化もすすんでいる。そこで、料理がうまいのまずいの、サービスがよいのわるいの、とついつい評論もしたくなる。だが、世界には、別な文化的な価値をもつところも多くある。ホスト側の文明化がすすんでいるようにみえても、厄介な日本人客に表面的にあわせてくれているかもしれないのだ。ここは、なお、日本人における食いバレの旅行志向は、世界では十分に認知されていないことでもある、と心得ておいた方がよいのであろう。

［注］

★1…神崎宣武『盛り場の民俗史』岩波書店、一九九三年。たとえば、『広辞苑』（初版本）では、「けはれ（褻晴）─ふだんとはれと」と記されている。「公私」「内外」とも記す。これを、褻と晴、公と私、内と外、とみないで、「公私混同」というがごとくに、二者が渾然と一体化して区別がつきにくい状態とみる。

★2…旅の文化研究所での特定研究プロジェクトとして、「島世界の伝統と現代─アジア・太平洋地域における『観光立島』のあり方」を一九九三年から九七年にかけて実施した。その詳細は、巻末の「付論」で掲載している。

★3…海南島については、第五章で石森秀三が「軍事拠点から観光拠点へ」、第六章で高田公理が「海南島─解体と建設が同時進行する環境」、としてとりあげている。また、旅の文化研究所『研究報告』第二号（一九九五年）でも、特定研究「海南島」（共同討議㈡）としてとりあげている。

★4…「食と旅」というテーマで、二〇〇一年七月七日、一〇月六日、二〇〇二年三月二日と三回行われた。主催は、㈶味の素食の文化センター。その詳細は、『食の文化フォーラム20　旅と食』（神崎宣武編）ドメス出版、二〇〇二年、として出版されている。

★5…『読売新聞』に掲載の広告にかぎって集計した。

★6…引用文は、斎藤信訳『江戸参府旅行日記』平凡社、一九七七年、より。

★7…江戸時代の庶民の旅の発達については、以下のような参考文献があげられる。新城常三『社寺参詣の社会経済史

的研究』塙書房、一九六四年。宮本常一編著『庶民の旅』社会思想社、一九七〇年。今野信雄『江戸の旅』岩波書店、一九八七年。今井金吾監修『道中記集成』全四七巻、大空社、一九九六～九八年。神崎宣武『江戸の旅文化』岩波書店、二〇〇四年、など。

★8…トーマス・クック社の創立は、一八四一年。禁酒集会のためにレスターからラフバラまでの一列車をチャーターしたのにはじまる。行楽用のパッケージツアーの募集は、一八四四年にはじまる。ジョン・アーリ(加太宏邦訳)『観光のまなざし』法政大学出版局、一九九五年、に詳しい。

★9…もっとも企業的な活動を拡大したのは、伊勢の御師(他ではオシというが、伊勢ではオンシといった)である。前代においては神職であり、布教者であった。中世においては武家の参拝の世話をしていたが、近世になると庶民の参拝を勧誘して「伊勢参宮」の全国的な発達を促した。ここに、神職の性格を後退させて、企業家として商業活動を拡大したのである。御師株は、『御師帳』によると、文禄三(一五九四)年に、山田(外宮)で一四五家。その後、貞享元(一六八四)年に四四〇家、宝暦五(一七五五)年に五七三家に増えている。これに、宇治(内宮)の御師を加えると、江戸中期には六〇〇から七〇〇家の営業があった。各地の伊勢講をそれぞれに分担して束ねて、檀那場とした。そして、講費の管理から参宮道中の手配と世話、伊勢での接待と祈禱、みやげの手配までを一括して行うことになった。江戸時代に、日本が世界に冠たる旅行大国だったというのは、この御師たちの商業活動があったから、といっても過言ではない。明治初年、国家神道の成立によって、その営業は全廃となった。

★10…当道中記は、『日本庶民生活史料集成　第二〇巻』三一書房、一九七二年、に所収。

★11…原本の表題は、「伊勢参宮并大社拝礼記行」。伊勢と出雲への道中記である。子孫の金井方平氏(群馬県安中市)によって、一九九一年に『金井忠兵衛旅日記』(私家版)として編じられた。

★12…イギリスの貴族の子弟たちが、学校を卒業したあとフランスとイタリアを訪れて社会勉強を行う。最低でも数ヵ月、長いと数年間滞在して、紳士にふさわしい教養を身につけて帰国するというもの。十七世紀末にはじまる、とするが、通過儀礼として流行するのは、十八世紀になってから。このグランド・ツアーが、やがてより大衆的な旅行を誘発することになったのである。なお、グランド・ツアーについての手近な参考書としては、本城靖久『グランド・ツアー』中央公論社、一九九四年、がある。

★13…フィリップ・ジレ(宇田川悟訳)『近世ヨーロッパ美食紀行　旅人たちの食卓』に所収。

★14…スティーブン・メネル（北代美和子訳）『食卓の歴史』中央公論社、一九八九年。
★15…文化人類学者の池田光穂は、「フィクショナル・ツーリズム」（高田公理・石森秀三編著『「新しい旅」のはじまり――観光ルネッサンスの時代』PHP研究所、一九九三年、に所収）で、以下のように述べている――旅において「あじわう」ことは否定的価値を帯びていたのであり、長いあいだ旅人は異郷の食物に無理やり身体を従わせる苦労を味わってきたからである。（中略）すなわち旅先でグルメ気分を満喫したり、わざとエキゾチックな食体験に自らを浸すことが古くからあったのではない。それは旅先のみならず自分たちの周りに〝飼い慣らされた異質さ〟が蔓延するようになった結果に他ならない。

第四章

性と観光

神崎宣武

第一節 「観光立島」の夜の顔

新興観光地での特殊展示物

それは、異様な光景であった。

すでに一〇年も前のことになる。

一九九四(平成六)年、海南島(中国)の玄関口である海口のホテルでのこと。私たちは、日が暮れてからチェックインした。夜というにはまだ間があったが、ロビーには、それなりにドレスアップした若い女性が多数たむろしていた。

ソファーはもとより、植木鉢の端に腰かけている者までいる。所在なげであるが、彼女たちの視線は、ちらちらと、しかしたしかに私たちにそそがれている。

なお驚いたのは、エレベーターホールである。ホールの壁際に、一メートルの間隔をおくでなく立っている女性たち。シースルーのミニドレスからのぞく足に白や赤のエナメルヒール。それだけみると、まるでマネキン置き場のようでもある。彼女たちは、無表情をよそおっている。が、眼には特有の媚がある。私たちがちょっとでも立ち止まって眼をあわせたら、すっと寄り添ってきて腕を組むに相違あるまい。あとは、おしてしるべしである。

そこは、四ツ星（中国での表示は、四ツ花）ながら、当時の海口では最上等の観光ホテルである。

異様な光景とは、その数もさることながら、それが半ば公然とロビーやホールの展示物化していることであった。私たちは、前年のほぼ同じ時期にもそのホテルに宿泊したが、そのときはみられなかった光景である。

しかし、そうした現象は、海南島全体でみると、すでに何年か前からところをかえながらおこっていたことのようである。

たまたま、そのホテルの展示場が一九九三年から四年にかけてにぎやかになった、というにすぎない。

つまり、彼女たちの集団展示場は、時どきに移動しているらしい。その話を、あとで旅游公司の関係者から聞いた。

それは、海南島における「観光立島」を急ぐあまりのやや特殊な事情があってのこと、としなくてはなるまい。観光開発の初期的な段階での現象、とみるべきであろう。ひとり海南島だけのことではない。かつては、沖縄もそうであった。台湾もそうであった。観光立島へのひとつの過程、と、私は受けとめている。

一九八八年以降、海南島においては国家的な事業として観光開発がすすめられた。[★1] それは、あまりにも急速な開発にみえた。乱雑な開発にもみえた。たとえば、バイパスは予告なしに途中で行き止まり、地道《じみち》に下りるとぬかるんでまた立ち往生。新築ホテルの庭園が無残なまでに削られての道路拡張工事など。その時点では、国家旅游局が標榜するところの「中国のハワイ」、「ハワイを超えるリゾート地」の姿には、まだ程遠い状態であった。

それは、一方で、各地から流入してくる種々雑多な人びとの物欲が相乗して活気づく、そのすさまじいまでのエネルギーを感じさせることでもあった。

特殊装置が成立の条件

すさまじいまでのエネルギーのなかに、男たちの性欲も含まれる。あるいは、女たちの商魂も含まれている。そこで、「売買春」[★2] の装置化と制度化が進む。とくに、急速な人口の膨張をみた新興の都市においては、ほとんど例外なく自然発生する。おそらく、江戸の町がそうであった。西部開拓の町がそうであった。近年では、沖縄のコザやタイのパッポンがそうであった。

そこには、ある社会的な条件が共通する。

その一は、多数の流入者があること。流入者とは、定住していない人たちのことで、たとえば、建築や運送の現場作業員、駐在の商社員、それに観光客など。その数は、特定しにくいが、要はそこに匿名社会が形成されることで、流入人口でいうと一〇万人以上ということになろうか。★3

その二は、流入者の大多数が独身、あるいは家族と離れた単身の男であること。むろん、相応の消費力をもっている人たちということになる。

その三は、そこが短期間で建設された街区や施設であること。つまり、公的な都市計画によらず、民間資本が競合するかたちでできたところであること。ゆえに、男たちが大挙して流れこんでくるわけであるが、観光地としても新興であることの方が、売買春装置は発達しやすい。

右の三つの条件を、当時の海南島での最大都市海口が十分備えていたことは、いうをまたない。

海口を中心とする売買春の産業化は、明らかなところでも九〇年代早々に顕著化している。日本でも、共同通信が、三亜市の例をとりあげ、「国際リゾート都市へ〝建設熱〟に湧く海南島」という大見出し、「物価上昇にまゆをひそめる庶民」、「出稼ぎ売春婦集まる」という小見出しの記事を配信している。★4

海南島での場合は、観光客相手のそれよりも建築作業員を相手のそれが先行したであろう、と思われる。それは推測するしかないのだが、その筋からの話も耳にした。

海口の街はずれに「廓」がある、という。平屋建ての粗末なコンクリート住宅が密集して小街区をなしており、それをまたコンクリートの低い塀が囲う。飯場とも見間違えるようなそこが営業をはじめたのは、海南島が経済特別区に指定されて間もなくのことだった。

そこには娼婦たちが常駐している。が、居住はしていない。昼の一二時から夜の一二時までが営業時間らしく、彼女たちも客と同じように海口の市街地のあたりから通ってくる。客層は、いわゆる現地の男たち。建築作業員や船員、運転手など。それに地方の若者たちも来る。が、観光客はいない、という。

海南島では、中国においては特例に近い外来者優遇の法的措置がとられた。俗にいわれるところの「三自由」と「三低」。三自由とは、人と物と金の出入りが自由なこと。三低とは、税金と土地代と現地賃金が低いということ。いずれも、新規事業の促進施策であることは、いうをまたない。

観光客誘致には、先述もしたが、「落地ビザ」制度が画期的な対策であった。それにより、大陸からの、つまり国内からの観光客の増加に準じてほとんどの労働者が出入り自由。かくして、海南島は、表の「観光」に関連して裏の「観光」の稼ぎ場ともなったのである。

一九九四年当時でも、海南島を訪れる観光客(約三〇〇万人)の八割方は国内各地からのそれである。★5 加えて、なお相当数の労働者が増加しているのだ。そのうち売買春に関係する者がどれほどの数なのか、その実数はとうていつかめない。観光客を装って稼ぎにくる女性たちもいるに相違ない。ただ、界隈の噂では、出稼ぎの女たちは、貴州省や四川省出身者が多いそうだ。もっとも、都市への出稼ぎを余儀なくされる経済基盤の脆弱な地方の貧困層がその供給源、ということは、いずこにも共通する話ではあろう。

はじめ、その主流は、あくまでも出稼ぎ者による出稼ぎ者相手のものであった。その段階では、外国人観光客を相手の市場はまだ小さかった。だが、その後、急速に観光客相手の市場が拡大したであろうことは、想像にたやすい。

「台湾パパ」といわれるリピーター

ただし、海南島で、統計上八割方が国内各地からの観光客とはいうものの、そこでは、香港や台湾からの来島者は、すべて中国国民として数えられているのである。

その内訳は明らかでない。が、台湾からの観光客でみると、年間二〇万人は超えるのではないか、といわれる。その台湾人の観光客の大半が男性の単身者である。

そして、そのなかのまた大半が海南島で一夜妻を求めているようである。これも、実態はつかみにくい。だが、海口空港の到着ロビーのようすをみると、容易に想像がつくのだ。

ロビーの出口には、厚化粧にシースルーのミニスカート、あるいはラメのロングドレス姿といった女性たちが、手に手に手書きの歓迎札を持って待っている。そこに「台湾」という文字を確かめるのは簡単なことだ。

初対面であろう二人は、しごく自然に会話をかわし、肩を抱き合うようにタクシーに乗り込む。あるいは、二、三人の女性たちが数人もの男性を引き連れてマイクロバスに乗り込む。

一般的ではないものの、ホテルのボーイなどのあいだでは、彼ら台湾人観光客をして「台湾パパ」という呼称が通じるそうだ。

ということは、女性同伴の宿泊が、台湾人男性の通例ともなっているのであろう。

それを確かめるべく、私は、台湾で当事者から体験談を聞きとることにした。

一九九七年九月、私が台北でもっとも親しい友人が経営する中流ホテルでその人に会った。彼は、六〇歳(九七年当時)。台北市内で書画骨董店を営んでいるが、自身も書家であり、篆刻家《てんこくか》でもある。

彼がはじめて海南島へ行ったのは、一九九三年。以来、九七年まで都合四度、ほぼ毎年のように海南島に行っている、という。

はじめは、篆刻家仲間六人と一緒の研究交流という名目での観光旅行であった。一日目と二日目は海口で、骨董店や書画の展覧会をまめに見てまわった。三日目は興隆温泉。ホテルに着くと、女たちが待ちかまえていた。二〇から三〇歳そこそこ、なかなかの美人たちだった、という。

食事は、全員でテーブルを囲んだが、あとは籤《くじ》で順番を決め、それぞれが相手を選んで各部屋に。レストランのウエイトレスには密告されないように気をつかったが、チップを渡してあるので彼女らも必要以上には近づかない。

彼ら台湾パパたちは、海南島では言葉に不自由しないため、女たちと親しみやすい、という。言葉は、北京漢語が共通するし、福建系と広東系の言語の混合からなる台湾語もまた海南語ときわめて近いとされるのだ。

彼らのツアーの場合、女たちの斡旋は、メンバーのリーダー格の人が海南島通で、すべてその人がしてくれた、というのだ。その人がとくに組織に通じているということではないらしい。海南島で一度女性に接し、気心が通じると、商売気のある女性なら連絡方法を教えてくれるので、次回から直にも連絡がとれるというのである。

いわば直引き。かつて、遊廓にはしかるべき組織があり、登楼するにはしかるべき手続きがいった。だが、ここでは、いわゆる強面《こわもて》の管理者や仲介者が表には出てこない。街娼の形態に近い、といえよう。かくして、相手女性を特定して何度も通ってくる台湾パパも次々と登場してくるのである。★6

組織・制度化の過程で

彼の体験談を聞くかぎり、売買春の様相はずいぶんと開放的で明るい。そこにも、経済特別区海南島における「三自由」の制度が機能しているのであろうか。彼女ら出稼ぎ女性も、それを一夜妻に求める旅行者も海南島への出入りをほぼ自由に行うことができる。それは、少なくともかつての中国ではありえなかった資本主義経済化のひとつの現象、とみることができるのである。

それが、あまりにも急激な変化であるため、売買の制度化が十分に整わないまま、事象《こと》が顕になっているようにもみえる。むろん、その裏で密かに組織化も進んでいるに相違ない。よく知られるところでは、近・現代の日本では、ヤクザ組織がそれにからみ、管理売春の制度化をはかってきた事実がある。しかし、その実態は、事件としてとりあげられないかぎり、容易にわからない。まして、二度や三度そこに行ったぐらいでは、ほとんどわからない。ただ、海南島でいえるのは、その時点(一九九四年)では台湾人男性客や香港人男性客を上客としてそれが発達のきざしをみせていた、ということである。

言葉が通じる範囲では、先の台湾パパの例のように直の取引が可能である。そのところでは、自然発生的な状態をなお引きずって組織立った制度化が遅れることにもなる。それが多国籍の観光客を相手にしてある金額以上の商売取引がなされるようになると、表では法的な規制が、裏では組織的な管理が強権をもって及んでくるのであろう。海南島でのそれは、まだ未発達の状況、とみた。

海南島におけるもうひとつの事例が、マッサージ・パーラー。現地表示では「観光理髪廳」。確認できた大がかりな施設は、三亜の外国人観光客を見込んだリゾートホテルに付属して、あるいは隣接してある。そこでは個室でのマッサージが行われる。いわゆるふつうのマッサージであるが、女性たちはパンツ姿ではなく容姿を誇示したミニドレス姿。ただ、そこではそれ以上のことはない。が、男性にその気があれば、ちょっとチップをはずんで部屋番号を教えておく。すると、あとで部屋へやってくるという仕組みである。

それが組織だった管理売春か彼女ら個人サイドでのビジネスかはわからない。ただ、そうした観光客相手の売買春の実態がここにも存在することは、事実である。

ここで、ことわっておかなくてはならない。中国当局は、売買春を認めていない。それは、最近でも日本人団体客が上海や杭州で買春の罪で検挙されたことからも明らかだ。★7 海南島でも公認されているわけではない。ただ、新興の観光地として開発が急がれているなかで、こうした自然発生的で過渡現象的な裏観光ともいうべき「セックス・ツーリズム」の側面がかいまみられた、という報告をしたにすぎない。けっして、中国の体面を汚すつもりもないし、ましてや売買春をすすめるつもりもない。海南島についても、裏観光を表出することなく、健全な保養地として持続可能な観光の発展を望むものである。

バンコクの裏情報

しかし、観光客相手の裏観光の制度化は、さまざまな発達をみる。絶ちきろうにも絶ちきれないところがあるのか。アジアにおけるその先進地として、タイのバンコクが知られている。といっても、筆者は、近年のバンコク事情には疎い。以下も、十数年も以前のかぎられた知識である。

バンコクは、セックス・ツーリズムのデパート的様相を呈していた。そのころ日本でも、そこへの案内書が各種堂々と出版されていたのである。

その類の某書で、売春の商態として紹介されているのが、「置屋／売春宿／冷気茶屋／ゴーゴー・バー／カクテル・ラウンジ／カラオケ・バー／コーヒー・ショップ／モーテル／エスコート・クラブ／マッサージ・パーラー」などの項目である。ちなみに、置屋と売春宿は、呼び名が違うだけでシステムはかわらない。そこの個室を利用してもよいが、ホテルに連れ出すこともできる。また、冷気茶屋とは、チャイナタウンにあって華僑が経営するものにかぎっての呼称で、原則としてそこの小部屋を利用する庶民的な店である。この異称同類の三つは、現地の男たちを相手の装置系であろう。だが、日本人専門に六〇人もの女性を抱える高級置屋もある、といっているのだ。現地の観光ガイドやナイト・ツアーとのつながり、バスで客を案内し、それぞれが相方を選んだところでホテルに送りこむシステム。「専用」と「団体」という言葉をうたい文句にしているところが、いかにも日本人好みの遊びといわざるをえない。

他のカタカナ表記のものは、間接的な売買春の装置である。そこに雇用されている女性たちは売春稼ぎを前提としている。料金さえ折り合えば、客が連れ出しての一夜妻を可としている、という。ということは、その呼称も示すように外来の業態であり、タイ人の男たちが望んだものではないのだ。もともとは、ベトナム戦争の折、タイで特別休暇を過ごすアメリカ人相手の売買春装置として発達したものだ、という。★8

ベトナム戦争の終結前後から、日本の経済進出がはじまった。あわせて、一九七〇年代後半から観光客も増加の途をたどり、その種の店が日本人にも安直に利用されるようになったのである。とくに、日本人の男たちに応じるかたちで営業が拡大したのがカラオケ・バーとマッサージ・パーラー。カラオケもマッサージも、日本に根ざした遊戯的な余暇利用である。

カラオケは、七〇年代以降の流行だが、それを楽器伴奏のない酒席唄とすれば、古くからの座敷遊びに相通じる文化性をもつ。マッサージも、按摩という言葉は中国にも共通するが、旅館への宿泊に供する制度化は日本で発達した、としてよい。さらに、むかしトルコ風呂、いまソープランドとなれば、江戸の湯女《ゆな》の伝統を継ぐもの、としてよい。タイにおけるカラオケ・バーもマッサージ・パーラーも、その文化的源流は日本にある、といっても過言ではないのである。

バンコクの盛り場として有名なパッポン（ストリート）には、ゴーゴー・バーが軒を並べている。カウンターのところどころが半円形にせりだしており、ポールが立っている。その小さな舞台で踊り子がロックミュージックにあわせて踊り狂い、ムードミュージックにあわせてポールにからみついてセクシーなポーズをとる。客のチップで、オプションのパフォーマンスもあるらしい。もちろん、この形式は、日本との文化的な関連は薄い。ラスベガスあたりのそれに共通するのかもしれない。

ちなみに、タイでも、法律的には売買春は認められていない。★9 だが、実際は何でもありだ、とするのは、タイの裏町情報に詳しいジャーナリストK・M氏である。たとえば、ゲイボーイも多いし、女性客に買われるエスコートボーイやビーチボーイもいる。彼によれば、売買春に従事する者は、女性にかぎってみても一〇〇万人はくだらないだろう、という。そして、そのうち約三割が日本人やアメリカ人を相手の国際的な売買春であろう、という。

つまり、タイのセックス・ツーリズムをなりたたせているのは、日本とアメリカということになる。してみると、東京もニューヨークもその実態は同じということだ。むしろ、バンコクはそのブランチ、というべきなのではあるまいか。

ひとりバンコクの裏街にかぎったことではない。日本人やアメリカ人でにぎわうリゾートにも、それが波及した。たとえば、私どもも旅の文化研究所特定研究プロジェクトでフィールドワークを試みたプーケット島のパトンビーチ。バーやマッサージ・パーラーなどの看板が目立つ。とくに、一目みるだけで、夜行かずとも、昼間にそこを通ってその種の裏街特有の退廃感がよみとれるほどだ。まさしく、バンコクのパッポンのさらなるブランチといってよいだろう。★10

なお、タイの裏観光で忘れてはならないのは、エイズ禍。

エイズは、一九八五年ごろから国際的な問題となった。アフリカが発生の地とされており、現在も約四〇〇〇万人といわれる罹患者のうち約二八〇〇万人がサハラ以南のアフリカの諸国に住んでいる、という。

ついで、アジア諸国における罹患率(国民当りの患者数)が高い。なかでもタイは、エイズの罹患率の高い国として知られる。そして、タイでの感染は、ほとんどが性交渉による、ということもすでに明らかにされている。

もちろん、すべてが観光客相手の売買春と関係するわけではない。が、大いに関係がある。裏の観光、またその暗部をそこにみることも事実だ。

経済の高度成長と観光旅行の隆盛、そこでの落とし穴。私たちが、望ましい観光の将来を考えるときの警鐘にほかならないのである。

第二節　日本人のセックス・ツーリズム
——国際化の途上で

日本人における「旅の恥はかきすて」の伝統

日本では、昭和三三(一九五八)年に売春防止法を実施。以来、公娼制は廃絶、法的には売買春は認められなくなっている。また、売買春の温床とみなされる風俗営業も昭和二二(一九四七)年以来たびたびに取締法改正を重ね、もっとも近いところでは昭和六〇(一九八五)年、新風営法が施行されている。なのに、現在も東京や大阪、名古屋、博多、札幌などの盛り場には淫靡《いんび》な風俗店があふれているし、刺激的な見出しで売る週刊誌や夕刊紙にはその種の広告記事がページを埋めている。右に示したような大都市では、風俗案内の専門書さえもが出版されてもいる。そのところでは、風営法もザル法といわれてもいたしかたないのである。

遊廓の廃絶以降、きわめて日本的な風俗産業として発達をみたのは、トルコ風呂(ソープランド)である。

遊廓以来の売買春に詳しいジャーナリストU・Y氏によれば、遊廓とトルコ風呂の違いは、管理売春か否かということ。トルコ風呂のオーナーは、あくまでも風呂付きの部屋を女性従業員に貸すだけで、部屋のなかでの客とのやりとりには関与しない、という。そうしたタテマエで営業するかぎり、売防法にはかからないのだ。

その法的な規制をかいくぐってのたくみな営業は、前述もしたタイのマッサージ・パーラーと共通するものである。間接的な売買春のもっとも代表的な装置系・制度系なのである。

トルコ風呂の原型は、江戸期の湯女《ゆな》風呂にある、とみることができる。開幕早々江戸のほぼ町内ごとにできた風呂屋には、二、三〇人の湯女がいて、髪を洗ってくれたり垢を掻いたりしてくれる。もっとも、当時の銭湯は、蒸し風呂で、男女混浴が一般的であり、風呂場ではそれ以上のサービス行為には及ばない。だが、風呂屋の二階には座敷があり、男たちがくつろぐところに湯女がはべるということにもなった。それが風紀上好ましくないとして、幕府は度々に取締まりを行う。★11 それでも、風呂屋は繁昌、湯女をして淫売の盛況が続く。そして、明暦三(一六五七)年に、その営業の全面禁止令が下されることになった。その経緯はともかくとして、日本の男どもの「お風呂遊び」の伝統は、ほぼ明らかにそこまでさかのぼって位置づけられるのである。

もちろん、それは、旅人相手の遊興装置ではなかった。江戸期の湯女風呂も現代のソープランドも、主たる客層は、都市生活者である。数字で比較することはできないが、タイのマッサージ・パーラーでの外国人観光客の割合も、五割以上を占めることはあるまい。日本のソープランドでみれば、その割合はさらに低いものとなる。が、それが、セックス・ツーリズムの対象であることも、また事実というもの。たとえば、出張旅行の折にそこを利用する男たちは、少なくないはずである。

もう一方に、温泉旅館での売買春がある。昭和三〇年代から四〇年代にかけて、たとえば役所勤め、会社勤め、あるいは青年団や消防団に属していた人たちの職場旅行などでは、相当数が経験しているはずだ、と先のU・Y氏はいう。

温泉旅行では、入浴後にきまって宴会を催す。そこに芸者を呼ぶ。当時は、ヤトナという酌婦が多く出現。いうなれば、アルバイト芸者であり、枕芸者である。男客だけの小宴会なら、人数分だけのヤトナが用意される。また、正規の芸者以外は宴会に呼べないところでは、二次会用にクラブやバーがある。そこのホステスをモーテルや小ホテルに同伴するのが定番化もしていた。もちろん、すべてがすべてそうだったわけではないが、温泉旅行がセックス・ツーリズムの象徴であった時代もあったのである。

第二次大戦後、半世紀ほどの日本における性風俗をふりかえると、売春防止法が施行された昭和三三年を境として、直接売春(遊廓)から間接売春(トルコ風呂＝ソープランド／新風俗営業)への移動がみられる。が、実態は、売防法施行後も売買春行為が大幅に減少したとは思えない。夕刊紙や週刊誌でみる最近の新風俗営業の多様化をみると、とどまることをしらないほどの盛況、とも思える。

街中に出かけて遊ぶのも、旅先に出かけて遊ぶのも、日常的な生活様式とは遊離したものということで共通する。広義には、セックス・ツーリズム、としよう。とすれば、現在の日本は、まさにセックス・ツーリズム大国なのかもしれない。そのことは、たとえば一部の台湾人男性や一部の韓国人男性の、その種の情報紙や口コミ情報にしたがった行動様式からも明らかである。一部にしろ、それが来日の楽しみになっている、ということは、知る人ぞ識る事実というものなのである。

集団でのセックス・ツーリズム

私ども日本人男性が、他民族に比して特別にセックス好きであろうはずはない。性欲は、民族をとわずほとんどの男性たちが、あるいは女性たちもが共有するものである。

なのに、とくに東南アジアや中国における私ども日本人男性の評価は、他と比して「セックス好き」が定着して久しい。東南アジアの裏街を歩いているとき、「社長、これあるよ」と小指を立てて誘われた御仁も多かろう。また、飲み屋で「スケベーね」とからかわれた御仁もおおかろう。卑猥な言葉が通用語になっているのである。国辱的とまではいわないまでも、日本人として誇れることではない。

その最大の原因は、日本人男性における「集団性」にある。とくに、一九八〇年代前後のバンコクでのマッサージ・パーラーがそうであった。現地エージェント配下の案内人がマイクロバスを仕立ててホテルからマッサージ・パーラーに送客する。それは、オプショナル・ツアーながら大半の人が参加した、という。そして、そこでひと遊びした後、また一緒にドヤドヤとホテルに戻るのである。これを、顔ぶれはかわれど日本人としては連日のようにくりかえすのであるから、目立たないはずがない。

同じころ、韓国でも同様の光景がみられた。キーセンパーティへ日本人観光客が団体でくりだす。日本人の場合、本来の伝統的なキーセンパーティではなく、飲食もそこそこに早々に相方を選びホテルに直行というのであるから、韓国の人たちから顰蹙《ひんしゅく》をかうのはあたりまえのこと。やがて、当局から取締まりをうけることにもなったのである。

それ以前、台湾での、そのころいうところの芸者買いも同様であった。たとえば、北投温泉は、日本人観光客のほぼ専用の裏観光地となった。台北市内に宿泊する客も、ホテルのボーイたちが斡旋する女性の訪問に期待をよせたのだ。当時、日本の大衆誌上の台湾ルポや台湾ガイドに「男性天国」という見出しが躍っていたのは、まだ記憶に新しいところである。そのあまりの傍若無人ぶりに、台湾当局は、日本の大手新聞紙上で「恥という言葉を知っていますか」とモラル向上のキャンペーンをはったほどである。★12

日本人が大挙して海外旅行に出かけるようになってからしばらくは、日本人のそうした蛮行がはびこった。いや、近年も、中国でしばしば日本人の集団買春が問題視され、一部は検挙もされている。これは、日本の「皆で渡ればこわくない」式の「文化性」をそのままもちだした、といえるだろう。もちろん、一般論としては、文化をないがしろにしてはならない。が、異なる文化や新しい時代と融合できる文化性と、そうでない文化性がある。この場合は、現代社会にも国際社会にも通じにくいところがあるのだ。私ども日本人をして、エコノミック・アニマルと呼ばれた裏でセックス・アニマルといわれたほどなのだ。

日本の文化性というのは、何よりも「旅の恥はかきすて」という諺が如実に物語っている。ひとりひとりがそうだった、とは思えないが、集団を組むことで羞恥心も薄らぐのである。

日本で旅が大衆化したのが江戸時代の中・後期。参勤交代の制度により、主要な街道や航路、宿場や港町の整備がすでにできていた。そこに、その装置系を利用するかたちで、農間稼ぎや駄賃稼ぎで小銭を貯めた庶民が「講」を組んで往来するようになったのだ。当時の日本は、世界に冠たる旅行大国であった。

庶民の旅を盛んにしたこの場合の講は、積立て制度と代参制度による「寺社詣で」の集団組織である。伊勢講・大山講・富士講・金毘羅講・厳島講など。なかでも伊勢参宮は、爆発的な人気を集めた。これは、タテマエ上厳しい幕藩体制のもとで、国の祖神《おやがみ》たる伊勢神宮へ、伊勢神人の出自をもつ御師が集客、管理する講中で旅をする、そのことがお上にも通用しやすかったからにほかならない。むろん、当時の庶民の信仰心にも厚いものがあったが、庶民の旅の目的は、講による寺社詣でを方便にした物見遊山にあったのだ。「信心というは遊山の片身ごろ」という川柳があったがとおりにである。

「往きの地蔵、帰りの観音」という俗諺もある。男たちは、寺社詣でをなしたあとは、揃って遊廓に登楼して一夜の乱痴気を楽しんだのである。なお、好き者の欲望を満たすためには、街道沿いに宿場女郎や飯盛り女が配されもした。

ということは、江戸時代での男性中心の講を組んでの道中が、セックス・ツーリズムの色彩を強く帯びたものであった、といえるのだ。十返舎一九の『東海道中膝栗毛』(享和二＝一八〇二年に初編)は、フィクションではあるが、道中のようすがよく描かれている。弥次郎兵衛・喜多八が三島宿で飯盛女のおたけとおつめにちょっかいをだす。静岡では遊女屋にあがる。そして、伊勢の古市(遊廓)に逗留をきめこむ。それは、当時の男どものごく一般的な道中の遊興のようすであった、とみてよいのであろう。

自覚・自制、旅行のすすめ

江戸時代、二百数十年。世界史のなかでもめずらしい長期安定の社会であった。文化醸成の期間としては、十分であった。「男勝手」の「性風俗に寛容」ともいえる文化を根づかせた。そして、以後の社会も長くそれを許容してきたのである。とくに、売春防止法が施行されるまでは、日本の観光地には遊廓というその装置系、制度系が江戸期以来継続してあった。伊勢をはじめとして、聖地とされる寺社の門前にもそれが開けていた。世界でも稀なる装置化であり制度化であった、といわざるをえない。その日本的なセックス・ツーリズムの伝統が、売防法ののちは一時温泉地に移行した、とは先述もしたとおりである。

ただ、それを海外旅行にもちだした。そのところに、新たな波紋があった。そのことを受けるかたちで、一九八〇(昭和五五)年、旅行業法が改正された。「旅行者保護の強化」と「旅行業者の体質改善」を図るのが目的であったが、細目規定で注目を集めたのは、「買春ツアーの禁止」であった。

以来、たしかに海外での日本人男性の買春行動が鎮静化したように思える。少なくとも、旅行業者の斡旋する例が表だってはなくなった。ということは、団体での買春が減った。むろん、好ましいことである。

「観光」とは、古く『易経』に記されたように、またその表記が表すように、「光」を観ることにある。その光とは、旅先の景色や人情の認知であることもあるし、自己の内なる可能性の発見であることもある。ゆえに、旅に出ることは、日常のケ空間からハレの異次空間への脱出であり、ケガレを落とす再生行動なのである。ならば、そこに売買春の装置系・制度系が必要かどうかだ。いま、明らかにいえることは、それが光を生む場でないかたちで表出すること、つまり「醜」なるものとして存在することは、好ましくない。もし、それが必要悪だとするならば、そこに足を向ける者は、集団行動でなく、あくまで自己責任を全うすべきである。

「観光と性」。いかなるかたちが、成熟化といえるか。文明化といえるか。そのところを、法的な規制とは別に、いうならばツーリズム・スタディーズ(旅学)の分野で論議を重ねなくてはならないように思える。★13
三〇〇年をさかのぼっての旅行大国日本、そのなかでセックス・ツアーになじんだ民族性――その歴史的背景をもっているからこそ、とくに私ども日本人が世界に向けて、観光と性のあり方をあらためて問いかける責任もあるように思えるのである。

［注］

★1…海南島の観光開発については、第三章で神崎宣武が「ケハレの飲食、ハレの飲食—海南島での体験から」、第五章で石森秀三が「軍事拠点から観光拠点へ」、第六章で高田公理が「海南島—解体と建設が同時進行する環境」として、それぞれの立場からとりあげている。

★2…旧来、一般には「売春」という言葉がつかわれてきたが、一九九〇年代になってからは、とくに女性問題の研究者のあいだから「買春」（かいしゅん）という言葉が提示された。最近、公的には「買春」がつかわれるようになっている。しかし、実態は、一方だけの需要で成立はありえない「売買春」であるから、ここでは原則、「売買春」とする。

★3…日本の警察関係者のあいだからでたという言葉に、「カラオケ五〇〇〇、パチンコ一万、風俗一〇万組ひとつ」がある。つまり、人口が一〇万人を越えるような匿名社会では、風俗産業とそれにからむヤクザの組が派生する、というのだ。それからはかって、流入人口が一〇万ぐらいの新興都市、あるいは観光都市ではなおさら風俗産業の成立が可能だろう、とした。

★4…この見出しは、一九九四年四月の共同通信配信を受けた『山陽新聞』の掲載例である。

★5…海南島「海外旅游公司」の発表による。

★6…台湾人篆刻家のインフォーマントは、「私たちの行動を、あなたたちに、とやかくいわれる筋合はない。日本人の男たちが、かつて台湾の北投温泉や都市ホテルで台湾人女性を買ったのと同じではないか。私たちの方が、金銭のとりひきはあるが、まだ言葉や食事を介して人間的なつきあいをしている」といった。擬似恋愛であり、特定の相手を決めてのリピーターである、というのだ。

★7…たとえば、二〇〇三(平成一五)年九月二九日の『朝日新聞』では、「香港紙『邦人団体が買春』。中国のホテル、当局が営業停止・関係者『単なる社員旅行』」という記事を載せている。マカオに隣接する広東省珠海市の高級ホテルで約三〇〇人の日本人男性客が約五〇〇人の中国人女性を集め宴会で接待させたあと、女性たちを部屋に連れかえって買春行為に及んだ、というあらましである。それに対して、中国当局は、強い憤りを表明。「日本側は、中国に来る日本人が中国の法律を守るよう指導してほしい」といった、と九月三〇日の記事にもある。

★8…人類学者の平井京之助「なぜタイでセックス・ツーリズムなのか」（『まほら　28』旅の文化研究所、二〇〇一年、に所収）によると、タイにおける性産業は十九世紀なかばに、鉱山開発や鉄道建設のために中国からの移民労働者を受けいれたときにはじまった、とある。しかし、その規模は、大きくはなかった。

★9…一九六〇年、タイ政府は売買春を非合法化した。

★10…文化人類学者の安福恵美子は、旅の文化研究所『研究報告 4』(一九九六年)で、「観光がアジアの女性に与えたインパクト―タイの事例研究」を発表した。そこで、「リゾート地として外国人観光客が集まるプーケット島の歓楽街は、女性の行動に対して厳しいタイ社会の規範から乖離した観光空間である」といっている。そして、プーケット島で働く女性でみると、バーで働く女性はバンコクから、マッサージ・パーラーで働く女性はチェンマイから移動してきた者が多い、といっている。また、フィリピンから来た女性もいる、と報告している。つまり、そのところでの外国人相手のキャリア女性が大都市からリゾート地へと移動する傾向がみられる、というのである。

★11…稲垣史生編『三田村鳶魚 江戸生活事典』青蛙房、一九五九年、によると、「湯女法度」により承応元(一六五二)年に一軒につき湯女三人を定めたが効き目がなく、明暦三(一六五七)年に禁止令を出した、とある。

★12…昭和五〇年代になって、台湾における日本人男性のセックス・ツーリズムがしばしば問題視されるようになった。台湾の対日外交問題を処理する機関である亜東関係協会が、一九八〇(昭和五五)年前後に波状的にこの種のキャンペーン広告を行った。その一連の動きは、日本の「旅行業法」の改正を急がせることになった。また、同時に台湾内でも「公娼制度」を見直すきっかけともなった。ちなみに、一九九七年九月、台湾では台北市がいちはやく公娼制度の廃止に踏みきった。

★13…蛇足ながら、一言弁明しておきたい。本稿を起こすにも、本稿を載せるにも、相当になやんだ。あえて、誤解をまねきやすいこのテーマをたてるべきかどうか、と。もちろん、当方は、売買春を肯定するものではない。その姿勢は一貫しているつもりである。ゆえに、観光における「影」の分野を今後どう考えていくか、を提示したかった。それには、具体例を避けて抽象的な一般論にしておくのが無難である。が、フィールドワーカーとしてはそうもいかないだろう、と現地での見聞を中心に書いてみた。ぜひとも、本意をおくみとりいただきたい、と願う。

第五章

戦争と平和と観光

石森秀三

第一節　国際観光の危機と克服
――平和と安全と相互理解をこそ

同時多発テロと旅行産業の危機

二〇〇一年九月一一日に、米国のニューヨークとアーリントンで同時多発テロが発生した。旅客ジェット機がハイジャックされ、そのうち二機が米国経済を象徴するニューヨークの世界貿易センタービルに激突し、一機が米国軍事の総本山であるアーリントンのペンタゴン（国防総省）ビルに突入した。この同時多発テロによって、一瞬にして、約三〇〇〇人の貴重な人命が奪われ、巨大ビルが崩壊した。その直後に炭疽菌による生物テロとみなされた事件も発生し、米国は一時的に戦争状態のような緊張に包まれた。

同時多発テロは、サウジアラビア人のオサマ・ビンラーディンに率いられたイスラム過激派組織「アル・カイーダ」による犯行と断定された。ブッシュ大統領は今回の事態をテロリスト集団によって引き起こされた「新しい戦争」と位置づけて、過激派組織「アル・カイーダ」を匿うアフガニスタンのタリバーン勢力に対する軍事攻撃を開始した。

この「九月一一日ショック」の影響をまともに受けたのは、世界の旅行産業であった。イスラム過激派によるテロの再発を恐れる人々が相次いで旅行をキャンセルしたことによって、旅客需要が激減した。米国では、コンベンションや見本市の中止が相次ぐとともに、旅客需要の低迷のために大手の航空会社が前例のない規模のリストラを実施した。ヨーロッパでも、口蹄疫騒ぎに加えての多発テロであったために、スイス航空とサベナ航空が経営破綻したほかに、多くの旅行関連企業が悪戦苦闘を強いられた。日本でも、同時多発テロ以降に太平洋路線を中心に旅行キャンセルが激増し、その打撃は湾岸戦争時よりも深刻と報じられた。私は二〇〇一年九月一四日から福島県で開催されたエコツーリズム推進協議会（現、日本エコツーリズム協会）主催の国際エコツーリズム大会に出席したが、米国やカナダやニュージーランドからの参加予定者は旅行キャンセルで欠席であった。

米英軍を中心にしたアフガニスタンのタリバーン勢力に対する攻撃に北部同盟が呼応し、短期間のうちにタリバーン勢力が駆逐されたことによって、早くも一二月にはアフガニスタン暫定自治機構が結成された。しかし、パレスチナ問題やイスラム圏における貧困問題などが根本的に解決されない限り、イスラム過激派組織によるテロをくい止めることは困難とみなされている。その結果、外国旅行が抑制されるために、旅行産業の未来は暗いと予測された。日本のマスメディアは米国発信情報に依存し過ぎているので、あたかも「米国が風邪をひけば、世界の他の国々は肺炎を患う」ような論調が主流になっている。そのために、米国で旅行キャンセルが相次ぐと、世界の旅行産業の未来は予断を許さない事態になるとみなされたのである。

世界観光機関（WTO）の総会が二〇〇一年九月二三日から韓国のソウルと日本の大阪で共同開催された。WTOは一九七五年に創設されているが、各国政府を正会員とする観光分野で世界唯一の国際機関であり、スペインのマドリッドに本部が置かれている。大阪総会には、一一七の国・地域から六一名の観光大臣を含む約一四〇〇名が参加した。そのさいに、扇千景国土交通大臣が議長となって、観光サミットが開催され、最終的に「大阪ミレニアム宣言」がまとめられた。その宣言の前文では、まず初めに「観光を通じて異なる文化や伝統を経験することは、平和の実現と世界の人々の相互理解を推進すること、また観光の発展には平和と安全が不可欠であること」が確認され、次いで「先日の米国での悲劇的な事件を克服し、これを乗り越えて、観光は必ずや再び高い成長を示すこと」が明記されている。ところが、日本では、同時多発テロや小泉首相による構造改革関連ニュースにかき消されて、WTO総会のニュースはほとんど報道されなかった。

旅と軍隊

戦争と観光はしばしば相反する現象とみなされがちであり、水と油のように互いに相容れない関係とみなされてきた。ところが、人類の旅の歴史を振り返ると、旅と軍事は密接に絡み合っていることが明らかになる。

たとえば、旅と軍事の密接な結びつきは、「旅」という漢字そのものに如実に示されている。漢和辞典をひもとくと、「旅」の字源は「旗の下に集まっている多くの人を表し、軍隊を意味する」とあり、「軍隊は移動するので、転じて『たび』の意になった」とされている。また、「旅」の字義の一つは「中国の周の時代に、兵士五〇〇人を一団とした軍隊」の意である。当時は、五旅を一師、五師を一軍としたらしい。いずれにしても、近代以前には軍隊と旅の結びつきが濃密であったといえる。

近代以前においてもっとも頻繁に旅をしたのは、軍人たちであった。軍人は侵略を目的にして、しばしば他国に遠征した。それは、国家による領土的拡大のための旅であった。そのほか、商人や職人や芸人たちも、例外的に交易や修業や興業のために旅することが許された。軍人や商人や職人や芸人は、いわば「仕事のための旅」を行ったが、支配階級の王侯・貴族たちは「遊びとしての旅」を享受できた。つまり、近代以前において、いわゆる観光旅行を楽しめたのは、ほんの一握りの支配階級のみであった。文人墨客なども例外的に遊学や漫遊を楽しんだが、それは各地の王侯・貴族がその教養を尊んでパトロンになったことによって可能になった。

一方、被支配階級である大多数の庶民(農民)は、基本的に在所を離れることが認められなかったが、例外的に信仰を目的にした聖地巡礼だけは許可された。巡礼は、基本的には信仰のための旅であったが、多くの場合にその道中で物見遊山を楽しんだ。さらに、農民が下級の兵士になることによって、軍旅に参加することができた。私の父親はすでに他界しているが、一九四一年に生涯で初めて外国に出かけている。山下奉文大将が率いる大日本帝国陸軍第25軍の戦車兵として、中国大陸に渡り、マレー攻略作戦に参加した。その間に、戦車でマレー半島を進軍し、シンガポールに達している。その後、日本に復員した父は生涯に二度と外国旅行に出かけることはなかった。戦前の軍旅が唯一の外国経験になったのである。[★1]

近代に至っても、旅と軍隊の関係は続いている。たとえば、第一次世界大戦は一九一四年七月に勃発したが、米国は一七年四月にドイツに対して宣戦布告を行い、ヨーロッパ戦線に米軍を派兵した。当時すでに米国はヨーロッパ諸国でさまざまな投資を行っており、米国の権益を守るために多数の兵を送り込んだのである。米国兵はヨーロッパ各地を転戦するなかで、ヨーロッパの自然美や歴史美や都市美を発見していった。戦線で傷ついた兵士は地中海の診療所で治療を受け、同様に休暇を得た兵は地中海の保養所で英気を養うとともに、地中海の景観美を発見している。第一次大戦は一八年一一月に終結したが、その後に米国人によるヨーロッパ・ツアーのブームが生じている。

歴史的にみると、戦争は国際観光の振興を促す。たとえば、第一次世界大戦を契機にして、ヨーロッパ各国は政府観光局を設置し、大戦後には約六〇ヵ国が参加して「国際観光連盟（AIT）」が設立された。まさに、戦争によって国際観光の重要性が認識されたわけである。

第一次大戦以前には、海外観光旅行は主として上流階級によって行われてきたが、第一次大戦をきっかけにして米国の中産階級による海外旅行ブームが生じた。その背景には米国経済の繁栄があった。二十世紀初頭における米国経済の繁栄は、自家用自動車の登録台数の推移に如実に示されている。一九〇〇年にはたった八〇〇〇台であったが、一〇年には四五万八〇〇〇台、二〇年には八〇〇万台、三〇年には二三〇〇万台になっている。[★2] 米国経済の繁栄は国民所得の上昇を促し、中産階級にもヨーロッパ・ツアーを可能ならしめたわけである。

米国の中産階級の動きを如実に示すのは、大西洋航路に就航する巨大客船の増加である。レオナルド・ディカプリオ主演で話題作となった映画で取り上げられたタイタニック号（英、四万五〇〇〇トン）は、一九一二年に処女航海で北海の氷河に衝突してあえなく沈没した。さらに、一三年にはインペラトール号（独、五万二〇〇〇トン）とファーターラント号（独、五万四〇〇〇トン）、二二年にはビスマルク号（独、五万六〇〇〇トン）、二九年にはブレーメン号（独、五万二〇〇〇トン）などの巨大高速客船が相次いで大西洋航路に就航している。富裕階級だけでなく、中産階級もヨーロッパ・ツアーに出かけたからこそ、これほど多数の巨大客船が必要になったのである。

一九三〇年代に入ると、ドイツのナチズム、イタリアのファシズム、日本の軍国主義が台頭し、第二次世界大戦が引き起こされた。世界各地でさまざまな悲劇が生みだされたが、戦争の終結に伴って、アジアでは数多くの国々が植民地を脱して、独立を達成できた。西ヨーロッパでは、米国の国務長官ジョージ・マーシャルが提唱したヨーロッパ復興計画（マーシャル・プラン）によって、経済復興が進展した。このマーシャル・プランは、当初には米国の農産物を提供するという食糧援助であり、その後には軍事援助の色彩が強かったが、その復興計画の中には西ヨーロッパ諸国における観光復興の支援が重要課題として含まれていた。

さらに、第二次大戦の終了とともに、ジェット機の実用化が急速に進展し、長距離旅行に革命的変化がもたらされることになった。戦争は科学技術の大幅な発展を促すので、その成果の平和利用によって人々のライフスタイルに大きな変化を生じさせた。また、一九四六年には、IUOTO（官設観光機関国際同盟）が創設され、諸国が連携して国際観光旅行の促進を図るようになった。戦争を引き起こさないために国際観光を盛んにして相互理解を進展させる必要性が再認識されたのである。

平和へのパスポート

かつて、世界的に「観光は平和へのパスポート」というスローガンがもてはやされたことがある。それは、一九六〇年代における東西冷戦の激化を背景にしていた。米国の故ケネディ（JFK）大統領は、一九六〇年代を代表する「悲劇の政治家」であるが、それは暗殺されたためだけではない。JFKが大統領に就任した時期そのものが、ある意味で悲劇的な様相を帯びていた。JFKは一九六一年一月に大統領に就任したが、その八月にはベルリンの壁が構築され、翌年一〇月にはキューバ危機が発生するとともに、ベトナムでも米軍の軍事介入が始まっている。まさに、JFKは東西冷戦の激化という厳しい国際政治の舞台の真っ只中に立たされたのである。さらに、国内では、産軍複合体を中心にした保守勢力の暗躍、公民権運動の高まり、労働争議など、国内外で政治の舵取りが容易ではない時期に、四三歳という若さで大国の指導者になったわけである。そういう意味で、ＪＦＫは既得権益を握る勢力に暗殺されるべくして、暗殺された悲劇の政治家ということができる。

いずれにしても、東西冷戦の激化を背景にして登場したＪＦＫは、当然のことながら、「平和」をキーワードにした政策の遂行に熱心であった。たとえば、米国の若者を国際協力のために全世界の開発途上国に派遣する「平和部隊（ピース・コーズ）」の制度を創設するとともに、商務省のなかに「政府観光局（トラベル・サービス）」を創設している。平和部隊は、日本の海外青年協力隊のモデルになったものであるが、大統領選挙の公約の一つとして提唱され、具体化されている。政府観光局は、東西両陣営の国民による相互理解の促進のために国際観光の振興を図ることを目的にして設置された。それまで、米国政府は自国への観光客の誘致にはほとんど力を入れてこなかった。米国はもっぱら観光を楽しむゲストの立場に立ち続けてきたので、観光客をもてなすホストの立場に立つことはほとんどなかった。ところが、ＪＦＫは東西冷戦が激化するなかで、国際観光の平和創出効果に気づいた政治家であった。まさに、国際観光は「平和へのパスポート」というスローガンをいち早く国家政策のなかに取り込んだわけである。

もちろん、それはタテマエであって、実際のところは当時の米国の国際収支が深刻な状況にあり、国際観光の振興を図って、一人でも数多くの外国人観光客に米国を訪れてもらうことによって外貨を稼ごうとしていた。そういう意味で、ＪＦＫは国際観光の政治的・経済的波及効果に気づいており、それを国家政策のなかに位置づけた政治家であった。

観光現象には、つねに「光」の側面と「影」の側面、「オモテ」の部分と「ウラ」の部分、「ホンネ」と「タテマエ」が同居している。そのうちのどちらに焦点を当てるかによって、観光現象がまったく正反対のものに見えてしまう。これまでのところ、日本では観光の「影」の側面や「ウラ」の部分に焦点が当てられ過ぎたきらいがある。観光現象をさまざまな角度からできるだけバランスよく分析していくのが、ツーリズム・スタディーズの重要な役割になる。

一九六〇年代には、米国だけでなく、国連も国際観光の重要性に着目していた。一九六三年に国連は国際旅行・観光会議を開催し、地域開発計画のなかで観光プロジェクトに高い位置を与えるべきことを論議している。同年には、国連の経済社会理事会の会議で、国家経済における観光の役割の重要性、観光の社会的・文化的・教育的インパクト、観光による国際理解への貢献などが確認されている。そのような動きのなかで、国連は一九六七年を「国際観光年」に指定した。同様に、日本でも、一九六三年に観光基本法が制定されるとともに、一九六四年には観光目的の海外渡航者に対して外貨の購入が初めて認められるなど、国家レベルで観光が重視されるにようになった。さらに、一九六六年におけるジャンボ・ジェット機の就航によって、日本を含む北の先進諸国は外国旅行の大衆化を実現していった。

東西冷戦のもとで資本主義国と社会主義国の対立は激化したが、西側諸国における国際観光は飛躍的に発展していった。一九五〇年に全世界で外国旅行をした人の総数は約二五〇〇万人であったが、一九六〇年には六九〇〇万人、七〇年には一億六六〇〇万人、八〇年には二億八六〇〇万人、九〇年には四億五八〇〇万人になり、二〇〇〇年には六億六八〇〇万人、〇四年には七億六〇〇〇万人に達している。とくに、一九八〇年代末における東西冷戦の終結によって、外国旅行がより容易になった。一九八九年一一月九日におけるベルリンの壁の崩壊は、地球的規模での大交流時代の始まりを象徴する出来事であった。それ以降、世界の人々はより自由により広範囲に全世界を外国旅行できるようになった。

第二節　観光開発は、これからどうなるのか

軍事拠点から観光拠点へ

東西冷戦終結のインパクトは、中国の海南島でも生じている。海南島は中国最南端の島で、日本の九州とほぼ同じぐらいの大きさである。私は一九八〇年代の中頃に海南島で民族学的調査の実施を計画したことがある。ところが、当時の海南島は中国の最重要軍事拠点であったために、調査許可を得るのが容易でないことがわかった。一九七九年二月以来、国境をめぐって中国とベトナムは戦争状態にあり、とくに海南島はトンキン湾に面しているためにベトナムに対する軍事的要衝として重要な役割を果たしていた。大きな海軍基地や空軍基地などの軍事施設があるために、外国人の来訪が制限されていた。

海南島には「天涯海角」と呼ばれる名所がある。海辺に巨石が林立しており、文字通り「天の果て、海の果て」のような雰囲気の漂う場所である。海南島は、中国そのものにとって、まさに「天涯海角」のような位置づけに

ある。中国の中心から見れば、海南島は最果ての地であり、古くから蛮夷の地として官吏や文人の流刑先であった。されど、その一方で海上交通の要衝にあり、南海貿易で重要な役割を果たしていた。

日本もこの島を一九三九年に占領して、第二次世界大戦末まで統治した。その間に、ビルマ独立運動を行っていた青年三〇人をビルマから脱出させ、海南島で軍事訓練を行った後に、ビルマ独立軍を結成させて出撃させている。その中には、ビルマ独立運動の指導者となったアウン・サンも含まれていた。いうまでもなく、アウン・サンは現在のミャンマー民主化運動の指導者であるアウン・サン・スー・チー女史の父親である。さらに、一九四九年の中華人民共和国成立後に、中華民国の蔣介石《しょうかいせき》総統は国民党支持者とともに台湾に逃れたが、海南島に本拠をおくという計画もあったらしい。もしも蔣介石の率いる国民党軍が台湾ではなく、海南島に逃れていたならば、海南島は大いに異なる現代史を歩んだことだろう。

いずれにしても、軍事拠点の島であった海南島は一九八八年に省に昇格するとともに、島全体が経済特別区に指定された。中国は「社会主義市場経済」を旗印にして改革・開放路線を推進しており、八〇年に四つの都市に経済特別区を設置した。海南島はそれに続くものであるが、島全体が指定されており、中国で最大の経済特別区になっている。さらに、九一年の中越関係の正常化に伴って、海南島は軍事拠点から開発拠点へと一大変貌を遂げるようになった。★3

海南省は中国最大の経済特別区として、税収、金融、対外貿易、観光などの面で、中央政府から優遇政策をとることが許されている。海南省は、「三低（税率が低く、土地価格が低く、労働報酬が低い）」、「三自由（資金、物資、人の出入りは基本的に自由）」という有利な条件を備えていたために、諸外国から資本が流入し、一挙にバブル経済が生じた。その結果、九二年末までに、三三九三社の国際合弁企業が設立されるとともに、八三二四社の国内企業が設立された。

中国政府が九二年四月に洋浦地区開発を承認したことで不動産ブームが起こり、半年間で土地が二倍、建物が二・五倍も値上がりした。香港資本や台湾資本が土地開発に関心を示し、さまざまな形の開発事業に奔走したために、土地転がしも生じた。ところが、九二年末に盲目的な不動産熱がやり玉に挙がり、資金引き締め政策が実施された結果、資金不足で建設工事の約四割がストップした。九三年一〇月に、私が初めて海南島を訪れた時には、まさにバブル経済がはじけた後で、あちこちで建設中止のビルが目についた。

海南島でも当初は工業立地が推進されたが、上海などにおける開発事業とは異なり、海南島で工業開発を発展させるには無理があった。上海には歴史的に基礎関連産業の蓄積があるが、海南島はまさにゼロからのスタートなので工業開発には多大の困難が伴った。その結果、開発の方向性が工業重視から観光重視へと大きく軌道修正された。

海南島における観光開発に拍車がかかったのは、中国国家の観光政策が後ろ盾になったからであった。中国の国家旅游局は、一九九四年から九七年までの国際観光市場開発事業草案を制定した。それによると、九四年には中国文物旧跡観光、九五年には中国民族風情観光、九六年には度暇（リゾート）観光を展開し、九七年を「中国観光年」とすることが提案されていた。それに伴って、海南島は九六年の度暇観光の最重点地域に指定された。省都三亜市の郊外に三四〇〇メートルの滑走路をもつ新空港（鳳凰空港）が九四年七月にオープンしており、主要幹線道路の整備も進められていた。さらに、三亜市周辺の九ヵ所で、香港資本や台湾資本や米国資本などが参画して白砂の海岸を活かした総合リゾート開発が進められていた。とくに、三亜市の東郊にある亜龍湾地区は、一大国際リゾートとしての発展が期待されている。★4

海南島は、風光明媚な自然や名所、少数民族の伝統文化など観光資源が豊富なので、「中国のハワイ」というキャッチフレーズどおりに順調に観光拠点として発展している。すでに、中国で国内観光旅行ブームが生じており、海南島にも本土からの観光客が押し寄せている。中国政府は、一九九九年に祝日に関する法律の改正を行い、五月一日だけであったメーデー休日を三日まで延長し、そのほかに振り替え休日を設けたことによって、二〇〇〇年五月には七連休が実現した。この中国版のゴールデンウィーク中に約四六〇〇万人が国内旅行に出かけ、約一〇万人が外国旅行に出かけた。さらに、一〇月にも大型連休があったので、二〇〇〇年には人口の約六割に当たる七億六〇〇〇万人が国内旅行を楽しんだといわれている。中国ではすでに「民族大遊動の時代」が始まっており、「中国のハワイ」にも国内旅行客が押し寄せてきたのである。★5

海南島は、一九九〇年代に東西冷戦の終結という追い風を受けて、軍事拠点から観光拠点へと大変貌を遂げ、年間に三五〇〇万人の観光客を受け入れる「中国のハワイ」として順調に発展している。このまま発展してゆくと、二〇一〇年代に「東洋のハワイ」になれるかというと、そう簡単ではない。海南島では、観光開発が進み過ぎた結果、すでに過当競争が生じている。

二〇〇〇年九月現在で、海南島には二五〇のホテルと一八〇社の登録旅行社があり、互いに厳しい競争を行っている。その結果、上海発の海南島のツアーの料金が、往復航空運賃、ホテル代、バス代、ガイド料、観光施設入場料などをすべて含めて、一三〇〇元(約一万六九〇〇円)という格安になっている。「中国のハワイ」という楽園ムードの裏で、厳しい値下げ競争が続いているわけだ。値下げ競争の結果として、よりよい観光地ができあがるかというと決してそうではない。相当の覚悟をもって、観光資源のグレードアップと観光サービスの質の向上を図らないと、本家のハワイや沖縄や東南アジアの既存のリゾート地との国際競争に勝つことは困難であろう。

いずれにしても、東西冷戦の終結という状況のなかで、海南島が軍事拠点から観光拠点へと大きな変貌を遂げたことは事実である。二十一世紀を迎えて、今後は「東洋のハワイ」をめざして、観光地としてのグレードアップを図ることが急務になっている。

第三節　マヤの道と世界
――国際観光プロジェクトの展開

文化遺産による地域連携

東西冷戦が終結して間もない一九九二年に、中米地域における観光開発の調査を行ったことがある。そのさいには、コスタリカ、ホンデュラス、グアテマラ、メキシコの各国を訪問したが、いずれの国においても「観光立国」が国家政策の基軸として位置づけられ、観光振興が国是として展開されていた。

中米地域は、十九世紀以来、米国によって実質的に支配されてきた。一九八七年にコスタリカのオスカル・アリアス・サンチェス大統領が中米和平の功績を認められてノーベル平和賞を受賞したのを皮切りにして、八九年にはニカラグアとパナマで投票によって民主的に選出された政権が樹立され、九二年にはエルサルバドルで一二年間にわたって続けられた内乱に終止符が打たれた。

同じく、一九九二年にグアテマラの先住民族出身のリゴベルタ・メンチュが人権運動の功績によってノーベル平和賞を受賞している。また、メキシコでは、八八年に四二歳という若さで大統領に就任したカルロス・サリナスが米国との関係をさらに強めて、九三年に北アメリカ自由貿易協定（NAFTA）を成立させている。

中米諸国は長らく互いにいがみ合う紛争の歴史をもっている。たとえば、ベリーズ（旧英領ホンデュラス）は一九八一年に独立した新興国であるが、グアテマラとの間で領土問題がこじれている。グアテマラの地図では、いまだにベリーズはグアテマラ領ということになっている。また、ホンデュラスとエルサルバドルの間も、国境問題で紛争が続いている。とくに、一九六九年には「サッカー戦争」が両国の間で勃発した。両国間のサッカー試合を引き金にして発生した戦争といわれているが、国境をめぐっての紛争が絶えない。さらに、コスタリカとニカラグアの間にも、対立の歴史がある。

このような諸国間の対立と紛争の歴史にもかかわらず、それらを乗り超えようとするプロジェクトが一九八六年にスタートした。それは、「ルータ・マヤ（マヤの道）」とよばれる国際観光開発プロジェクトであり、メキシコ、グアテマラ、ベリーズの三ヵ国によって着手された。

この地域に点在するマヤ遺跡を結ぶルートを整備して国際観光の振興を図ろうとするのが、その目的であった。この地域は、かつてマヤ文明が栄えたところであり、主要な遺跡だけでも八〇を超えるといわれている。マヤ遺跡は中米諸国に点在しているが、それらのうちで主要なものはすでに相当程度に発掘が進められるとともに、保存修復が行われている。メキシコのチチェン・イツァ遺跡、ホンデュラスのコパン遺跡、グアテマラのティカル遺跡をはじめとして、著名なマヤ遺跡の多くは世界遺産として登録され、国立公園に指定されて、遺跡の保存修復だけでなく、周辺の自然環境の保全にも配慮がなされている。

マヤ遺跡は、まさにこれらの諸国が共有する文化遺産であるとともに、貴重な観光資源でもある。八七年には、ホンデュラスとエルサルバドルも、ルータ・マヤ計画に参加を表明し、マヤ遺跡を共有する五ヵ国が共同して推進することになった。このように、中米諸国の調和と共生を図るためのプロジェクトが観光を中心にして行われるということは、観光のもつ平和創出効果からすると当然のことであり、卓抜な着眼による国際観光開発プロジェクトである。

一九八九年に、ルータ・マヤ計画は新しい局面を迎えた。それは、EC(欧州共同体)がこの観光開発計画を支援することになったからである。地域協力の大先輩であるECの支援によって、計画そのものが「ムンド・マヤ(マヤ世界)」という名称に改められ、より総合的な観光開発プロジェクトに発展した。ECはソフト面での技術協力に重点をおき、入国障壁の撤廃(観光ビザ免除)やPRの推進や「ムンド・マヤ」というコンセプトの明確化などを図った。また、ECは各国政府に道路や交通機関や宿泊施設などのインフラ整備を勧告している。さらに、九一年には、ホンデュラスのサンペドロスーラで五ヵ国の観光大臣会議を開催して、ムンド・マヤに関する公式の国際協定が締結された。その結果、各国にムンド・マヤ委員会(政府委員会と民間委員会)がつくられるとともに、メキシコにムンド・マヤの国際事務局が設置されることになった。★6

ムンド・マヤ計画はＥＣの支援によって、国際観光プロジェクトとして展開されることになったが、ＥＣが技術協力で提供した資金は八〇万ドルのみであった。実に小規模な援助で国際的に高い評価を受ける結果になっている。それに対して、日本のＯＤＡは無駄使いで批判されていた。たとえば、ホンデュラスでは、日本が約一〇億円の無償援助を投じて設立された養豚場の運営がうまく展開されていないという話を耳にした。中米の人々はあまり豚肉を食べないので、必然的に養豚がうまくいかないらしい。養豚も重要であるが、ムンド・マヤ計画のために中米諸国に一〇億円の無償援助を行うことができるならば、高い評価を受けることは確実である。「観光の世紀」が到来するなかで、日本政府も観光ＯＤＡの重要性をもっと評価する必要がある。

日本にはマヤ文明のファンが数多くいるが、その割りには中米を旅する日本人観光客は数少ない。その原因の一つは、中米に対するイメージにある。かつて、日本人が中米地域に抱くイメージは一般的にあまりよくなかった。内乱やクーデターや人権抑圧や貧富の格差や麻薬問題など、マイナス・イメージが強かった。一方、日本の自動車や電気製品が中米諸国でも溢れかえっており、その優秀さは高く評価されているが、中米の人々にとって日本は中国の一部ぐらいにしかみなされていなかった。私自身も、中米地域を旅していて、現地の人たちから中国人とみなされることが多かった。東西冷戦の終結に伴って、中米諸国にも新しい風が吹いており、中米諸国と日本のあいだの人的交流をもっと積極的に推進する必要がある。そのさいに、観光の局面ではムンド・マヤ計画が重要な役割を果たし得るので、日本としても積極的に支援していくべきである。

第四節　龍が降りるベトナム
――旅は人と人との出会いにこそ

社会主義国と観光立国

東西冷戦の終結後、世界中の社会主義国が「観光立国」に力を入れている。外貨獲得の早道として、国際観光の振興が重要な国策になっているからだ。工業立国の実現を図るためには、巨額の資金、豊富な資源、優秀な人材などが必要であるのに対して、観光立国の場合には、豊かな自然や多様な民族文化があれば、相当程度に実現が可能である。そういう意味で、ポスト冷戦期の社会主義国にとって、観光立国が国策になり易いわけである。

社会主義国のなかでも、ベトナム社会主義共和国はもっともポテンシャルの高い国である。一九九五年五月に、私は初めてベトナムを訪れた。旅行前にベトナムに対して抱いていたイメージは、「社会主義国」、「ホーチミンの国」、「ベトナム戦争で米国に勝利した国」、「ボートピープル」、「ドイ・モイ(刷新)」などであった。八八年に社会主義の本家であるソ連を旅する機会があったが、ホテルにおいてすらサービス精神がまったく欠落した社会主義国を旅することの悲しさを感じた。

ところが、ベトナムを旅していて、私の社会主義イメージは根底からくつがえされた。農村部は旅していないのでわからないが、少なくともハノイ市やホーチミン市やフエ市をみるかぎり、市場にはさまざまな商品が溢れており、さまざまな店や屋台が軒を連ねて商売をしているところなどは、日本以上に自由な雰囲気に満ちていた。とくに、軍人や軍隊の姿をあまり目にすることがなかったのも意外であったし、写真撮影もまったく自由であった。アオザイ姿で自転車に乗る若い女性に車の中からカメラを向けると、微笑んで手を振ってくれる。さらに、ホテルでも、レストランでも、従業員はサービス精神に溢れていたし、仕事ぶりも実にてきぱきとしていた。

ベトナムは、八六年に「ドイ・モイ(刷新)」政策を採択し、社会主義型市場経済の確立をめざして改革・開放路線に転換した。それに伴って、観光振興が積極的に図られるようになった。すでに、かなりの経済発展が達成されているが、その一方で汚職や腐敗も深刻化しているようである。

私は、九五年と九八年にベトナムを訪れる機会があった。ベトナムでは、ハノイ市やホーチミン市などにおける都市観光とともに、最後の王朝であるグエン朝の首都として繁栄したフエ市や世界自然遺産に登録されているハー・ロン湾などの名所を見学した。フエの王宮や帝廟や寺院などの建造物は世界文化遺産に登録されており、その修復事業には日本も文化ＯＤＡを用いて参画していた。また、「海の桂林」と称される景勝地ハー・ロン湾は、大小数千の奇石が海から突き出ており、その風景はまさにハー・ロン（「龍が降りる」の意）の名にふさわしい。そのほか、多彩な民族芸能や民族音楽や水上人形劇や各種料理なども、ベトナムにおける文化観光の重要な資源である。さらに、訪れるチャンスはなかったが、少数民族の生活にふれるエスニック・ツアーも用意されている。

あらためていうまでもないことだが、観光の原点は「人と人との出会い」にあり、本来は人間という要素が観光においてもっとも重要な役割を果たす。しかし、近代観光は、人間という要素をできるかぎり、合理的に希薄化することで発展してきた。二度にわたるベトナム旅行は、私にとって、観光の原点を再認識する旅になった。とりあえず、ベトナムの人々を観ているだけで、実に楽しくもあり、実に悲しくもあり、人生を多様に想像できるとともに、世界のなんたるかを考えるのに最適の機会でもあった。道行く人々の活き活きとした躍動感、市場における売る者と買う者のやり取り、厳しい歳月を生き抜いてきた老婆の表情、物売りのひつこさとあきらめのよさ、アオザイ姿の女性のチャーミングさ、はにかんだような子どもの笑顔、屋台で麺を食べる人の満足そうな顔、自転車修理を器用にこなす人など、ベトナム旅行の最高の魅力は「人間観光」にある。

今後、ベトナムで観光開発が進み、より数多くの外国人観光客が来訪するようになる時、ベトナムの人々も「観光客ズレ」して、人間観光の魅力がきっと損なわれるようになるだろう。ぜひとも人間的魅力を損なうことのない観光開発を案出しなければならない。そういう意味で、ツーリズム・スタディーズにおける重要な研究テーマの一つは、「観光における人間的魅力の創出と演出」であるといえる。

ベトナムの隣国であるラオス人民民主共和国でも、観光振興が重要な国策になっている。私は、九八年にユネスコ主催の文化遺産の保存と活用に関する国際会議が首都ビエンチャンで開かれたさいにラオスを訪れる機会があった。ラオス人民革命党による一党独裁国家であるが、八六年にチンタナカーン・マイ(新思考)政策が打ち出され、経済開放・刷新路線への転換が図られて、市場経済化が推進されている。

政治的にはベトナムとの関係が緊密であるが、経済的にはメコン川をはさんでの隣国であるタイ王国との結びつきが強く、すでにバーツ経済圏に組み込まれているような印象を受けた。タイとはかつて北部山岳地帯の領有権争いで武力衝突したが、九二年に友好協力条約を締結している。首都ビエンチャンは、メコン川沿いにある都市なので、まさにタイと国境を接しており、タイからの観光客がかなり来訪していた。

私は国際会議の視察旅行で、世界文化遺産に登録されている古都ルアン・プラバンを訪れることができた。一三五三年にラオスで最初の統一国家ランサンが建国されたさいにその都として建設されたのが、ルアン・プラバンであった。旧王宮や寺院が現存しており、仏陀の生涯や教えを説いた壁画や黄金のレリーフが仏堂や礼拝堂の扉に残されている。

ラオスには、まだ数多くの外国人観光客が来ていないので、落ち着いた雰囲気が漂っているのが心地よかった。とくに、ラオス国民の約九五%は敬虔《けいけん》な仏教徒なので、ホテルやレストランで従業員が両手を合わせて拝むように挨拶をされると、こちらもそれにつられて合掌をしてしまうほどであった。今後、観光開発が進展して、多数の観光客が訪れるようになる時、落ち着いた雰囲気は消え失せてゆくのであろう。

中南米で唯一の共産主義国であるキューバ共和国もまた、観光立国に力を入れている。一九五九年にカストロに率いられたゲリラ軍がキューバ革命を成功させて以来、共産党による一党独裁政権が続いているが、一九八九年におけるソ連の崩壊後の経済危機によって統制経済の緩和が図られている。九四年には生活苦から米国への不法出国者が急増して、市民と警官隊との大規模衝突が発生している。九六年には米国の民間航空機撃墜事件が起こり、米国は経済制裁を強めた。そのような状況のなかで、キューバは観光立国に力を入れるようになっている。

共産主義革命以前には、キューバ島は「カリブ海の真珠」と呼ばれて、米国人に好まれたリゾート地であった。二十世紀初頭から米国の観光客を魅き付けており、とくに一九五〇年代には豪華ホテル建設ラッシュが生じて、ハバナは「カリブ海のパリ」と称されるほどの賑いであったらしい。『武器よさらば』や『老人と海』などの小説で有名な米国のノーベル賞作家E・ヘミングウェーもキューバをこよなく愛したことで有名だ。ハバナは観光集客都市として繁栄したが、その一方でギャンブルや売春が横行し、ギャングや腐敗役人の暗躍などで米国の裏庭化し、キューバ人の尊厳が踏みにじられたことも革命の大きな要因になったといわれている。

革命後には、観光が悪影響しかもたらさないということで、観光鎖国的政策が実行された。しかし、キューバ危機の発生などによって、米国および周辺諸国が経済封鎖を行い、その影響による経済危機の深刻化に伴って、七〇年代から観光立国が図られるようになり、八〇年代には国軍が観光会社を設立してリゾート建設などを行っている。ソ連崩壊後の九三年には、カストロ国家評議会議長が共産党の会議で「観光産業こそがキューバの経済危機を克服し、キューバ経済の再建を可能にする」と述べるにまで至っている。

事実、九四年には観光産業が砂糖産業を抜いて、外貨獲得源の第一位になっている。現在も、米国による対キューバ経済制裁、原油価格の高騰、砂糖価格の低迷などで経済危機が継続しているが、「過去一〇年間の平均成長率が一五％に達している観光産業が、キューバ産業全体を活性化している」とカストロ議長の有力後継者とみなされるカルロス・ラヘ国家評議会副議長が指摘している。

私はまだキューバを訪れるチャンスがないが、カリブ海地域観光研究の第一人者である立命館大学の江口信清教授は「キューバには観光資源がじつにたくさんある。『社会主義国キューバ』という看板そのものが観光客を引き付ける。残された数少ない社会主義国という『秘境』だからである」と述べている。たしかに、かつて「秘境」とみなされた所の多くが、マスメディアによる情報化とトラベルエージェントによる商品化によって、もはや秘境ではなくなっており、むしろ東西冷戦後は社会主義国の方が秘境化しているという指摘は興味深い。★7

第五節　観光グローバル化のなかで
――ほんとうの交流を深める

軍事政権と観光

「人権」が世界の最重要課題になるなかで、二十一世紀には軍事独裁国家がその人権抑圧と閉鎖性のために、むしろ「現代の秘境」として注目を浴びる可能性が高い。

ミャンマー連邦は、軍事独裁政権の国として悪名が高い。一九六二年にネ・ウィン将軍がクーデターで革命評議会を樹立し、ビルマ式社会主義体制を二十数年間にわたって敷いた後、八八年にラングーンで大規模な反政府運動が起こり、指導者のアウン・サン・スー・チーさんが英国から帰国した。民主化運動が高まり、各地でゼネストが勃発。その結果、国軍がクーデターを決行して、軍事独裁政権を樹立し、スー・チーさんらを自宅軟禁して、政治活動を禁止した。さらに、国名をミャンマー連邦、首都名をヤンゴンに改名した。九〇年の総選挙でスー・チーさんらの国民民主連盟が四八五議席中の三九二議席を確保して圧勝したが、軍事政権側は民政移管を拒否。その後も、軍事政権側と国民民主連盟とのあいだでの政治紛争、少数民族カレン人による反政府運動などで政情不安が続いている。

このような軍事独裁政権の流れを概観すると、ミャンマーはとても観光など可能ではない国のように感じられる。ところが、軍事政権は海外投資の促進と開放的イメージの売り出しをねらって、九六年を「ミャンマー観光年」として大々的に観光振興を図った。その直前には、全日空が関西国際空港からヤンゴンまでの直行便を就航させた。

ミャンマーにはパガン遺跡があり、アンコール遺跡(カンボジア)やボロブドゥール遺跡(インドネシア)とともに、世界の三大仏教遺跡に数えられている。写真で見るかぎり、二〇〇〇以上のパゴダ(仏塔)や寺院が点在する光景は壮観である。ミャンマーは長らく鎖国的な政策をとってきたために、近代化による遺跡の破壊を免れたらしい。しかも、遺跡のある風致地区に居住する住民を強制的に移住させるという強圧的な政策もとられている。さらに、首都ヤンゴンでは、シンガポール、タイ、香港、マレーシア、日本などの外国企業の投資でホテル建設ラッシュが生じている。とはいえ、まだミャンマーを訪れる外国人観光客は二〇万人程度なので、今後の変化が注目されている。

日本では、九六年の「ミャンマー観光年」のさいに、民主化運動を支援するNPOのグループがミャンマー観光反対運動を展開した。ミャンマーに観光に行けば、軍事政権を利するだけであり、軍事政権の延命につながるので、観光年キャンペーンを無視すべきであるという主張であった。たしかに、軍事政権は観光による経済波及効果を期待しており、周辺諸国との交流や外貨の獲得などによって、国民経済の再建や活性化を図りたいとしていた。

米国をはじめとする欧米先進諸国は、ミャンマーの軍事政権に対して、民主化や人権尊重を前提にした民政移管への筋道が明確に示されない限り、安易な妥協や援助はできないということで、九六年以降に経済制裁と孤立化を強化している。それに対して、周辺諸国の対応のあり方は異なっている。東南アジア諸国連盟(ASEAN)は、九七年にミャンマー連邦の加盟を承認し、対立を深めかねない欧米流のやり方ではなく、相手を追い詰めずに対話によって妥協点を探りつつ建設的に関与する方式を採用している。観光開発についても、ASEAN諸国は「交流を深めることでミャンマーの変化を促す」という「建設的関与」路線を堅持しており、ミャンマー観光年を支援した。

NPOによる観光年ボイコット運動は欧米流の対決方式にもとづくものであり、それはそれなりに意義がある。しかし、欧米先進諸国を中心にした経済制裁や孤立化ならびに国際世論だけで軍事独裁政権を軟化させ、民政移管を実行させ得るというのは現実的ではない。軍事独裁政権を変化させることができるのは最終的にはミャンマー国民だけであり、歳月がかかってもミャンマー経済を発展させ、国民生活を安定させることによって、おのずと軍事政権に終止符を打たせねばならない。

いずれにしても、欧米先進諸国流の対決・非妥協主義だけがすべてではないので、ASEAN諸国流の「建設的関与」路線も評価されるべきである。とくに、軍事独裁政権はともすれば外国に対して閉鎖的になりがちなので、ミャンマーが観光年を設けて国を開いてゆく方式は、ASEAN諸国流の「交流を深めることでミャンマーの変化を促す」という路線に合致するものである。そのような視点で、軍事独裁国家における観光振興を冷静に見つめ直すことも必要である。

テロリズムとクーデター

エジプトには、巨大なピラミッドをはじめ、世界遺産に登録された数多くの古代遺跡がある。ナイル河の恵みを受けた豊饒な大地は、強大な力を誇るファラオ(王)を生みだすとともに、巨大な都市や神殿やピラミッドなどを生みだした。すでに、十九世紀の中頃には、ヨーロッパの富裕階級の人々がパッケージツアーでエジプトを訪れ、ピラミッドや神殿などを見物している。[★8] そういう意味では、エジプトでは古くから観光が重要な役割を果たしてきた。

そのエジプトで、一九九七年一一月一七日に、イスラム過激派グループによる外国人観光客をターゲットにした無差別テロ事件が発生した。エジプト南部のルクソールは、かつて栄華を誇った大帝国の首都テーベが建設されたところであり、ギリシアの詩人ホメロスによって「百門の都」と讃えられた大都市であった。百門の都テーベは「生者の都」とよばれ、ナイル河東岸に建設された。その対岸には「死者の都」とよばれるネクロポリス(墓所)が建設され、有名なツタンカーメン王の墳墓などもそこで発見されている。この古代都市テーベとその墓地遺跡の一帯は、一九七九年にユネスコの世界遺産に登録され、世界中から数多くの観光客が訪れる名所となっている。

観光客でにぎわうルクソールの神殿で突然、外国人観光客を標的にした無差別テロ事件が発生した。イスラム過激派の六人の犯行グループは銃を乱射し、一〇人の日本人を含む五八人の外国人観光客を殺害した。観光地で発生したテロとしては最大規模の被害が生じた。エジプトでは九七年九月にも、カイロの考古学博物館前でテロリストが観光バス二台に向かって銃を乱射し、ドイツ人などの外国人観光客一〇人が射殺される事件が起こっている。

犯行グループは、一九八一年にカイロで発生したサダト大統領暗殺事件に関与した過激派組織に属しており、ムバラク大統領政権の打倒を目指していた。かつてはエジプト各地で武装蜂起を試みてきたが、ムバラク政権になってから過激派の取り締まりが厳しくなり、外国人観光客を襲撃する戦術に転換したといわれている。エジプトでは当時、観光による収入は三〇億ドル(約三八〇〇億円)に達しており、国家財政に大きく貢献していた。犯行グループは外国人観光客に対して無差別テロを強行することによって、観光産業に大きな打撃を与え、ムバラク政権を財政面で揺さぶろうとした。日本では観光産業は正当に評価されておらず、産業界の中でも低い位置づけにとどまっているが、エジプトでは観光産業は貴重な外貨をもたらす基幹産業の一つとみなされている。そのために、外国人観光客がテロの対象になったといえる。

さらに、イスラム教徒は偶像崇拝を否定している点も重要である。外国人観光客が好んで訪れる古代遺跡や博物館はイスラム教徒が嫌悪する「偶像崇拝の場」になっており、偶像崇拝を行う外国人観光客を襲撃しても、イスラム教徒国民の反発が生じないだろうという計算も働いている。たしかに、観光という行為はさまざまな偶像や宝物や絶景を愛でる営みであるので、今後とも観光客偶像崇拝を嫌悪するイスラム過激派のテロの対象になる可能性が高い。

いずれにしても、東西冷戦終結以降における観光のグローバル化の進展に伴って、エジプトだけに限らず、世界の各地で外国人観光客を人質にする事件や観光テロリズムが頻発するようになっている。抑圧された少数派や原理主義的な過激派などが外国人観光客をターゲットにして自分たちの主義主張を全世界にメッセージとして発信し始めている。観光は多くの国々で大きな経済力を持つ重要な領域になっているだけでなく、「観る者」と「観られる者」の間における力関係に象徴される政治的かつ文化的な面でも影響力を発揮し始めている。

クーデターによる政情不安もまた、観光に与える影響が大きい。南太平洋のフィジー共和国は、一九七〇年に独立した若い国である。私はこれまでに三度ほどフィジーを訪れているが、一九七四年に最初にフィジーを訪れたさいには、空港でも首都のスバでもインド人ばかりが目につくので、間違えてインドに来てしまったのかと錯覚したほどであった。

フィジー諸島に人類が住み着き始めたのは、約八〇〇〇年前といわれている。その後、一六四三年にオランダのA・タスマンに率いられた探険航海の一行が西洋人として初めてフィジーを訪れ、さらに英国のキャプテン・クックや「バウンティ号の反乱」で有名なキャプテン・ブライなど、西洋列強の探険隊が訪れている。一八七四年に英国の植民地となり、サトウキビのプランテーションが始められた。当初はフィジーの島人がプランテーションの労働者になったが、島人はそのような雇用労働に適していなかったので、一八七九年には早くもインドからの出稼ぎ労働者が送り込まれるようになった。その後、約四〇年間のうちに六万三〇〇〇人もの出稼ぎ労働者が入植し、やがてフィジーに住み着くようになり、現在ではインド系国民の数が人口の約半数を占めるようになっている。

フィジー国は建国以来、政治はフィジー系国民が牛耳り、経済はインド系国民が担うという役割分担で順調に発展してきた。ところが、インド系国民の人口が過半数を超えるようになり、一九八七年の総選挙ではインド系国民が支持する政党が勝利し、インド系のババンドラ内閣が誕生した。経済の分野のみならず、政治の分野までインド系国民に支配されることに危惧を抱いた軍部によるクーデターがインド系内閣発足直後に発生した。軍部はフィジー系が支配しており、フィジー系国民の権利保護を目的にして、ランブカ中佐がクーデターを引き起こしたのである。軍部は軍政を敷き、立憲君主制から共和制への移行を宣言し、英連邦を離脱した。

さらに、フィジー国の初代首相であったタトゥ・サー・カミセセ・マラを首相に任命して民政移管を行い、フィジー系国民に有利な内容の新憲法を公布させるという、フィジー系国民によるフィジー系国民のための横暴な政治を展開した。

クーデター以前のフィジーでは、すでに一九八二年に観光が外貨収入の第一位になっており、それまでトップの座にあった砂糖を凌駕した。フィジーの基幹産業の一つとして発展していた観光産業はクーデターの影響をもろに受けることになった。★9 軍部によるクーデターは世界各国から批判を浴びるとともに、政情不安の影響によって旅行キャンセルが相次いだことによって、外国人観光客数が激減した。クーデター後の外国人ビジター数は、前年度と比べると、二六%も減少している。当時、成田空港からフィジーのナンディ空港に乗り入れていた日本航空はクーデター後にフライトを廃絶している。

一九九〇年代に入ると、観光客数が増加し始め、観光産業が国内総生産の約三割を占めるまで回復した。ところが、二〇〇〇年五月に、首都で武装グループによる議会占拠事件が発生した。二〇〇〇年の総選挙の結果、インド系政治家として初めてチョードリー氏が首相に就任したが、フィジー系国民によるインド系内閣に対する反対デモが繰り返されていた。そのような内閣転覆運動に便乗して、フィジー系実業家のジョージ・スペイトが率いる武装グループは国会を占拠するという暴挙に打ってでたことによって、約二ヵ月間にわたって無政府状態が続いた。最終的に武装グループは逮捕され、反逆罪で起訴された。この事件によって、フィジーを訪れる日本人観光客数は前年度の三万三八〇〇人から一万六六〇〇人へと半減した。

フィジーに限らず、クーデターに象徴される政情不安が生じる国々では、そのたびごとに観光産業が大きな影響を受けている。平和産業としての観光産業は政情不安の影響を受け易い脆弱な一面を有しているが、一方でその回復力の速さも評価されるべきであり、ツーリズム・スタディーズは観光が有する多面性を多角的に研究していかなければならない。

第六節　島人《しまんちゅ》の心を守る

――「自律的観光」の創出をめざして

沖縄と観光

一九九七年に沖縄本島を訪れたさいに、嘉手納基地の内部を見学する機会があった。もちろん、嘉手納基地は米軍が管理しているので、事前に入域許可を得る必要がある。幸い、その時は沖縄県の招きであったので、県庁の方で米軍に対して事前に申請をしてくれており、許可を得てくれていた。その許可証を持参して、沖縄県庁と嘉手納町役場の担当者の案内で基地のゲートに行くと、すぐには基地内に入れてくれない。さまざまな確認が必要とのことで、約三〇分間ほどゲート前で待たされた。

そのさいに、実に不思議な光景を目撃できた。それは、基地のゲートから米軍関係者の車がつぎつぎと出てくることであった。基地は米軍の管理下に置かれているが、ゲートを出ればそこは日本領土である。われわれ基地訪問の一行は事前に入域許可申請をして許可証を取得し、しかも沖縄県職員や嘉手納町職員の同行があるにもかかわらず、確認のために待機させられている一方で、米軍関係者はなにのチェックを受けることなく、私服で堂々と日本領土に侵入してくる。

まさに、これが日米安保体制の一つの現実である。日米がイコール・パートナーであるならば、少なくとも日本人の基地入域がチェックされるのと同様に、米軍関係者の日本領土への入国がチェックされるべきである。それが不可能なところに、日本の米国に対する従属的関係が如実に示されているといえる。

いずれにしても、米軍によって属国の国民のような扱いを受けたことに憤慨しながら、基地に入ってみると、そこはまさに米国そのものであった。まず最初に驚いたのは、那覇空港の貧弱さとは比べものにならない、嘉手納基地の雄大さである。さすがに、アジア全域に睨みをきかす戦略空軍基地だけのことはある。もしも嘉手納基地が沖縄に返還されるならば、沖縄はアジアにおける航空路のハブとしての位置づけを獲得できるので、未来への展望が大きく開けるはずである。

嘉手納基地は空軍基地だけではなく、軍人や軍属やその家族が居住する都市でもある。ゆったりとした居住区、ショッピングセンター、病院、学校、映画館などがあるだけでなく、巨大なホテルも存在する。アジア各地に駐留している米国軍人は転属や休暇のさいにしばしば嘉手納基地に飛来し、基地内のホテルを利用して観光旅行を楽しんでいる。そのために、基地内にはトラベルエージェントのオフィスも置かれている。★10

嘉手納基地に象徴されるように、沖縄を語る時に米軍基地の存在を抜きにはできない。日本の国土の〇・六

%しかない沖縄に、国内の米軍軍用施設の約七五%が集中している。そのような厳しい現実のなかで、現在の沖縄が存在する。

前置きはさておき、沖縄の経済は「3K」で成り立っている。つまり、「基地収入」、「公共事業」、「観光収入」である。これら「3K」が同じような比率で沖縄経済を支えている。たとえば、一九九九年度に日本政府が地主に支払った軍用地料は六八二億円、基地従業員数は八四〇〇人、そのほかに市町村には多額の基地交付税が支給されている。多くの沖縄県民は基地返還を望んでいるが、現実には基地関連収入なしに生活が成り立ちがたいのも事実である。同様に、公共事業についても、日本政府は沖縄県に米軍軍用施設の約七五%を押しつけている自責の念から、さまざまな形で公共投資を行ってきた。本土に復帰した一九七二年から九九年までの二八年間に、総計で六兆三二四億円もの巨額の公共事業費が投入されている。年度平均では約二一五四億円が、人口約一三〇万人の県に投入されてきたのである。さらに、沖縄観光の発展も重要である。本土復帰の七二年に四四万人であった観光客数は、九九年には四五五万人に達している。二八年間で一〇倍強も増加しており、今後もアジアからの観光客の増加が見込めるので、観光産業はより重要になる。

沖縄の不幸の一つは日本の他の地域のどこよりも自立意識を強く持っているにもかかわらず、現在の沖縄の生活を支える「3K」のすべてが外的要因に規定される「他律的経済」にもとづいていることである。このような「他律的経済」がうみだした現実は、一人当たり県民所得が二一〇万円で全国最下位、完全失業率が七・三%で全国最高率、大学・短大進学率が二七・六%で全国最下位、財政依存度が三二・七%で全国最高率などに象徴されている。沖縄の未来は、現在の「他律的経済」をより有効な方式で「自律的経済」に切り替えられるかどうかにかかっている。

米軍基地は、沖縄の人々にとって自己決定権と自治の埒外にある。けれども、二〇年ぐらいのスパンのなかで、当然のことながら、段階的に縮小してゆくべきである。公共事業は、今後とも必要であるが、従来型の全国画一的で、なおかつ自然破壊的な公共事業ではなく、沖縄の地域特性や環境特性に配慮した自律的な公共事業に改めるべきである。たとえば、沖縄の歴史的風土を復元するための事業、伝統文化の復興に寄与する事業、新しい文化の創造に貢献する事業、アジアの人々との交流を促進する事業など、沖縄の人々の自律性にもとづく公共事業が企画され、実現されるべきである。

さらに、観光についても、外部の企業や資本による「外発的観光開発」はともすれば無国籍型のリゾートをうみだしがちなので、沖縄の人々が自らの知恵と意思にもとづいて沖縄の風土に根ざした自然や文化を活用する「内発的観光開発」を重視する必要がある。そのためには、沖縄の人々による企業創業やプロジェクト遂行に対して公的資金による補助を大胆に行うべきである。そのような内発的観光開発は、将来的に「自律的観光」の創出につながるので、沖縄の観光産業の自律化に貢献するはずだ。沖縄経済の「自立化」は容易ではないが、「自律化」はかならずしも不可能ではないはずである。★11

すでに、沖縄本島では「かりゆしグループ」などの地元資本による観光開発が進展するとともに、戦跡観光を中心としたヘリテージ・ツーリズムの展開が図られているし、西表島などではエコツーリズム、座間味島ではホエールウォッチングなどが推進されている。このような沖縄の人々が主導する内発的観光開発の積み重ねは、やがて沖縄観光に大きな変化を与えるはずである。★12

沖縄の八重山群島の竹富島では、すでに内発的観光開発がかなりの実績を上げている。竹富島は、人口が三〇〇人ほどで、石垣島から船で約一〇分のところに位置する小さな隆起サンゴ礁の島である。この島は、一九五〇年代に「民芸の島」や「芸能の島」として日本全国に紹介された。当時はまだ沖縄が米国の統治下にあり、パスポートを用意しなければ入域が認められない時代であったので、ごく限られた本土の人たちだけが訪れていた。一九七二年に本土復帰が実現したが、過疎の進行に加えて、大きな台風が相次いで来襲し、大旱魃《だいかんばつ》まで生じるなかで、島の土地が本土の大資本に買い占められていった。そういう状況のなかで、早くも「竹富島を生かす会」が結成され、外部資本による土地買い占め阻止運動が展開された。すでに島の約二割位の土地が外部資本によって買い占められていたが、阻止運動が功を奏して具体的な進出計画は頓挫した。

ところが、一〇年のちに外部資本によるレジャー施設建設が具体化したことによって、ふたたび「島を守る」という運動に火がついた。八二年に全国町並み保存連盟に加入し、町並み保存の先進地から多くを学ぶなかで、町並み保存による地域活性化が考えられるようになった。

一九八六年に開催された竹富島公民館の総会において、住民主導による「竹富島憲章」が制定された。この憲章は、美しい自然環境と祖先から受け継いだ伝統文化の保全優先を基本理念にしており、具体的にはつぎの五つの原則から成り立っている。

①島の土地や家を島外者に「売らない」
②島全体を「汚さない」
③島の風紀を「乱さない」
④由緒ある家や集落景観や美しい自然を「壊さない」
⑤伝統的祭事行事を島民の精神的支柱として民俗芸能や地場産業を「生かす」

という五つの原則である。「竹富島憲章」の制定と同時に、「竹富島歴史的景観形成地区保存条例」も合わせて制定された。それらの住民主導による町並み保存運動の成果を踏まえて、八七年に文化庁によって「重要伝統的建造物保存地区」に選定された。

このほか、竹富島は七二年に島全体が「国立公園（西表国立公園）」の指定を受けるとともに、七七年には種子取り祭が「重要無形民俗文化財」に指定され、八九年には島の特産品であるミンサー織りが通産省の「伝統的産業品」に指定されている。このように、竹富島では住民主導による「島を守る」運動によって、町並み保存と伝統文化保存が相当の成果をあげており、それによって観光を中心とした地域活性化がかなりの程度に成功をおさめている。

竹富島には「かしくさやうつぐみどうまさる」という格言がある。それは、漢字では「賢勝打組」があてられるが、「打ちそろって腕を組む(一致協力する)ことほど、賢いことはない」という島人の「心」の端的な表現でもある。町並み保存や伝統文化保存と観光開発との調和をいかに図るか、については数多くの難問があるが、島の自然と文化を誇りに思う人々がいるかぎり、島の未来は明るいと感じさせられる。

第七節　平和学としてのツーリズム・スタディーズ

——観光安全保障論を

安全保障としての国際観光

二〇〇一年九月一一日の同時多発テロ以降、もはや「国際観光は平和へのパスポート」というスローガンが色あせている。いかに国際観光が隆盛化しても、結局のところ、観光は平和を生み出さないと論じる研究者も多くいる。事実、世界の各地で戦争や民族紛争が起こるたびに、国際観光は手も足も出なくなるのが実情である。かつて、湾岸戦争が勃発した時には世界的に観光が下火になったし、今でも紛争地域では観光が不可能だし、九月一一日ショックで外国旅行のキャンセルが相次いでいる。

一九九四年一一月に大阪で開催された世界観光大臣会議では、東西冷戦終結に伴う軍縮の時代において、国家が観光への支援を増やし、「平和の配当」の一部を国際観光の振興に役立てることの必要性が論議された。国際観光は平和の実現や平和の維持に大きく貢献できるものであり、さまざまなテロが人々を恐怖に陥れる現代世界では「安全保障としての国際観光」という視点がとくに重要になる。従来の古典的な安全保障は軍事的な意味に限定されており、「国防」と「抑止」という機能を重視してきた。また、従来の安全保障論は「国家の安全保障」に限定されがちであり、「人間の安全保障」が軽んじられてきた。近年、経済的安全保障や文化的安全保障が重視されるとともに、「人間の安全保障」が注目されるようになっている。

国際連合の安全保障理事会を牛耳るP5(拒否権をもつ常任理事国)諸国である米国、中国、ロシア、英国、フランスの五ヵ国は、世界の安全保障政策の実現において重要な役割を果たしている。しかし、その一方でP5諸国は世界の武器輸出の八割以上を独占しており、国連の表舞台で平和を論議しながら、その裏では死の商人となって武器輸出を行い、世界各地における戦争や紛争の元凶となっている。世界に誇るべき平和憲法をもつ日本は、率先垂範して軍縮を提唱するとともに、武器輸出を永久に禁止するように提言すべきである。

現在、年間に七億人を超える人々がより自由に、より広範囲に世界中を旅行している。WTO(世界観光機関)の予測では、二〇一〇年における全世界の外国旅行者数は約一〇億人になり、二〇二〇年には一五億人を超えるといわれている。それほど数多くの人々が全世界を旅行することによって、相互理解の幅がより広まるので、国際観光は「平和へのパスポート(手段・保障)」になりうる可能性が高い。もちろん、「観る者」と「観られる者」の間における力関係や観光テロリズムに象徴されるように、国際観光が紛争や緊張の要因にもなり得るので、「文化的安全保障としての国際観光」を可能ならしめる諸条件についての本格的な研究を推進しなければならない。そういう意味で、「平和学としてのツーリズム・スタディーズ」という側面が重視される必要がある。

平和憲法をもつ日本は、文化的安全保障や人間の安全保障という視点で、国際観光の振興に全力を投入すべきである。そのためには、日本における防衛政策の抜本的見直しが必要であり、防衛予算を大幅に削減して、観光予算を増やすべきだ。例えば、二六〇〇億円もする電子機器満載のイージス護衛艦を何隻も建造したり、五七〇億円もする空中警戒管制機を何機も購入する代わりに、六〇億円程度しかない政府の観光予算を一挙に一〇〇倍にして、観光による地域活性化を促進し、国際観光の振興を図る方が、はるかに二十一世紀の安全保障のあり方に合致している。

それとともに、観光分野のODA(政府開発援助)も重要である。日本政府はこれまでに世界のなかで最も巨額の予算をODAのために投入してきた。近年、国家財政が破綻するなかでODA予算が減額されており、今後はODAの量の拡大よりも、質の向上が優先されるべきである。数多くの開発途上国で現在、観光立国を国是にした観光開発や観光振興が推進されているが、その一方で自然環境の保全、動植物の保護、文化遺産の保存、先住民族や少数民族の自立、新しい民族文化の創出などが重要課題になっている。さまざまな地域資源を維持可能な形で活用することが重要であり、より適正な観光開発の推進が求められている。

観光ODAの目的は、開発途上国における維持可能な形での観光開発を支援することである。そのような観光分野における国際協力は、日本の政府開発援助の四原則(環境と開発の両立、平和利用、資源の自国優先利用、民主と人権の重視）に完全に合致している。そのため、観光分野での国際協力を積極的に展開することは、日本独自の平和的世界貢献になり得る。

観光ODAの推進に当たっては、専門的な人材が必要であり、日本において「国際観光研究センター（仮称）」のような国際拠点を創設する必要がある。たとえば、貴重な文化財の保存・修復についてはすでに数多くの専門家が活躍しており、専門的な機関が設立されている。一九五九年にユネスコによって「文化財保存修復研究国際センター（ICCROM）」がローマに設立されており、日本でも九五年に東京国立文化財研究所によって「国際文化財保存修復協力センター」が設立されている。「国際観光研究センター（仮称）」のような国際研究拠点を日本に創設して、維持可能な形での観光開発のあり方や観光ODAのあり方などについて調査・研究を進めるとともに、地域社会へのノウハウの提供や人材育成を推進しなければならない。合わせて、文化的安全保障としての国際観光についても研究を積み重ねて、観光が世界平和の創出に貢献できる方策を具体的に提示していくことが求められている。

［注］

★1…白幡洋三郎は、太平洋戦争前における「大東亜旅行圏」について『旅行ノススメ』（中公新書、一九九六）で詳しく論じている。日本人の満洲観光については、高媛「『大東亜旅行圏』から『郷愁を誘う』旅へ：日本人の『満洲』観光」『旅の文化研究所研究報告』第七号（一九九八）を参照。

★2…二十世紀初頭の米国における自家用自動車の登録台数については、J. Jakle, *The Tourist: Travel in Twentieth-Century North America.* (University of Nebraska Press, 1985)を参照。

★3…海南島における観光の実態については、神崎宣武・石森秀三・高田公理による『共同討議(二)「海南島」』旅の文化研究所『研究報告』第二号(一九九五)を参照。また、旅の文化研究所の機関誌『まほら』第七号(一九九五)で「海南島」が特集されている。

★4…海南島の観光ガイドブックについては、彭飛『南海のダイヤモンド　海南島をゆく』(PHP研究所、一九九六)を参照。

★5…中国国内における観光開発については、『旅の文化研究所研究報告』に掲載されている次のような論文を参照。韓敏「中国の観光開発における伝統的文化と毛沢東の観光化」第四号(一九九六)、龍世祥「環日本海地域における国際観光の振興」第四号(一九九六)、慎麗華「張家界の観光開発と社会効果」第八号(一九九九)、橋爪紳也「中国における雑技芸術と観光開発に関する研究」第九号(二〇〇〇)など。

★6…ムンド・マヤ計画の詳細については、千代勇一「ムンド・マヤ計画とヘリテージ・ツーリズム」石森秀三・西山徳明編『ヘリテージ・ツーリズムの総合的研究』(国立民族学博物館調査報告第二一号、二〇〇一)を参照。

★7…キューバ観光の諸相については、江口信清が『観光と権力：カリブ海地域社会の観光現象』(多賀出版、一九九八)で詳しく論じている。

★8…十九世紀中頃のエジプト観光については、P. Brendon, *Thomas Cook: 150 Years of Popular Tourism* (Seeker & Warburg, 1991)を参照。

★9…フィジー観光の実態およびクーデターの影響については、橋本和也が『観光人類学の戦略：文化の売り方・売られ方』(世界思想社、一九九九)で詳しく論じている。

★10…在日米軍の観光については、田中雅一「在日米軍の観光活動：その生活世界と日本観」『旅の文化研究所研究報告』第八号(一九九九)を参照。

★11…沖縄経済が抱える諸問題については、松島泰勝が『沖縄島嶼経済史：一二世紀から現在まで』(藤原書店、二〇〇二)で詳細に論じている。

★12…竹富島における観光の実態については、吉兼秀夫「竹富島における自律的観光」『旅の文化研究所研究報告』第八号(一九九九)を参照。

第六章

環境と観光

高田公理

第一節　環境——そのさまざまな相貌

「ことなった環境に身をおきたい」

一九八三年の夏、はじめてインドネシアをおとずれたさいの記録に、こんな文章がある。

……足下に、大都市の市街がひろがっているはずだ。現地時間で午後一〇時、たしかに飛行機は着陸体勢にはいった。しかし、窓の外は漆黒の闇である。やがて目がなれる。と、ちいさなあかりが、ぽつぽつ、みえてくる。とおくの裸電球をみたときの赤みがかった光だ。

それにしても灯の数がすくない。ジャカルタはインドネシアの首都である。日本人の常識では、光の海がひろがっていても不思議はない。たしかに、ちいさな灯のちらばっている範囲はひろい。しかし、ひとつずつかぞえられそうなほど、まばらである。

ぐっと高度がさがった。風にそよぐ熱帯の街路樹がみえる。たくさんの自動車がはしっている。しかし、それにしても、くらい。

「夜はくらいものなのだ」

そんな、あたりまえの感慨があった。

タラップからじかに大地におりる。風はあるが、じっとり湿気をふくんでいる。とたんに体じゅうから汗がふきでた。むせるような植物のにおいがただよっている。空港ビルの雑踏にまじると、おびただしい数の群衆の発する汗のにおいが鼻をつく。ぼくは、赤道直下にやってきているのだ。

表現はへたくそだが、気分のたかぶりはつたわるのではないか。むりもない。欧米をのぞくと、四〇歳まぢかになっておとずれた、はじめての熱帯アジアだったのだから……。

それが、やみつきになった。

「どこでもいい。ふだんくらしている日本の近畿地方とは、まるでちがう気候風土の場所へいきたい。ことなった環境に身をおきたい」

あらためていうまでもなく、人が旅行や観光にでかける最大の理由のひとつは、たぶん、ここにある。それ以来、機会さえあれば、どこにでも旅行にでかけるようになった。

環境とその「いれこ構造」

ひとくちに「環境」といっても、そこには、さまざまな要素があり、レベルがある。気候風土もさることながら、場所ごとに人びとのくらしかたがちがう。その影響をうけて、ことなった風景が展開する。あたりにただよう空気のにおいにも、微妙な相違がうまれる。

はやい話が、おなじ熱帯アジアでも、インドネシアのジャカルタをあるくと、あちこちで料理やタバコにつかうクローブのにおいがする。いろんなスパイスを生産し、生活にいかす人びとのくらしが、そこには、ある。それが、台湾の台北にいくとクコ、フィリピンのマニラにいくと、ほした魚のにおいにかわる。むろん街なみにもバリエーションがある。沖縄から中国南部、台湾から海南島、さらに東南アジアの、華人のおおい都市では、二階を歩道にはりだした商店建築が軒をならべている。雨はよくふるのに、フィリピンやインドネシアでは、あまり目にすることがない。

それに、時間がたつと、それらが変化する。たとえば東マレーシア、サラワク州都のクチンである。ここには一九九五年と、その一〇年まえに二度おとずれた。最初のときには、街のあちこちに「サティ」という鶏肉の串やき、氷水や果物など、いろんな屋台がでていた。当然あたりには、そのにおいが無秩序にただよいながれる。それが二度目には、簡便な屋根のある場所にかこいこまれていた。シンガポールのフーカーズ・センター★1

とおなじである。その結果、街のたたずまいは、以前より、ずっとととのった感じになった。

一九七〇年代におとずれた人の話によると、都心をながれるサラワク川の景観にも、おおきな変化がおこったらしい。むろん川水は、昔も今も茶色ににごっている。ヤシをはじめ、川岸にはえている樹木の種類にも変化はない。しかし、四半世紀むかしの川は、完全に生活運河であった。大型の貨物船が、都心にまでさかのぼってきていた。川岸は、それらの船つき場で、雑然としていた。ところが、その後、クチンの北に港が整備された。そのため一九九五年には、都心にまでさかのぼる船が、こぎれいなモーターボートだけになった。けっこう絵になる風景である。川岸には、タイルばりのプロムナードがしつらえられていた。その随所に、緑の植栽がほどこされている。夜になると、あたりをあかるくてらす街灯のまわりで、たくさんの市民や観光客が、夕ぐれの散歩をたのしんでいた。これらは、第二章でふれたマレーシア政府の「ルックイースト政策」から「ビジョン二〇二〇」にいたる「近代化」のこころみと観光客誘致政策によってもたらされた変化なのであろう。

いまひとつ、海南島を例にとれば、一九九〇年代の変化には、目をみはるものがある。たしかに、はじめておとずれた一九九三年にも、夜の女性たちがホテルのまわりにたむろし、おりにふれて客ひきをしていた。しかし、ホテルに足をふみいれることは厳禁されていた。ところが、その二年後には、ホテルのロビーだけでなく、客室のならぶ廊下を、どぎつい化粧をした彼女たちが、隊列をくんで闊歩するようになった。わずか二年のあいだに「ホテルの環境」は、劇的にさまがわりしたのである。

このように、さまざまな場所の「環境」は、まず気候の影響をうける。そこに独特の「自然」環境がうまれる。同時に、ある場所の環境は、そこでつちかわれた生活様式、すなわち「文化」と不可分の関係にある。のみならず、時代とともにうつりかわる政治や行政、産業や経済など「社会」のありかたによっても、ときに微妙に、ときに劇的に変化する。その姿は、道路や建築などの「物質」そのもののくみあわせやなりたち、そのデザイン、あるいは人びとのあいだでかわされる話題、テレビをはじめとするメディア、すなわち「情報」のありようによって現実のものとなる。つまり、ある場所の環境は、これら「自然」「文化・社会」「物質」「情報」といった複数の要因によって形づくられる。それらの関係を図示すれば、上記のような四象限グラフに整理することができる。

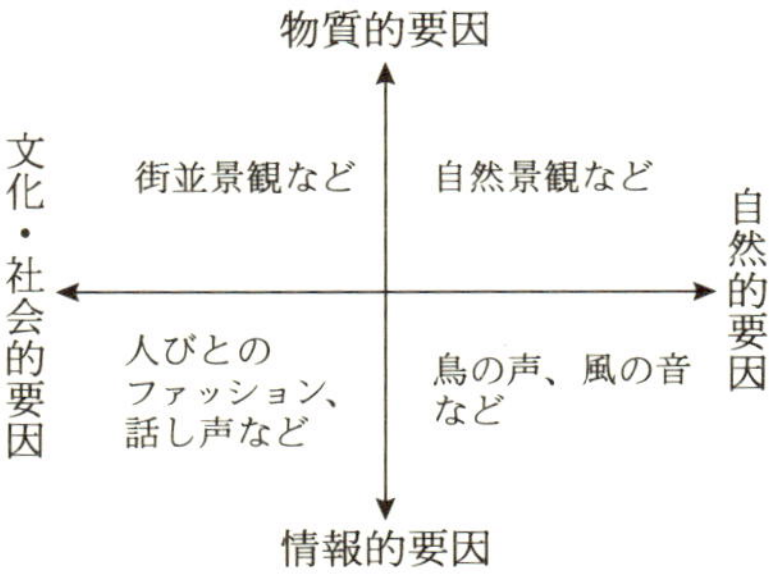

当然そこをおとずれる観光者は、その場所の環境とであい、なにがしかのやりとりをする。そして「観光」という行為をたのしみ、ときには「がっかりして」帰宅の途につく。のみならず、観光者を誘致しようとする人びとの意志が、しばしば、その場所の環境を変化させる。そこをおとずれた観光者が、その場所の環境に影響をおよぼす場合もある。この章では　ぼく自身のいくつかの観光体験をふりかえりながら、おりにふれて環境と観光との関係についてかんがえてみる。

第二節　「でかけたい場所」の環境条件

ユートピアとパラダイス

前節では、「ことなった環境に身をおきたい」という点に、旅行や観光の動機をもとめた。そこでおもいだすのは一九九一年、国立民族学博物館で開催されたシンポジウム「観光の比較文明学」において、白幡洋三郎氏（国際日本文化研究センター）が「あえて単純化をおそれずに」のべた「観光」の定義である。いわく、

「観光とは、移動をともなう好奇心の充足である」

それは「ことなった環境に身をおきたい」という気もちと裏腹をなしている。そこで人は、パリへロンドンへ、サイパンやハワイへ……、それらをひととおり体験すると、やがてアフリカのサバンナやヒマラヤの高峰など、よりめずらしい体験のできそうな場所をもとめて、でかけていく。むろん、ひとつの場所に心をうばわれ、そこに好奇心のあたらしい対象をさがす場合もある。しかし、いずれにしても、なにがしかの好奇心が、そこに

は作用している。

そんな事情を誇大にとらえて漫画化した筒井康隆の小説に「ベトナム観光公社」（一九六七年）というSFがあった。宇宙旅行がふつうになった未来のある時代に「めずらしい体験がしたい」主人公を、当時なおも継続中であったベトナム戦争の見物にでかけさせ、やがてそれにまきこまれるまでをえがいている。それは、一九六四（昭和三九）年に海外旅行が自由化された時代に、誰もがブームにのって海外旅行にでかけたがる世相を軽薄とみた作者が、いよいよ泥沼化するベトナム戦争の馬鹿ばかしさにかさねあわせて、それらのいずれをも揶揄《やゆ》しようとしたドタバタSFであった。

そこでおもいだすべきは、じつは「戦争と観光」が、片方がさかんになると、片方がおとろえる一種のトレード・オフ関係にあるという点である。ジャーナリストや報道写真家など、一部の例外をのぞいて、たいていは危険な観光旅行にはでかけたがらない。いかにめずらしい体験ができそうでも、安全の保障が観光の前提である。げんに一九九〇年、イラクのクウェート侵攻ではじまった湾岸戦争のとき、世界中の航空機はガラガラになった。これと同様のことは、二〇〇一年九月一一日のニューヨークにおける、いわゆる「同時多発テロ」と、その後に勃発した「イラク戦争」などにもあてはまる。

むろん、安全だけではない。人は「ことなった環境」にくわえ、観光にでかけたい場所に、じつにさまざまな条件をもとめる。めずらしくて、おもしろい体験ができる。食事がうまい。物価がやすい。街なみがうつくしい。気候が快適である。宿泊施設がととのっている。……そのバラエティには枚挙のいとまがない。そのうえ、これらの条件への重点のおきかたが、人それぞれのこのみに左右される。野生動物にであえるのなら、宿泊施設の質のわるさは、がまんしよう。砂漠にしずむ夕陽がながめられるのなら、食事のまずさにはこだわらない。多少は治安がわるくても、雑然とした市場の雑踏にまぎれたい。ショッピングの刺激をたのしむためには、金に糸目をつけない。……人をひきつける観光地の条件が、容易にひとくくりにできないことがわかる。

しかし、そうはいっても、現代日本人のおおくがいきたがる観光地には、一定の共通性がある。「日本人海外旅行者の旅行先」(総理府編、二〇〇四『平成一六年版 観光白書』大蔵省印刷局)でみると、もっとも多いのがアジア諸地域で旅行者概数が約一二〇〇万人、以下、アメリカ・カナダが約六四〇万人、ヨーロッパ諸国が約四四〇万人、オーストラリア・ニュージーランドが約一三〇万人となる。「手がるにいけるアジア諸地域」と「あこがれの欧米世界」が、ぼくら現代日本人のおおくがいきたいとかんがえがちな観光旅行先であることがうかがえる。

つぎに、旅行社の店頭にならぶパンフレット類をながめてみる。それらがとりあげる場所は世界じゅうにひろがっている。しかし、ちょっと中味をしらべてみると、特徴のあるふたつの典型がとりだせる。ひとつは「あこがれのヨーロッパ」であり、もうひとつは「あおい海、しろい砂浜の南の島」である。

その背景には、明治いらい今日にいたるまで、日本人が国づくりと、みずからのくらしの模範として、ヨーロッパやアメリカをイメージしてきたという事情がある。そこには、日本にないロマンチックな歴史とすばらしい価値があり、理想的な都市でのくらしが体験できる。じっさい、ドイツのロマンチック街道には、ディズニーランドの「シンデレラ城のモデル」となったノイシュバインシュタイン城がある。ロンドンやパリをあるけば、おちついた石畳の街なみがあって、高級なブランド・ショッピングがたのしめる。ローマのスペイン広場のかたわらには、オードリー・ヘップバーン主演の映画「ローマの休日」の舞台となったジェラートの店があって、映画の世界が追体験できる。むろんパリのルーブルやオルセー、フィレンツェのウフィッツィなどの美術館では、歴史にのこる名画の実物にであえる。それらはいずれも「ここ、日本にはないすばらしい世界」、いいかえれば一種の「ユートピア」[★2]の構成要素にほかならない。

いっぽう「あおい海、しろい砂浜の南の島」には、いそがしい現代日本の都市生活のストレスをいやしてくれる、ゆたかな自然と開放的な気分がみちている。「珊瑚礁の海」「純白の砂浜」「すみきった紺碧の空」「色どりゆたかなトロピカル・フルーツ」——人びとがあこがれる南の島は、赤道をはさんで南北二〇度前後の緯度の範囲に位置している。それは、あらゆる現実生活の制約から開放されて、いきいきと大胆に、おおらかな生を満喫できる、もうひとつの「ここ、日本にはないすばらしい世界」にほかならない。

ただし、ヨーロッパやアメリカが、ながい人間の歴史がうみだした、いわば文明のたまものであるとすれば、「あおい海、しろい砂浜の南の島」は、いまだ文明にけがされていない「楽園＝パラダイス」である。太平洋でもアジア諸地域でも、人びとをさそう旅行パンフレットには、おびただしい数の「楽園」と「パラダイス」[★3]の二語が氾濫している。つまり、現代日本人が「でかけたい」とかんがえる観光地や旅行先の典型のひとつは、ヨーロッパとアメリカに存在するはずの「ユートピア」であり、いまひとつは、南海の孤島に存在するはずの「パラダイス」だということになる。

「他界」と「楽園」のイメージ

「ユートピア」と「パラダイス」のうち、ここでは、主として後者をとりあげる。その理由は、ぼくらが旅の文化研究所の調査プロジェクトの中心においたのが、東アジア地域だったからである。くわえて「島」という生活空間は、海岸線によってかこいこまれた小地域である。だから、ヨーロッパやアメリカなどの大陸より、その全体像が比較的とらえやすい。たしかに、それは現代文明がうずまく多数の大都市を擁した大陸からみると「僻遠の地」にある。という意味においては、現代世界のダイナミックなうごきと無関係であるようにみえる。しかし、ぎゃくにそうであるがゆえに、時代のあたらしい息吹きが、そこに芽ばえる場合がすくなくない。しかも、そうした変化の影響によっておこる環境の変化が、きわめて目にみえやすいかたちで観察できる。

たとえば世界的に有名な「南海の楽園」のひとつにハワイ諸島がある。その自然は複雑きわまりない。アジア大陸から六〇〇〇キロ、アメリカ大陸からでも四〇〇〇キロ、隔絶されているハワイ諸島は、主要八島に一二四の小島をくわえても、その総面積は日本の四国の六割程度の孤島群にすぎない。しかし、富士山よりたかい四〇〇〇メートル級のマウナケアやマウナロアなどの火山がある。カウアイ島には、年間一万二〇〇〇ミリという世界最大の降雨量をほこる山地もある。そうかとおもうとラナイ島の南西海岸では、雨量が年間わずか二五〇ミリにすぎない。そのため、きわめて多様な自然環境のモザイクができる。げんにモロカイ島では、東半分は密林なのに、西半分は夏、白ちゃけた草原になる。

しかも、文字どおり絶海の孤島である。そのために生物が独特の進化をとげた。じっさい植物・鳥類・昆虫のいずれも九〇パーセント以上がハワイの固有種である。ただ最近は、観光者をはじめ、外界との往来がさかんになった。その結果、外来生物の進出をうけて急速に絶滅種がふえている。

人間の社会も同様である。十八世紀におけるヨーロッパ人の到来をさかいに、それ以前には三〇万人をこえていた先住民の人口が、わずか五〇年のあいだに、数万人にまで減少した。白人たちがもちこんだ梅毒などの病気が蔓延したからである。やがて十九世紀末にアメリカ合州国に併合されると、プランテーションの労働力として、日本や中国から大量の移民が到来した。二十世紀になると、それにベトナムや韓国、フィリピンや太平洋諸島からの労働力がくわわる。

このように現代のハワイは、複雑な自然環境を背景に、さまざまな民族が自己主張しながら、ときに融合する「現代の地球世界」にもにた姿をあらわにする。それは小規模ながら、文字どおり「宇宙船地球号」の先進モデルのような意味をはらんでいるのである。それだけではない。世界各地で「島」は、ふるい時代から「楽園」や死者のおもむく「他界」とされてきた。中国の不老不死の霊山である「蓬萊《ほうらい》」、日本なら、昔ばなしの素材となった浦島太郎がおとずれる、うつくしい乙姫のいる「竜宮」、沖縄の海上他界「ニライカナイ」、ヨーロッパの場合も、古代ギリシャの祝福された死者だけがはいることをゆるされる、地中海の西にあったとされる常春の「ヘスペリデスの園」などが、それである。そういえば、今ひとつの類型として「山中の楽園」がある。中国の人しれぬ渓流をのぼったところにあったとされる常春の「桃源郷」、J・ヒルトンの小説『失われた地平線』(一九三三年)の舞台となったチベット山中の理想郷「シャングリ・ラ」、『旧約聖書』がかたりかける西方世界における楽園の典型「エデンの園」★4、ラテン世界につたわる「桃源郷」にもにた「クカーニャ」などである。

どうやら「他界」と「楽園」は、たがいにイメージを浸透させあってきたのであるらしい。同時に、海上の島であれ、山中の秘境であれ、すべて「楽園」は、日常の生活の場からとおく隔絶され、常春の気候がこころよい。うまい果物をはじめ、食物がゆたかで、汗水たらしてはたらく必要がない。しかも、うつくしい女性、想像を絶する美酒にもめぐまれる。とくに『コーラン』の記述などを参照すると、いくらまじわっても永遠に処女であるわかい美女がいたり、のんでも酔うことのない美酒があったりする。それはそのまま、とおい海のかなたにあり、快適な気候のもと、あおい海や空、しろい雲や砂浜にめぐまれ、おいしい食物や酒をたのしみながら、うつくしい女性のサービスがうけられる、文字どおり現代の「南海の楽園」イメージにつながっていく。

第三節　観光地と環境——「島」世界の場合

サイパン島——軍事基地の島から観光リゾートへ

西太平洋上、北緯一五度に位置するサイパン島★5には、年じゅう貿易風がふいていて、平均気温は、二七度C——気候は快適である。珊瑚礁の海はあおく、島のあちこちに白砂のビーチがある。むろん、風になびくヤシの木をはじめ、熱帯の風物がたのしめる。夏は雨期にあたるが、雨にとじこめられる心配は、台風をのぞいてすくない。そのためスキューバや水上スキー、ヨットやトローリングなど、マリンスポーツがさかんである。

しかし、その歴史はあたらしい。まず一九七〇年ぜんご、サイパン島をふくむマリアナのほか、パラオ、ヤップ、トラック、ポナペ、マーシャルなど六地域が、ミクロネシア連邦として独立しようとするうごきがあった。ところが、沖縄を日本に返還したアメリカは、それにかわるマリアナ諸島の軍事基地化を計画する。それとのひきかえの経済効果に期待したマリアナ諸島は、アメリカの自治領となることを決定した。しかしアメリカは、当初に期待されたほどの投資をしなかった。ちょうどそのころ、一九六四（昭和三九）年に海外渡航が自由化された日本において、「いちばんちかい外国」であるグアム島ツアーがさかんになりはじめる。

そのさきがけとなったのは、第二次大戦ちゅうにサイパン島で戦死したり、戦争のまきぞえをくって死んだ人びとの霊をなぐさめるための旅行団であった。やがて昭和三〇年代に伊豆大島や宮崎県などの「南国」をめざした新婚旅行が、ゆき先をグアム、サイパンにひろげはじめる。ついで海洋レジャーをたのしむ若者たちが、これにつづくようになった。そこで日本の観光関連資本は、サイパンでの観光開発に力をいれはじめる。

こうして飛行場の拡張整備のほか、ビーチにそった日本系ホテル建設がすすみ、免税店をはじめとするショッピングセンターが整備されていった。そして今日では「観光がサイパン島の最大の産業」とみなされるにいたっている。

という意味において、サイパンのリゾート開発の歴史は、いまだ三〇年前後をかぞえるのみ。しかも、その開発を高度成長期の日本資本がになった。当時の日本人は、いま以上に多忙であった。しかも、近代以前とことなり、「ゆっくり休暇をたのしむ」といった気風が、いちじるしく希薄であった。★6 そのため、観光者のための環境整備が、もっぱら多忙な日本人むきの二、三泊程度という安価なパック・ツアーに対応することを想定してすすめられた。あらゆる面において「B級リゾート」のイメージが色こいゆえんである。

たとえば、ホテルの部屋は画一的で、食事は基本的にホテルのレストランでだけとるようにできている。それがパック・ツアーの団体客のうけいれには、もっとも効率的だからである。ホテルを一歩でると、サイパン島にきていることをおもいださせてくれるような料理をだしてくれる、ちょっとオシャレなレストランなどをみつけるのはむつかしい。ショッピングについても、免税店を中心に、ありきたりのみやげものをうる店が軒をならべているだけである。

たしかに各種マリン・スポーツや島内の観光ポイントを見物するためのツアーやバスのサービスは一応ととのっている。しかし「そこがサイパン島である」ということを、つよく感じさせてくれるのは、バンザイ・クリフや戦跡だけである。島の歴史に裏うちされた音楽や舞踊などの文化に接する機会は皆無にちかい。

その背景には、観光産業のになない手の中心が、管理業務をあつかう日本人と一般労務に従事する、でかせぎのフィリピン人であるという事情が関与している。そもそも先住のチャモロ人は、もとは漁業に従事する海洋民であった。しかし日本の統治時代に、製糖産業の労働力として吸収されて、農民になってしまった。それで生活がなりたつ以上、観光産業に進出する必要がない。

たほう日本の観光資本は、その一般労務をになう労働力としてフィリピンからのでかせぎの労働力を誘致した。その結果、サイパンは「あおい海や空、しろい雲や砂浜」という、南の島なら、どこにでもある、いわば無国籍のリゾート観光地としての相貌をあらわにすることになった。

くわえて、短兵急な開発がすすんだためか、ホテルにちかい海の水は、けして清浄ではない。島全体を一望したところ、環境開発が計画的にすすめられているとはおもえない。そういえば、ジャングルにかこまれた泉のかたわらに、唐突にマリア像があった。話をきくと、かつて戦争ちゅう、そこには野戦病院がおかれていたという。それが戦後、キリスト教を奉じる島の人びとの信仰にこたえる場所のひとつとなり、やがて観光客の到来とともに、マリア像がおかれることになったのであろう。急速な観光客の到来は、とくに島の場合、その環境をおおきく変化させる要因になることがわかる。

海南島——解体と建設が同時進行する環境

海南島もまた北緯二〇度——緯度からいえば「南の島のパラダイス」の条件をみたしている。[★7] しかし、インドシナ半島の東、中国半島の南にある。だから気候は、アジア・モンスーンの影響をうけて湿度がたかく、とくに夏はむしあつい。すずしい高原地帯はべつとして、そのむしあつさは「南の島のパラダイス」とよぶには、やや抵抗がある。

その海南島を中国政府は、一九八八年に「省」に昇格させた。いうところの「三低(税金、土地代、労働賃金がひくい)」と「三自由(人、金、物のでいりが自由)」をみとめ、中国最大の経済特別区として発展させるためである。その直後から、島の北端・海口市西方の海岸地帯に、老城工業開発区と洋浦工業開発区を指定し、急速な工業化をすすめた。そのため四年間に、三三九三社の合弁会社と八三二四社の国内企業が設立される。そして工業開発区では、地価が二倍、建設費が二・五倍にはねあがった。

ところが、おなじころ、日本はじめアジア各地で「バブル経済」がはじける。そのため建設工事の過半が中止され、あたりは廃墟のような姿になった。そこで中国政府は、海南島の開発方針を「工業から観光に」転換する。そのことを一九九三年に発表された「海南省観光発展計画大綱」は、つぎのようにしるしている。

観光業をおもな産業として、自然資源を利用、開発するとともに、観光の優遇政策と措置を活かし、国際的なレベルにあわせ、海南島を熱帯島の特色有る観光地およびリゾート地にする。

中国が開放政策を採用しはじめたとはいえ、あの「天安門事件」から、わずか数年がたったばかりのことである。諸外国のゆたかな観光者が、大挙して「自由に」中国全土に殺到すれば、中国人社会は、すくなからざる混乱をこうむる。にもかかわらず、海南島だけは、観光者が「ビザなし」で訪問しても、現地で入国を許可する「落地ビザ」政策を施行した。観光客誘致を促進するためである。それは「まわりが海でかこまれている」がゆえに、混乱がそれ以上にひろまることのない「島」という環境条件がもたらした結果であろう。★8

ところで「南の島」の魅力の中心である海と砂浜は、どんな状況か。いずれも「海水浴場」を名のっている、三亜にほどちかい大東海、亜龍湾、天涯海角などは、こまかい海底の砂を波がまきあげるためか、海水そのものが、あおくすみきっているとはいいがたい。それに、観光者の多数派をしめる中国の人びとのあいだに、海水浴などの海洋スポーツが普及していないからであろう、南中国大酒店や三亜珠江花園酒店などのホテルがたつ大東海をのぞいて、脱衣施設すら整備されていない。とくに天涯海角では人びとが、砂浜のあちこちに林立する、朱色の文字をほりこんだ奇岩を見物するためにあるいているか、モーターボートにのって海から陸の景色をながめているばかりである。海にはいっている人はおろか、水着姿もかぞえるほどしか目にはいらない。マリン・リゾートとしては「いまだし」というほかない。

それにくらべると、海口でも三亜でも、都市の市場は見物のしがいがある。そこには、中国というより、まぎれもない東南アジアの空気がながれている。赤や緑のあざやかなトウガラシ、みずみずしい野菜と果物、いきた鶏や亀や蛇、魚の干物に魚醬、豚や鶏の肉と内臓、うまそうな飴色にかがやく子豚の丸やき……。中国本土にも長江以南には、同様の市場がある。しかし、そのゆたかさは、とくに中原の市場とは、ひと味ちがう。活力にみちた人びとの生命力が躍動している。それがこちらにのりうつって、元気がでてくる。当然であろう。

ここから西に三〇〇キロも海をわたると、ベトナムのハノイにつく。「海南島は中国であって、中国ではない」――それほど中国がひろいということでもある。

とくに三亜の市場には、中国大陸の各地からかせぎにきた人がおおい。サルのミイラやトラの足など、医薬品の素材をうるチベット人。屋台の炭火で串ざし肉をやく髭面のトルキスタン男性。みずからの体をあきなうのか、四川や貴州の出身らしい色白の肌もあらわなミニスカートの女たち……。あたりには、それぞれ勝手なおもいをつたえる言葉がとびかい、バイクの警笛が交錯する。ここでは「ものごとをわけることで成立する秩序」のかわりに、「まじりあいながら自己主張することで成立するバランス」が卓越している。市場の端っこの路上にミシンをだして服をぬいながら商売をする人の姿と、かなたにみえる「免税店」の看板をかかげたハーフミラーのビルの対照が、そんなおもいをよびおこす。

それは海南島で同時にすすむ、おびただしい建設と解体、たがいに矛盾する存在やできごとが共存しているためであろう。市場の路上をはききよめる人とゴミをまきちらす人、瓦礫《がれき》の山のかたわらに姿をあらわす煉瓦《れんが》づくりの新建築、衣料品の店の店頭におかれた半分たべかけの弁当、住居のまえの水でといた米の粉を布袋でしぼる男たち、そして雑然とした市場にほどちかい場所にたつ、しずかで清潔なホテル……。

ただし、解体にまさりはじめた建設の速度は、じつにはやい。一九九三年に建設資材が山づみされていた広大な三亜の国際空港が、一年半後には完成していた。そんな解体と建設が同時に進行する海南島の環境は、つぶさに観察してみると、きわめて興味ぶかい。

とはいえ、日本からの観光者にとって、とくに街なかの飲食店など、衛生面における不安はぬぐいされない。やがて多数の観光者がおとずれるようになると、彼らをうけいれるために、環境全般の衛生水準に改善が要求されるであろう。という意味において観光は、たとえば衛生という面に投影される文明化の度合をつたえる役割をはたす可能性を秘めている。もっとも、過剰に衛生に神経をとがらせる現代の日本人が、海南島への旅行経験をとおして、それをやわらげ、そこに適応するという反作用をうける面もあるのかもしれない。

カリマンタン——原始の熱帯雨林をいかす

カリマンタン(ボルネオ)は南緯二度から北緯七度、赤道直下に位置する熱帯の島である。その北半分に、西の端から順に、東マレーシアのサバ州とサラワク州が、あいだにブルネイをはさんで位置している。そのうちサラワク州の芸能にかんしては、すでに第二章でふれた。ここでは、サラワク州の熱帯降雨林を活用したジャングル・ツアーについてのべる。

サラワクの熱帯降雨林は、日本の企業を中心に、その伐採が熱帯林の砂漠化をもたらし、地球環境に悪影響をおよぼすということで話題にのぼる場合がおおい。こうした状況のもと、あまり熱帯林を破壊せずに観光対象として活用するこころみがおこなわれている。

そのひとつがクチンを拠点とするイバン族のロングハウス観光である。イバン族とは、カリマンタンの西部にすむプロト・マレー系の民族で、本来の生業は丘陵斜面を利用したオカボの焼畑農耕であった。その総人口は約五五万人で、サラワク州の人口の三〇%をしめる。彼らが名をはせたのは「首狩りの習俗」★9と「ロングハウス」★10であろう。現在では都市に移住してキリスト教に改宗した者もおおい。すべてのイバン族が、今日では首狩り習俗をすてさっていることはいうまでもない。しかし、約三分の二の人びとが伝来の民俗宗教をまもり、熱帯林のなかで伝統的な生活をいとなんでいる。

そんなイバン族の居住地をおとずれるツアーがある。クチンから四、五時間、コショウ畑や火いれのおわった焼畑のある熱帯林ぞいの道路を、自動車ではしってスクラング川の船着場に到着する。茶色ににごった水辺に、船外機を装備したほそながい小舟がもやってある。それを首や胸や腕にイレズミをほどこしたイバン族の男があやつる。そこから二時間ばかり、鬱蒼《うっそう》としげった熱帯林におおわれた川をさかのぼる。すこしひらけた河原にでた。やや高台になった場所に、彼らが「ルーマ(lumah)」とよぶロングハウスがみえる。あたりには鶏があるきまわり、住居の下では豚がないている。

はしごから「タンジュ(tanju)」とよばれる屋外のベランダにのぼる。そこから二〇軒ばかりの居間・寝室・台所からなる「ビレク(bilek)」とよばれる住居がならぶ、ひろい屋内の通路である「ルアイ(ruai)」をとおって、一軒のビレクにまねかれた。伝来の太鼓や弦楽器やタンスなどがおいてある。居間にはテレビがあり、食堂をかねた台所には電気冷蔵庫がある。ぼくらは、イノシシの塩ゆでをごちそうになった。そのあと、ルアイで「戦士のおどり」など、歓迎の芸能が演じられたことは、第二章にのべたとおりである。

さて、ぼくらの滞在は、わずか数時間であった。しかし、彼らの村のかたわらには、観光者用のロッジが整備されている。スウェーデン、イギリス、オランダ、ドイツなど、欧米からの観光者のなかには、ここに滞在する者もすくない、という。★11 そういえばロングハウスと昔の首狩り習俗だけでなく、数十組、ときには百組をこえる家族が、めずらしい習俗を保存し、平等の価値を大切にしながら生活している様子は、現代の都市生活者のつよい関心をひく。しかも、イバン族のガイドにみちびかれて熱帯雨林のトレッキングやハイキング、キャンピングや登山、バードウォッチングや自然の風景の写真撮影、さらに専門的な植物や動物の観察、昆虫採集などの活動がたのしめる。つまり、イバン族の文化にくわえて、ここでは原始の自然環境そのものが観光者をひきつけている。こうした趨勢《すうせい》がきざしたのは、それほどあたらしいことではない。きっかけは、熱帯林をきりひらいて一九八五年に完成したバダンアイ・ダムの工事の進捗《しんちょく》によってもたらされた。五億ドル以上をついやした、この水力発電所は現在、サラワクの電力使用の三分の一にあたる年間一〇八メガワットを供給している。その建設の過程で、周辺の道路や河川の整備が急速にすすみ、観光者の誘致が容易になった。

イバン族の村をおとずれたのち、ブルネイとの国境にちかい、サラワク州東端のミリに足をのばした。宿は、海辺にたつミリ市内のリゾート・ホテルである。よせる波が、どすぐろい茶色ににごっていた。色は、伐採した熱帯林をながれる川からながれでてくるらしい。もっとも、それは海岸ちかくの海の話で、モーターボートで一時間も沖にでると、極度に透明度のよい水をたたえた、ダイビングに絶好のリーフがあるという。

しかし、ここでの目的は、ミリとビンツルとの中間に位置するニア洞窟へのジャングル・トレッキングである。早朝にミリをでて自動車で二時間、さらにボートで一五分の地点からあるきはじめた。まずは湿地にしつらえられた木製の回廊をあるいていく。
泥でにごった湿地のまわりに、盤根をはった巨大な樹木がたっている。それにツル性の植物がまとわりつく。キノコのようなにおいの空気が鼻にとどく。葉をおいしげらせた樹木の枝が、通路の真上をさえぎっている。熱帯林が昼なおくらいというのは、おおげさではない。ぽたぽたと水滴がおちる音、どこかで鳥のなき声がきこえる。回廊の手すりに、みたこともない巨大な、まっ黒のヒルのような虫がはっていた。そしてそこが、いろんな生命がかもす、不思議なにぎやかさにみちた場所であることがわかってくる。

やがて、巨大な岩がえぐれたような洞窟にでた。緑青のような緑色である。ここでは、ツバメの巣やコウモリの糞の交易がおこなわれたという。★12 そこをとおりぬけて、さらにあるく。そして水平方向に二五〇メートルのひろがりがあるという西洞門にたどりついた。たかさが六〇メートルにおよぶ天井からは、何本もの木の棒がぶらさがっている。それを人がのぼって、洞窟の岩場にあるイワツバメの巣を採集するのである。

この洞窟からは、ほそい洞穴がのびていて、懐中電灯を手に、内部をあるくことができる。およそ二〇分、漆黒の闇が支配する月光洞をへて、もとにもどったときには、頭がくらくらした。

こうしたトレッキングは、島の観光というより、ぼくら島国の人間の感覚からすれば、大陸のジャングルを踏査したような錯覚をあたえる。しかし、日がえりで熱帯の降雨林を満喫できるのは、海岸線の都市から容易に接近できる島の小規模な自然のなりたちのゆえだともいえよう。

第四節　観光地と環境——「山」世界の場合

白山——周縁に富と情報があつまった時代

白山は、石川・岐阜・福井の三県にまたがる、円錐形のうつくしい火山である。ふるくから富士山・立山とともに、日本三霊山にかぞえられてきた。その山容は、最高峰の御前峰(二七〇二メートル)をはじめ、大汝峰、剣ヶ峰の三峰、その南に位置する別山、三ノ峰、西に位置する白山釈迦岳などからなる。冬に大量の雪がふることから、白山の名が生じた。そして、ここを水源とする加賀の手取川、越前の九頭竜川、美濃の長良川の三河川の流域に、しろくそびえる神がみの座を農耕神とあおぐ信仰がうまれる。白山は、神がみのおわす霊峰なのである。

その白山を、七一七(養老元)年、僧の泰澄がひらいた。霊夢をうけた泰澄が白山の頂上にのぼると、翠ヶ池に白山の神が九頭龍の姿であらわれたという。そこで彼は、仏としては十一面観音、神としてはイザナミノミコトとしてまつることにした。白山信仰の原型の誕生である。やがて平安時代に修験道がさかんになると、白山信仰が人びとの心をとらえた。そして九世紀には、登山口となる加賀・越前・美濃の三馬場[★13]がもうけられる。いらい僧侶のほか、一般の人びとのあいだにも、白山へ禅定[★14]する者の数がふえていく。その絶頂期は、江戸末期の文化・文政（一八〇四〜三〇）時代である。その間、加賀馬場の中心は白山本宮となり、神仏習合によって、平安時代なかばからは白山寺が実権をにぎった。越前馬場の中心は白山中宮となり、平泉寺がさかえる。美濃馬場は白山本地中宮といい、その中心を長滝寺がしめた。そして明治初年まで、三馬場のあいだで、はげしい本家あらそいが展開される。

　そこでは、仏教や神道や修験道の習合や分離、教義の相克や登山者誘致をめぐる競争など、さまざまなドラマが演じられてきた。しかし、ここではその詳細にふれない。ただ明治維新の前後に、日本全国を支配した廃《はい》仏毀釈《ぶっきしゃく》のうごきのなかで、三峰に安置されていた仏像は、ことごとくおろされた。白山寺は白山比咩神社に、平泉寺と長滝寺はいずれも白山神社になり、現在にいたっている。同時に、かつては「山に千人、麓に千人」といわれた白山登山のにぎわいも、じょじょにおとろえていった。

　ところで一九九〇年代、「東西対立」という世界秩序が解体し、国内では「バブル経済」がはじけた。こうした状況のもと、たとえば四国八八か所の霊場をめぐる「お遍路」のような信仰の旅がよみがえりはじめる。[★15]そこでぼくらも、大昔から人びとがめざした白山を、みずからの足でのぼってみることにした。一九九七（平成九）年、夏のことである。

最初におどろいたのは、岐阜県白鳥町長滝にある、白山中宮古来の社家という、由緒ある若宮家住宅である。そのなかの若宮修古館には、白山信仰にまつわる品物の膨大なコレクションが展示されている。登山用の笠や錫杖や衣類、古文書や絵馬、食事用のお膳や酒器、善男善女が寄進した陶器や漆器など、おびただしい種類と数のそれらは、かつてここをおとずれた人の数と彼らが何かをいのって白山の神がみにささげた富の莫大さをものがたっている。

むろん長滝寺そのものにも「奥美濃の正倉院」の異名をもつ宝物殿がある。ここには、古瀬戸黄釉の瓶子や上等の仏像があり、「長滝の延年」という名の、きわめてふるい時代からつたわる遊宴芸能がつたわっていたりする。そして周辺には、そのむかし、三六〇坊をかぞえたという登山者むけの宿坊が軒をならべていた。それはそのまま、当時の人びとにとっての白山信仰のありがたみを雄弁にものがたるものでもあろう。

そこから檜峠をこえると石徹白につく。ここには樹齢二〇〇年から一〇〇〇年をかぞえる一四〇本もの杉木立にかこまれた白山中居神社がある。ぷーんと杉のいいかおりがする。それが二五キロちかい白山への南縦走路のはじまりとなる。すこしあるくと、森はブナのそれにかわる。やがて推定樹齢一八〇〇年、幹まわり一三メートル余の「石徹白の大杉」がたつ、ひらけた場所にでた。縄文の時代からいきつづけてきた生命がいとおしい。

まもなく道は、クマザサの稜線や谷あいの樹林をへて、白山の峰みねが展望できる場所にでる。ただ、ぼくらがのぼったときは曇天であった。それでも、伝来の霊山のすがすがしさが感じられる。山の自然は、たしかに都市生活者が心身にまとう俗塵をはらい、きよめてくれる。

平安の昔から、人びとはこの感覚に身をゆだねるために、白山はじめ霊山に足をはこんだのであろう。それに、きいた話によると、下山したのちは、マムシやサンショウウオなど「精のつく」たべものを賞味する人がおかった。つまり白山は、ただ信仰の対象であっただけでない。すがすがしい山の空気にふれ、精のつくたべものがたべられる、いわば一種の「転地療法」の機会を提供する場所でもあったらしい。

ところで、白山のありがたみは、多数の登山者だけでなく、彼らをむかえるがわにもありえた。訪問者がふえることで、地元の経済がうるおうからである。ただ、そのためには登山者をきちんともてなす必要がある。そこでおもいだすのは、石徹白地域に連綿とつたえられてきた、禅定道の雑草をかりとる「白山道かり」である。それは、

(石徹白の人びとが)回り番で奉仕する「白山道刈り」であった。村の住人は四、五年に一度、回ってくるこの行事に義務として参加し(た)。……しかし、石徹白も次第に過疎化が進み、ついに昭和五十四(一九七九)年を最後にこの伝統行事も義務人足では出来なくなり、特定の人に作業を委託せざるを得なくなった(上村俊邦、一

一九九三『石徹白から別山への道（白山山麓・石徹白郷シリーズ①）』私家版）。

ここでいう「道かり」の存在は、かつて白山信仰がさかんだった時代には、登山者をむかえる地域の人びとが、文字どおり白山の自然環境をととのえる役割を、自発的にはたしていたことをつたえている。むろん現在なお、道かり作業そのものは委託事業としてつづいている。しかし、そこには白山信仰がおとろえることによって、人びとの環境とのかかわりの変化が、みごとにうつしだされている。

そんなことをかんがえながら、美濃馬場とはべつの福井県がわにある越前馬場に足をのばした。ここには平安末の源平争乱期に、北陸の一大宗教勢力に成長した白山平泉寺がある。その最盛期は、中世末期（十五、六世紀）である。当時は四八の神の社と三六の仏堂、およそ一万人の僧がすめる六〇〇〇の坊院があり、寺領も九万石をほこった。ところが一五七四（天正二）年、一向一揆との抗争にやぶれて全山が焼失する。さらに明治の廃仏毀釈によって、平泉寺の寺号が廃され、現在の白山神社となった。

その相当部分が、一九八九（平成元）年いこうに発掘された。その結果、とくに「南谷三千六百坊跡」では、修行僧の寝所である坊院が、丸石の敷石道にそって計画的に配置されていた状況があきらかになっている。それは、ひとつの巨大な宗教都市というにふさわしい規模と繁栄をほこっていたのである。当然そこにすんでいた一万人ちかい僧たちは日夜、当時の先端の学術と文化をしるした仏典にしたしみ、思索にはげんだ。いいかえれば、それは白山という霊山が、そのふもとに時代の先端をいく情報と、それをあつかう人びとをすまわせることで成立した情報都市にほかならなかった。

いうまでもなく白山の位置する場所は、さきにみたように加賀・越前・美濃の境界という、いわば地域の「周縁」そのものである。その登山口である三つの馬場に、膨大な富と先端の情報が集積したことになる。そこにしめされる国土のしくみは、あらゆる富や情報が「中心」としての東京はじめ大都市に集中する、近・現代の国土のしくみとは、まるでことなっている。もしかすると現代日本は、国土の「周縁」に位置する環境に、あらためて目をむけるべき時代をむかえているのかもしれない。

雲南――高度でかわる自然環境のモザイク

日本の白山にのぼった一年後の一九九八(平成一一)年八月、こんどは中国の雲南省にでかけた。雲南省は中国の南西部に位置し、面積は三九万平方キロメートル余、日本の総面積よりひろい。省都の昆明は、日本の近畿地方より一〇度も南の北緯二五に位置している。しかし、海抜二〇〇〇メートルちかい高地にある。そのため、照葉樹林帯に属し、年間をとおして気候は温暖、自然環境としては西日本のそれにちかい。

じっさい、植生にはクリやカシの仲間がおおい。中央分離帯にうえてあるカイヅカイブキのたたずまいも、日本の住宅のいけ垣をおもいださせる。まわりの山地には、うつくしい花をさかせる多種類のシャクナゲが自生してもいる。この地域全体に花卉《かき》園芸がさかんで、一九九九年には「昆明世界園芸博覧会」がもよおされた。そういえば、ぼくらがおとずれたさいにも、バラやカーネーション、カスミソウなどをあきなう花の露店がたくさん店をだしていた。

ぼくらは上海から飛行機で昆明にはいった。およそ三時間で到着すると、日本よりずっとすずしい。「常春の地」といわれるゆえんである。到着そうそう市場にでかけた。温州みかん、りんご、豆腐、湯葉、納豆、そしてマツタケ……。店には日本とおなじ品物がならんでいる。よくにた環境のなかでは、よくにた作物がそだつ。あたりまえのことが、上海からさらにとおくへやってきた身にはおもしろい。それに、ずいぶん多種類のキノコを目にした。ヒラタケににたもの、チーゾンという名のみたこともないものなどである。マンゴーやパパイヤなど、熱帯のくだものを陳列している店もある。雲南省の南部には、西双版納(シーサンパンナ)という、熱帯アジア地帯がひろがっているのだから、不思議はない。

雲南省には、漢族はもとより、五五をかぞえる中国の少数民族のうち、二六民族がすんでいる。そのため、しばしば「少数民族の宝庫」とよばれる。市内には雲南省立の民族博物館があり、南郊には雲南民族村がしつらえられていて、これら少数民族のすまいと村、そこでの伝統的な生活の一端にふれることができる。その詳細にはたちいらないが、ぼくらもこれらを一覧したあと、昆明の北西に位置する大理をめざした。

昆明から三〇分、飛行機は、霧がながれる山の峰みねをおおう樹林をかすめて到着する。標高で昆明と大差はない。にもかかわらず、ずいぶん山ぶかいところについたという印象をうけた。じっさい中国人は、ここを「東洋のスイス」とよび、欧米人は「中国のカトマンズ」とあだ名する。そこにすんでいるのはペー(白)族という少数民族である。あたり一帯は彼らの自治州となっている。その土地は、南北につらなる四〇〇〇メートル級の蒼山連峰にはさまれ、まんなかには、これまた南北にながい湖の洱海がひろがっている。

洱海の西湖岸に位置する大理は、北と南に城門のある城壁にかこまれている。城壁の内側には、ふるい街路がのび、両側には、U字型の瓦をいただく、ふるびた中国家屋がひしめいている。屋根に、ぼうぼうと草をはやした家もある。おおくは、土地の人びとが身につける服や履物、台所雑貨などをあきなっている。むろん観光者めあてのみやげもの屋、梅ぼしの専門店などもある。路上では、原色のあざやかな花をうる露店、米の粉のだんごに味噌で味つけした肉の餡をつめて炭火でやいた大型ぎょうざのようなものをうる露店が営業していたりする。そのあいだを、制服に身をつつんだ兵隊や小学生、竹であんだ四角い籠を背おった山ずみのおばさんたちがすりぬける。昔の日本の山あいの街の風景のようでもあり、ついまぎれこんだ、まったくの異界のようでもある。

ふるい日本の風景をおもわせたのは、人びととの、あたりのやわらかさである。照葉樹林という、おなじ自然のなせるわざなのであろうか。異界だとおもわせた理由のひとつは、店のひとつで目にした「湯葉」である。それは、しかし水牛の乳からつくった「湯葉」であった。味はチーズにちかい。なるほど、大理から北西にむかえば、ナシ族の自治県である麗江をへて、とおくチベットにまで、道はつながっている。そこでは遊牧が生業になる。大理には、その影響がおよんでいる。じつは、乳を原料とするものが、湯葉の原型である。湯葉は、それに触発されて、豆乳からつくられるようになった。

そんな街の一角に、アルファベットの看板をだす茶店や藍ぞめ衣服の店、旅行社やホテルが軒をならべる一角があった。「洋人街」である。なるほど、大理は「中国のカトマンズ」――現代欧米の都市生活にあきた連中が、ゆっくり滞在しているのであるらしい。そんなことをかんがえていると、どこからか生演奏の音楽がきこえてきた。みると、茶店のかたわらの路地の入口に「大理南詔古楽学会」の看板がある。すすむと、中庭の奥の屋根の下に老人たちがあつまって、胡弓、木魚、琵琶、三線、チターのような多弦琴などを演奏していた。わずかな代金をはらえば、茶をのみながら、音楽をきかせてくれる。それが一段落すると、ひとりの西洋人との間に、値段の交渉がはじまった。楽器は演奏するだけでなく、それ自体が商品でもあるらしい。濃厚な緑の柑橘類らしい植物の鉢うえがならぶ、どこか浮世ばなれした中庭でおこなわれる商取引が、不思議な芸の応酬のようにみえた。

古城をでると、あたりには一面、水田がひろがっている。かなたに蒼山の山なみをあおぐ盆地は、ぼくら日本人の感覚からいえば「大平野」である。人びとのさわりがやわらかいのは、それがもたらすゆたかさのゆえなのか。雲南は、中国であって中国でない。すくなくとも、ぼくの目でみた「中原の中国」の世知がらさとは、かなりちがっている。

やがて到着したのは、周城という村であった。昼にたべた魚とキノコの鍋料理の洗練された美味に、この土地のゆたかさがうつしだされている。藍ぞめを業としている家でも、時間はゆったりながれていた。むろん、そめあげた模様は、まるで日本のものとはちがう。しかし、おなじ照葉樹林という自然がうみだす藍ぞめの色は、たがいによくにた雰囲気をただよわせる。

いまひとつ、喜州という街で体験したペー族の、茶をもちいた客人のもてなしにも、これとよくにた感じがあった。わかい女性が歌とおどりを披露しつつ、三種の茶でむかえてくれる。最初の茶は、にがい。つぎの茶は、あまい。そして、最後の茶は「あまみはあるがスパイシー」である。それは、人なら誰もが体験する、ながい人生を比喩しているのだそうである。女たちの衣装は、白地に黒と赤と金で装飾した、派手やかな民族衣装であった。和服とは、まるでちがう。しかし、であいの風景をそめあげる茶とそれをふるまう気分には、日本のそれに、たがいに通じあう何かがある。

大理のあと、飛行機で昆明をへて、西双版納に足をのばした。ここは海抜一〇〇〇メートル。気候はがらりとかわり、熱帯アジアである。なにしろ、その南はミャンマー、ラオスと国境を接している。道路の分離帯のうえこみも、ビンロウに変化した。

市場にいけば、環境の変化が、いっそうよくわかる。何種類もの青菜、トウガラシ、トマト、ナス、タケノコ、レンコン、それに豚や水牛の肉、カエルやタニシ、ハチの子なのか、うごめくウジの類、魚ばかりか、水牛や豚の肉のなれずし……。雲南省は、標高ゼロメートルにちかい西双版納から、五〇〇〇メートルにたっしようという高峰まで、垂直方向のひろがりがすごい。それが、この地域の多様な環境を形づくっている。

その象徴のひとつが、瀾滄江である。それは長江上流の金沙江とともに、チベットに源を発し、やがてバンコックをめざすメコン川となる。タイ族の自治州である西双版納をうるおすそれは、いまだ山地のあいだを、しかし、はや透明度ゼロの茶色ににごって、下流のタイ族の居住地にむけてながれている。★16 チベットから雲南北部の麗江や大理、昆明をへたのち、西双版納から、この川に舟をうかべてくだっていけば、アジアにひろがる主な自然環境とそこに展開される人びとの生活世界が一覧できる。氷雪の世界のまぢかに展開する遊牧民のくらし、照葉樹林をそだてた環境のなかで発達した稲作農民のくらし、そのバリエーションのひとつである熱帯アジアのくらし……。そういえば西双版納で目にした民族芸能のいくつかは、海南島やサラワク、タイや台湾で目にしたそれと、リズムやふりつけにおいて、みごとなほどの共通性をあらわにしていた。

ただ、やや唐突ながら、雲南はもとより、台湾の山地でも、日本の白山でみた、山それ自体をあがめる信仰の形態にであうことはなかった。おなじアジアの、よくにた環境のもとでも、たがいにことなった文化がはぐくまれる可能性は、ちいさなものではない。環境を意識した旅行をつづけてきたうえでの、当然といえば当然、不思議といえば不思議な、それがひとつの感慨として、ぼくの記憶のなかにのこっている。

第五節　環境をかんがえる観光のかたち

エコ・ツーリズムとヘリテージ・ツーリズム

「ことなった環境に身をおきたい」——ここに人が旅行や観光にでかける最大の理由のひとつがあるとのべた。軍事基地の島から観光リゾートに変身しつつあるサイパン島、解体と建設を同時に進行させつつ観光の島になろうとする海南島、原始の熱帯雨林とそこにいきるイバン族の文化を観光にいかすカリマンタン、あるいは、かつて周縁に富と情報をあつめた霊山の白山、高度ごとにことなった自然環境のモザイクが展開する雲南……。これらの島や山を旅行するうち、このおもいはさらにつよくなっていった。海でへだてられた島という環境、高度がかわることで自然条件ががらりとかわる山という環境が、その背景にはある。

ところで、これらの旅行は「ユートピア」や「パラダイス」にひたる体験であったのか。「芸術とファッションの都パリ」「時代の先端をいく文明と文化の街ニューヨーク」「童話の世界を彷彿させるドイツ・ロマンチック街道」「世界一の南海の楽園ハワイ」などをおとずれる旅とは、かなり性格を異にするものであったとおもう。それは島や山が、現代文明のうずまく日本の大都市からとおくはなれた、もうひとつ別の小宇宙だからである。しかし、そこにも「現代文明」は確実に触手をのばしていた。というより、そこでであうのは、もっとも強烈に「現代」を感じさせる、一種の「現代文明の陰画」だともいえる。

そこでおもいだすのは、やや唐突ながら、二十世紀という時代の文明がもたらした、みっつのジレンマである。まず、二十世紀の人類は、原子力に象徴される「巨大な力」を手にいれた。しかし、それは巨大すぎて、適切に利用するのが、いちじるしくむつかしい。第一のジレンマである。ついで現代の人類は、生産や輸送に役だつ「多様な利便」と「ゆたかな生活」を手にいれた。しかし、逆に人間の体力はおとろえ、おおくの人びとが過剰栄養と飢餓という、まったく正反対の恐怖におびえている。第二のジレンマである。こうした結果をもたらした要因のひとつは、専門化して高度に発達した科学・技術である。ところが、あまりに先鋭的な専門化が、異分野間の対話を困難、というより、ほとんど不可能にした。その結果、自然と人間、科学と技術、社会と文化、経済と政治を総合的にとらえて、のぞましい未来を展望することができないでいる。第三のジレンマである。

これらのジレンマは二十一世紀に尾をひいて、人類社会にふたつの課題をもたらしている。まず、文明が地球上に展開する人類社会を破滅させる可能性がたかまる。地球環境の制約のもとで、節度あるゆたかさ、持続可能な開発は可能なのか。第一の課題である。ついで地域ごとに、そこにすむ人びとの文化(生活様式と価値観)のちがいがあり、ゆたかさに格差があるという問題がある。それを二十世紀という時代は、東西対立と国民国家の秩序によっておさえこんできた。しかし今日、文化を共有する「われわれ意識」にむすばれた諸民族は、依然として際限のないゆたかさをもとめながら、世界各地に紛争の種をまいている。第二の課題である。

こうした課題への対応のきっかけを、旅行や観光がきりひらいてくれるかもしれない。というのも、二十世紀という時代に、主として工業化した地域の人びとがもとめた物質的なゆたかさを充足するには、際限のない資源やエネルギーの消費が不可欠であった。それにくらべると、旅行や観光は「ことなった場所に身をおきたい」という要求をみたすたのしみである。たしかに、そのためにも交通機関の運行や観光地の整備など、資源とエネルギーの消費が必要となる。しかし、自動車や家庭電化製品など、膨大な生活財の生産と消費にくらべると、その量はずっとすくない。

それに、二十世紀の産業は、もっぱら工業化された地域に富を集積させた。それにくらべると旅行や観光は、工業化された地域の人びとを、しばしば発展途上地域にさそいだす。むろん現状では、旅行や観光に関連する事業主体のおおくが、工業化された地域の資本に支配されている。その結果、またしても旅行者や観光者の支出した金銭が、現地の人びとをゆたかにするために役たたず、結局は工業化された地域に環流する場合がすくなくない。サイパン島のリゾート関連産業を日本の資本が牛耳っている状況は、その一例である。しかし、海南島やカリマンタンや雲南省などをめざす旅行者や観光者の増加は、やがて中国やマレーシアなど、発展途上国の経済をうるおわせる要因のひとつとなる可能性をはらんでいる。

それだけではない。海南島やカリマンタンや雲南省のもつ魅力は、工業化された地域ではうしなわれてしまった原始の自然や伝統の文化であった。それらは、いわば工業化の荒波におしながされることがなかったがゆえにのこされたのである。それは、ときに旅行者や観光者に、二十世紀という時代がもたらした「現代文明のジレンマ」を実感させるきっかけともなりうる。同時に、そうした希少な原始の自然や伝統の文化をまもりつづけてきた人びとは、そこにみずからの存在価値とほこりをみいだす。のみならず、それらを「枯渇することのない資源」として利用しながら、適切な規模の経済活動を展開することができる。旅行や観光には、こんな可能性がはらまれているのである。

それに、萌芽的ではあれ、こうした動向が、あたらしい旅行や観光の型として、じょじょに地歩をかためつつある。エコ・ツーリズム(eco-tourism)やヘリテージ・ツーリズム(heritage-tourism)などが、その一例である。それは従来の「大衆的な団体旅行(mass-tourism)」にたいして「持続可能な観光(sustainable tourism)」★17「もうひとつの観光(alternative tourism)」などの名でよばれることがおおい。

そのうち、エコ・ツーリズムという用語の初出は一九八三年だとされる。IUCN(International Union for Conservation of Nature and Natural Resources：国際自然保護連合)★18は、それを「地域の文化的特色、そこでみられる景観や野生の動植物を観察し、学習し、たのしむことを目的とする、あまり乱開発されていない自然地域への旅行」と定義した。その後一九九一年に、PATA(Pacific Asia Travel Association)★19が、アメリカのツアーオペレーターを対象に、エコ・ツアーにたいする顧客の意向調査を実施した。その結果によると、目的地としては「中南米(七一%)」「アフリカ(四七%)」「アジア太平洋(四一%)」「北アメリカ(二九%)」「南極大陸(一八%)」「ヨーロッパ(一一%)」などがあがった。資源別では、一位の「熱帯降雨林(五九%)」と二位の「島の生態(一八%)」に「海洋」「砂漠」「高山」などがつづいたという。

さて、エコ・ツーリズムの参加者は、けして極端な冒険家や生態学の専門家ではない。自然への関心と冒険心のある普通の旅行者である。彼らがのぞむ体験は、だいたい三タイプにわかれる。ひとつは、熱帯雨林での植林や観光地の美化ツアーなど、ボランティア活動と連携した「環境をまもるツアー」である。いまひとつは、バード・ウォッチングや熱帯雨林のトレッキングなど「環境をたのしむツアー」である。これらの中間型として、生態学の素養のあるガイドが同行する「環境をまなぶツアー」もある。ぼくらがカリマンタンのサラワク州で体験したのは、これらのうち「環境をたのしむツアー」であった。

ただ、すでに日本でも、おなじサラワク州へ、過剰に伐採されて砂漠化しつつある熱帯雨林に樹木の苗をうえにいくツアーが実施されている。ダーウィンが「進化論」を発見した太平洋上のガラパゴス島をおとずれるツアー、欧米諸国のナチュラリストたちが「自然保護の聖地」としてあこがれる中部アメリカのコスタリカの熱帯雨林をめざすツアーなどもある。これらのツアー参加者は、それらの場所へ、多様な植物をはじめ、鳥類や両生類、爬虫類などの動物の観察と学習にでかけるのである。

それは、かならずしも気らくな旅行ではない。たとえばガラパゴス島なら、上陸のさいに靴の裏をあらい、滞在中の排泄物はポリ袋に保管してもちかえらねばならない。それは、ある意味で島の環境を保全するいとなみを体験する機会でもある。それが今度は、めずらしい動物や植物など、自然の風物とのであいとあいまって、地球環境の脆弱さにたいする、わすれがたい記憶を観光者にのこす。そのかぎりにおいてエコ・ツーリズムは、地球環境を破滅からすくう隘路《あいろ》を、わずかながらもひろげる可能性を秘めている。のみならず、エコ・ツーリストを誘致するには、彼らの関心をひく環境整備をおこたることができない。こうした回路のはたす機能が、自然環境の保全にプラスにはたらくこともかんがえられる。

ただ、エコ・ツーリズムを推進する事業もまた、目的は営利にほかならない。そのため、しばしば旅行者や観光者の誘致規模の拡大をめざしがちである。しかし、それは結果として、魅力ある資源の破壊をもたらすことにもなる。つまり、事業の推進には、環境容量へのじゅうぶんな配慮がもとめられる。その点で、イギリスの湖水地方の、ちいさな島をおとずれたときにはおどろかされた。四、五軒のプチ・ホテルがあったが、むこう一年間、あらたな予約はうけつけられないという。そこでは、事業をいとなむ人びとが必要とする事業収入と環境容量とが、みごとなまでのバランスのうえに成立していたのである。

いまひとつ注目すべきはヘリテージ・ツーリズムである。その隆盛のきっかけは一九七二年、人類の共有財産となりうる貴重な自然・文化遺産を登録し、国際的な監視体制のもとで破壊からまもることを目的とした「世界遺産条約」の制定にある。いらい自然遺産ではオーストラリアのグレートバリアリーフ、タンザニアのキリマンジャロ国立公園、エクアドルのガラパゴス島、文化遺産ではエジプトのピラミッド、中国の万里の長城、ペルーのマチュピチュ遺跡群など、おびただしい数の遺産が登録されてきた。日本でも、屋久島の原生林や白神山地などの自然遺産、京都の寺院や姫路城などの文化遺産が登録されている。ヘリテージ・ツーリズムとは、これらをおとずれる旅行や観光のことである。

その多様性は、遺跡ごとに特異な印象や体験をよびおこす。しかし、文化遺産の場合には、ときに共通のおもいがよびおこされもする。それをうみだした文明におもいをはせることによって触発される「二十世紀という時代とは異なる文明がありうる」というおもいである。かならずしも世界遺産条約に登録されている必要はない。たとえばカリマンタンでであったイバン族、雲南省でであった少数民族の人びとのすまいやくらしも、一種の文化遺産にほかならない。そこには彼らが、永年にわたって環境を有効利用し、それと共存するためにつちかってきた知識と技術と知恵の数かずがこめられている。

それらがそのまま、現代日本人の生活に適用できるわけではない。しかし、みずからの生活と文明をひるがえってながめるきっかけとなる可能性はありうる。同時に、いろんな面で異質であっても、彼らが、ぼくらとおなじ人間であることを確認するよすがともなる。そこから、依然として際限のないゆたかさをもとめながら世界各地に紛争の種をまきつづけている諸民族のあいだの軋轢《あつれき》や葛藤をすりぬける隘路が、すこしはひろがるかもしれない。そんな期待をよせる余地も、ヘリテージ・ツーリズムにはのこされている。

「山島」としての日本列島と観光の可能性

そこで、日本についてかんがえてみる。まず、現代日本では、深刻な平成不況のもとでも、海外旅行にでかける人の数は、一九九〇年代なかばまで増加してきた。その後も一五〇〇万人以上の水準を維持している。ところが、ぎゃくに日本をおとずれる旅行者・観光者の数は、その四分の一、五〇〇万人たらずにすぎない。二十一世紀には旅行や観光が、きわめて重要な意味をもつとすれば、これは深刻な問題である。

ほんらい日本は、地球上でもまれな自然環境にめぐまれている。北緯四六度から二四度まで、二五〇〇キロにおよぶ南北のひろがりはアメリカ合州国に匹敵する。そのどまんなかをとおる北緯三五度線にそって、西むきに地球を一周すれば、西安・カラコルム・イラン高原・メソポタミア・ジブラルタル海峡、大西洋をわたってアメリカのノースカロライナ・メンフィス・アルバカーキ、ロス・アンゼルス……ごく一部をのぞき、草木のはえない砂漠地帯がつづいている。それにたいして日本の同緯度地帯には、ゆたかな照葉樹林がある。また、地震になやまされてきた国土は、いりくんだ山と谷、複雑な海岸線が形づくる多様な自然景観のモザイクにめぐまれている。とくに内海の多島海である瀬戸内などは、エーゲ海を凌駕する美景だともいえる。それに、最近は手いれがゆきとどかなくなったが、今なお国土の三分の二は樹林におおわれている。土地のほとんどが開拓されてしまったヨーロッパなどにくらべると、たぐいまれに「自然がゆたかな先進地域」なのである。

ただ、そうであるがゆえに、自然のゆたかさに「なれっこ」になってしまったのか。現代のエコ・ツーリズムにつながるような旅行や観光は発達しなかった。むろん平安時代の昔から、熊野もうでのように、苦労して山岳地帯におもむく人の数はすくなくない。しかし、彼らがめざしたのは、自然そのものというよりは宗教的体験であった。奇岩や滝、山や海岸の風景も、そのおおくが由緒因縁・故事来歴をつたえる名所や歌枕として注目をあつめるにすぎない。こうした自然へのまなざしが、それ自体をゆたかに保全しようという努力をそだてなかった。あらためてかんがえるべき、もうひとつの問題である。

それは、すこし意味をずらすと、そのまま文化遺産にもあてはまる。たとえば多数の世界文化遺産を擁する京都である。この都市には寺院建築やその庭園など、たしかに「うつくしい場所」がたくさんある。しかし都市全体をながめると、けっして「うつくしい都市」であるとはいいがたい。しばしば日本人は、つぎのようにいわれる。

「うつくしさには敏感である。しかし、みにくさには鈍感である」

そういえば、目だちすぎる個別の構築物が、周囲とのあいだでハレーションをおこし、全体のイメージを俗悪化している事例がすくなくない。それは、個別の自然や文化の要素だけでなく、それらがおりなす環境を全体的にみわたして評価し、つくりだそうとする視点がかけているからかもしれない。ここにもまた、日本の国土デザインの課題がある。

いまひとつ、かんがえるべきは日本の気候と日本人の気質である。たしかに春と秋の気候は快適である。季節ごとに風景がかわり、たべものには旬がある。それは、おおきな魅力だといえる。しかし、梅雨の雨や夏のむしあつさ、台風シーズンの存在、冬のきびしいさむさは、快適にほどとおい。どうも日本は「パラダイス」となるには、不むきな土地がらであるらしい。それに「島国根性」というのか。閉鎖的で、外来者にむける視線が、かならずしもあたたかくない。これは一般の「島国の気質」とはちがう。太平洋の島じまなどでは、海は、すばらしい価値のある、ひろい世界につながる媒体だとかんがえられている。それが日本では、閉鎖性の代名詞のような意味をおびる。

ふしぎはない。日本をとりまく海は、世界でもめずらしいほど、あらあらしい。太平洋岸をながれる黒潮、ときに「神風」ともよばれた台風、冬の季節風による大時化《おおしけ》――「ひろい世界につながる海」ではなく「内にとじこめる海」にほかなるまい。しかも日本人は、そんな列島の、山にかこまれた盆地をこのんで、そこにすんできた。ここに米山俊直氏が「小盆地宇宙」★20の名でよんだ日本文化の特徴のひとつがある。してみれば、いうところの日本人の「島国根性」は「盆地根性」でもある。日本列島は、盆地が「山でかこまれている」かわりに「あらあらしい海」でかこまれた「盆地的な島」、あるいは「山島」なのである。しかも日本人は、その山島の随所にひらけた、文字どおり「山にかこまれた小盆地」をすみかとしてきた。こうしてみれば「海にかこまれながら閉鎖的」な気質の説明がつく。

それだけではない。山島も盆地も、当然ながら一般に環境容量はちいさい。おおらかに外来者を歓迎する気風をそだてる余裕がなかった。ただ、その環境容量の範囲内で、それぞれの場所ごとに、いきていくための工夫にみちた丹精と洗練がこらされた。その結果、列島各地の小盆地宇宙には、であうに値する食物や生活用具などの物産、あそびやたのしみのための芸能をはじめ、おどろくほど多様な地域文化がはぐくまれた。★21

そんな多様な地域文化の成立と、軌を一にするのか。信仰をもつ人の巡礼の旅が、日本では独特の発達をとげた。たとえばキリスト教やイスラム教の巡礼は、通常ひとつの目的地をめざす。しかし日本の巡礼は、四国八八か所や西国三三か所のように、文字どおり複数の場所を「めぐり」あるく。このことは、本来の目的地以外にも足をのばす「お伊勢まいり」にもあてはまる。こうした「日本の巡礼」のような旅行や観光のスタイルは、世界と日本の各地が、相互に旅行者や観光客を交換する時代に、あたらしい可能性をきりひらく。それは、数珠のようにつながる小盆地宇宙を順におとずれるさいに適切なだけではない。島や山など、一般に環境容量のちいさい魅力にみちた場所を、環境をそこなわずに旅行地や観光地として開発するさいの、ひとつの有効なかんがえかたにもなりうる。

観光が基幹的な意味をもつ時代の日本文明

とのべたところで話は、この節の冒頭にのべた二十一世紀の人類社会のふたつの課題にもどる。それは、つぎのような意味で、日本国内にも影をおとしている。

ひとつは、ゆたかさの増進に役だたず、環境に破壊的に作用し、かつ財政を破綻させる不要不急の公共事業に制限がくわえられないという問題である。それがそのまま、ふたつめの問題につながる。未来への展望をきりひらく思想や文化が未成熟のままであることにくわえて、社会があたらしい時代への対応を明確にしめせないでいる。しかも、工業化とともに発展してきた日本社会は、二十世紀をとおりすぎることで、すでに最盛期をおえた。じっさい、成熟した産業の競争力は低下しつつあるといわざるをえない。やがて人口の減少がはじまれば、日本の衰退はさけがたい。しかも日本をおとずれる旅行者・観光者の数は四〇〇万人に低迷している。旅行や観光が、経済的にも基幹的な意味をもつ時代に、これはきわめて深刻な問題だというほかない。

そこで、ふたつの重要なかんがえかたを参照する。『歴史の終わり』(フクヤマ、F、渡部昇一・訳、一九九一、三笠書房)と「情報産業論」(梅棹忠夫、一九六三『中央公論』三月号)である。

そのうち前者『歴史の終わり』の論点を極端に要約すると、つぎのようになる。

プラトンの『国家論』は、人間の魂を「欲望・理性・気概（テューモス＝不正にたいして憤慨し、他者からみとめられようとする心的傾向）」という、三つの要素でとらえた。いらい人類文明の歴史は、それらを充足させる社会体制を模索してきた。ところが社会主義体制の崩壊とともに、もっともすぐれた社会体制として、最終的に「リベラルな民主主義」がのこった。その結果、人類の「（普遍的な）歴史はおわり」をむかえる。同時に「理性にみちびかれた欲望」に従属する「近代」の時代精神になじんだ人類は「気概」をうしない、結果として偉大な学問や芸術がそだたなくなり、純粋に形式的なスノビズムだけが「優越願望」のはけ口となる「からっぽの時代」がやってくる。

それは一種の「終末論」である。そういえば、たしかに地球の環境容量の制約を無視して際限のないゆたかさをもとめる現代の人類、世界各地で紛争を勃発させる現代の諸民族の姿には「歴史のおわり」が感じられもする。しかし、すこし視点をかえることで「あたらしい歴史のはじまり」を展望することも不可能ではあるまい。そこでつぎに後者の論考「情報産業論」の論点を、これまた極端に要約してみる。

これまでに人類文明史はふたつの革命を体験し、いま第三の革命を体験しつつある。第一は「農業革命」、第二は「工業革命」、第三は「情報産業革命」である。それは、動物の発生学とのアナロジー（類推）をもちいると、つぎのように解釈できる。ここでいう「発生」とは、受精した卵細胞が分裂をくりかえし、内胚葉・中胚葉・外胚葉と名づけられた三つの部分からなる胚を形成し、やがて成体になるまでの過程を意味する。それを単純化すれば、内胚葉からは消化器官系が、中胚葉からは筋肉・骨格系が、外胚葉からは脳神経系と感覚諸器官が、それぞれ形成される。ならば、農業革命で達成された農業の時代は人間の腹のたし、すなわち内胚葉に由来する消化器官系の機能を充足させるという意味で、この段階の産業は「内胚葉産業」と名づけられる。同様に、工業は中胚葉に由来する筋肉や骨格の機能を充足させるという意味で「中胚葉産業」と名づけるのがふさわしい。そして最後に出現した情報産業の時代は、脳神経系・感覚諸器官の機能を充足させる時代である。この段階の産業は、外胚葉に由来する器官の機能充足をめざすので「外胚葉産業」だといえる。

ところで情報には、ふたつの機能がある。第一は、生産や流通、研究や事務など、人間の身体外の装置と制度に作用して、その機能や効率をあげる機能である。これをかりに「情報のメッセージ性」と名づけておく。第二は、人間の感覚器官に作用して、心身をよろこばせ、たのしませ、めずらしがらせ、おもしろがらせる機能である。これをかりに「情報のマッサージ性」と名づけておく。

いっぽう人間の感覚諸器官にはたらきかける情報は、言葉やイメージ、色や形、音や映像、味やかおりや肌ざわりなど、さまざまなアナログ型の情報である。それにたいして今日、いわゆる「ＩＴ革命」の名のもとに、急速に発達しつつある電子テクノロジーは、その蓄積・処理・伝達などをデジタル情報に変換することによって、容易かつ効率的におこなおうとする。してみると情報をめぐる今日的課題は、つぎの四象限グラフに表示できる。

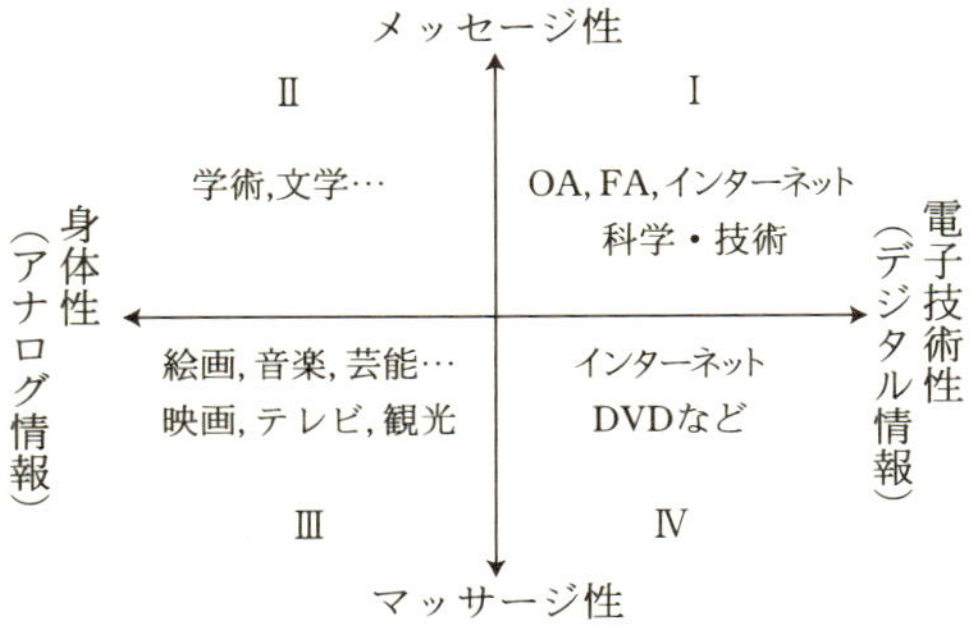

これらのうち、現代の日本社会で、いわゆる「情報化」とふかく関連しているととらえられるのは第Ⅰ象限、ついで第Ⅳ象限の課題である。それにたいし、第Ⅱ、Ⅲ象限の課題は考察の対象になる場合がすくない。しかし、とくに第Ⅳ象限の課題の将来的展開をかんがえれば、じつは第Ⅱ、Ⅲ象限の課題に、よりふかい関心がはらわれる必要がある。このことを「コンテンツ」という言葉への関心のたかまりが象徴する。ここでコンテンツとは、デジタル情報処理を可能にするハードウェアとソフトウェアを駆使して伝達される映画やアニメをはじめとする音響や映像を意味する。今後、これらを制作する能力が、産業や経済、社会や文化、さらには政治や行政の局面をもふくめて、おおきな意味と役割をはらむ。ここに情報産業社会の本格的到来がもたらす産業経済上のおおきな意味がある。

それだけではない。人をひきつける「コンテンツ」をうみだすのは、多様かつ広範な学術・技術・芸術・デザイン・芸能・スポーツなど「文化（の力）」である。あるいは、それらが創造される場の背景となる「自然環境（の質）」

である。むろん今後、食料やエネルギーの供給が逼塞《ひっそく》し、諸民族間の軋轢と葛藤が深刻な問題になりはする。しかし情報産業社会においては確実に、その社会をささえる自然環境の質と文化の力、なかでも絵画や音楽など、芸術と芸能のはたす役割がおおきくなっていく。

「衣食たりて礼節をしる」という言葉が、そのことをしめしている。つまり、消化機能系と運動機能系が充足された人間は、つぎに脳•神経系と感覚諸器官の充足をもとめはじめる。つまり「なにか快適で、おもしろくて、たのしいことはないか」――それにこたえるのが、ゆたかな「自然」と多様な「文化」一般のはたす、もっとも基本的な役割にほかならない。それをIT技術は、映像や音響などの「情報」として人びとにつたえる。そして旅行や観光は、そうした自然や文化が実在する現場に、みずから足をはこんで、心身の全体をもちいて、それらを実際に「体験」することにほかならない。という意味において、じつは旅行や観光とかかわる産業もまた情報産業の重要な一翼をになうことになるというほかないのである。

いずれにしろ充足をもとめはじめた脳•神経系は、まず、ゆたかな自然と価値ある文化の受容をもとめる。快適な自然環境に身をひたし、うつくしい音楽、おもしろい演劇や映画を鑑賞したい。そんな欲求が、これらを代表する。しかし、こうした情報の機会にめぐまれた人間は、今度は一時的にそれを遮断し、静謐のうちに心身をいやし、さらにあたらしい自然と文化の「創造＝表現」に、みずからをゆだねたいとかんがえはじめる。

現代の、とくに日本社会で「いやし」が流行語になり、自分史をはじめとする「創造＝表現」活動がさかんになりつつあるのは、そのあらわれである。こうした人びとの活動が、フクヤマのいう『歴史の終わり』にであった人間の心身のエネルギーを吸収する。そんな時代の人間の魂は、プラトンが『国家論』においてのべた「欲望・理性・気概（テューモス）」を、すこしずらせた要素、たとえば、

①なにか価値ある文化を受容したいとかんがえる「好奇心」

②心身をいやしてくれるゆたかな自然への欲求

③あたらしい文化の創造と表現に託して「ものがたること」

——これらによって充足されることになる。

こうした要請にこたえる自然の環境と文化の状況をととのえることが、旅行や観光が巨大な産業に成長していく時代における日本の課題でなければなるまい。そして、その課題に挑戦する事業が緒につけば、ゆたかな自然、ながい歴史、物心両面の文化的蓄積をもつ日本がめざすべき、あらたな方向を世界にむけて提示することができる。日本は「あたらしい文明の磁力」とでもよばれるのがふさわしい活力を発揮する国にうまれかわっていくのである。これこそが、言葉の本来の意味での「観光」をめざす国づくりにほかならない。

周知のように「観光」の語源は『易経』にある。そこでは、観光は、

「王に賓たるに利ろし」

すなわち「観光は一国の王たるものの仕事」とみなされていたのである。敷衍《ふえん》すれば、

「一国の王たるものは諸国をめぐって『国の光』を『みて』こなければならない」

ここで「国の光」とは、その国の「うつくしい自然、それがもたらした人びとのゆたかな生活、そこでうみだされたすぐれた文化」を意味している。

では、なぜ王は、それを「みて」こなければならないのか。

「自国にかえったあと、『他国の光をみる』ことで、ゆたかになった王自身が、今度は、みずから『国の光』を『しめす』ためである」

観光の「観」には「みる」と同時に「しめす」という意味がはらまれている。それが今日、ひろく大衆とよばれる人びとのもとめるところとなりつつある。そうした欲求に、日本列島の各地に点在する、すべての小盆地宇宙が、それぞれ独自に、多様な自然の環境と文化の状況をそだてることでこたえていく。こうしたいとなみにこそ、二十一世紀における日本、そこをおとずれる人びとの旅行や観光の課題をきりひらいていく出発点がある。「環境と観光」という本章の主題は、これまでの全五章の考察をふまえながら、日本文明そのものの将来をきりひらく話題にひろがっていく可能性をはらんでいる。

[注]

★1……一九六五年の独立当時、シンガポールは女性人口とともに、男女とも「かせぎにでる人」の数がおおかった。そのため、外食がさかんな東南アジアでも屋台で食事をすます人がおおかった。これらの屋台は、もとは街なかに無秩序にちらばっていた。そこで政府は、街なみをととのえるために、それらを公園やふるい市場などにかこいこみ、「フーカーズ(hawkers：行商人)・センター」とよぶようになった。

★2…ユートピア(utopia)とは「現実には存在しない理想的な世界」の意味である。その語源は「ou＝どこにもない」「eu＝よい」をかけた接頭辞「u」に「topos＝場所」をつけてT・モアがつくった新造語に由来する。ヨーロッパでは、この系譜に属する「人為をつくして理想郷をつくろう」とする思想や運動がふるくからあり、さまざまな時代に、いろいろな「ユートピア」が構想されてきた。

★3…パラダイス(paradise：楽園)とは「くるしみのない至福の場所」の意味である。語源はペルシャ語の「周囲(pairi)をかこわれた土地(daeza)」にある。それを「王侯貴族が獲物のおおい土地を猟場としたこと」に由来する。それが「エデンの園」に代表される神話的世界にとりこまれ、文明がきざす以前の「原初の時代の楽園」をイメージさせるようになった。

★4…「エデン」とは、古代のシュメール・アッカド語で「たいらな土地」の意味である。具体的には農業生産性のたかいメソポタミア平原のことをさしたらしい。

★5…面積は一一七平方キロ、人口は一万五千人。一五六五年にレガスピが上陸し、付近の島じまをあわせてスペイン領とした。先住民はチャモロ人。その後、カソリックの強制布教に反対するチャモロ人のグアム島への強制移住、カロリン諸島やトラック島からの移住など、紆余曲折ののち、一九一四年から四〇年間、島民の三倍以上の日本人が移住して統治。製糖産業がさかんになった。しかし一九四四年、アメリカ軍が侵攻し、同年七月には北端の岬で日本の非戦闘員が集団とびおり自殺。バンザイ・クリフの名をのこした。戦後はアメリカによる国連信託統治領をへて、一九七八年以降、アメリカの自治領・北マリアナ諸島の政治的中心となった。現在はアメリカ領グアムとならび観光が最大の産業となっている。

★6…日本人が「はたらき中毒だ」といわれてひさしい。しかし明治維新以前の近世のゆたかな自作農は、田うえがおわると「泥やすめ」、稲かりがおわると「骨やすめ」と称して、一〇日単位で温泉湯治などにでかけた。ヨーロッパでは王侯貴族のあいだにだけ避暑・避寒の保養がゆるされた時代の話である。ところが、近代も一九三〇年代になると、ヨーロッパの中産階層にリゾートでの保養の習慣がひろがっていく。それにたいして日本人は、おなじ時代に「ひたすら勤勉にはたらく」気風だけをつよめ、ひろげていった。それは、近代的な勤勉の労働観への一種の過剰適応であったというべきであろう。

★7…面積は三万四〇〇〇平方キロ、人口は七〇〇〇万人。一五〇〇キロをこえる海岸線のうち、海洋リゾートとして開発可能な砂浜が三九か所ある。その代表が、島の南の亜龍湾、石梅湾、大東海などである。また、島のあちこちに熱帯林があり、なかでも五指山原始森林区、覇王嶺森林区、尖峰嶺森林区、弔羅山森林区、黎母山森林区など五大森林区には、めずらしい樹木がある。当然これらの場所では動物も豊富で、珍獣として有名な海南鹿のほか、手長ザル、クジャク類、霊豚などが棲息している。そのほか興隆、七指嶺、林旺、東和など三〇数か所の温泉、さらに唐と宋の時代に海南島にながされた五人の歴史上の人物をまつった海口市の五公祠、蘇東坡がすんだ東坡書院など、名所旧跡にもめぐまれている。

★8…これとおなじことは少し昔の韓国にもあてはめられた。その当時は、半島部をおとずれるためには、ビザの取得が不可欠であった。しかし、はやくから済州島をおとずれるだけなら現地到着後でもビザが取得できた。

★9…首狩りの習俗は、イバン族だけでなく、稲作地帯にひろく分布していた。しかしイバン族の場合は、それが二十世紀なかばにまでのこる。最後の首狩りは、一九六〇年代のインドネシアとの国境紛争のさいに、マレーシア軍の兵士となったイバン族によっておこなわれた。しかし本来の首狩りは、食物や財産を略奪し、女や子供をつれさって奴隷にするたたかいのさいにおこなわれた。その首は、イネの成長をうながし、喪あけを記念し、不妊の女性の生殖力をたかめるとかんがえられたという。

★10…東南アジア、オセアニア、西アフリカ、アマゾンなどに分布する。一・五、ないし二メートルぐらいの杭上に住居がならぶ長屋形式の建物。そこにすむ家族の数はさまざまである。イバン族の場合、二〇家族ぐらいの住居がならぶ。高床が地面からの熱の伝達をさまたげ、風とおしがよく、洪水から居住空間をまもる、などの機能がある。

★11…欧米諸国のうち、海外旅行にでかける人の数がおおいのは、カソリック系よりも、むしろプロテスタント系の国ぐにである。日常の生活規範がきびしいので、旅行や観光によって緊張をほぐそうとするからであろうか。なお、カリマンタンへの訪問者にスウェーデン人がおおいのは、一九九六年に国賓としてマレーシアをおとずれたグスタフ国王とシルヴィア王妃が、五日間の滞在期間のうち三日間を、サラワク州ではないが、サバ州の自然保護区ですごしたといったことが影響しているのかもしれない。

★12…ツバメの巣は中国料理の高級素材。イワツバメが唾液をかためてつくる。コウモリの糞は効果のよい肥料として利用された。

★13…「馬場」は本来「乗馬の練習や馬術競技・競馬などをおこなう場所」を意味するが、明治時代までは「（馬がとおれる）ひろい道路」といった意味にももちいられた。

★14…「禅定」とは、仏教用語で「姿勢と呼吸をととのえて、心をひとつの対象に集中する」こと。そこから派生して「修験道の行者の修行として高山にのぼること」を意味するようになった。

★15…ヨーロッパでは十二世紀、「十字軍」という名の「大規模な巡礼」がイエルサレムをめざすころから、カソリック教徒の巡礼一般がさかんになった。しかし、十六世紀に登場したプロテスタント諸派は、聖遺物崇拝や巡礼を否定する。くわえて近代科学的な合理主義が力を獲得する十八世紀以降、巡礼の習俗は急速に逼塞《ひっそく》した。ところが、環境汚染や資源の枯渇など、「近代」という時代の病弊が問題視されはじめる一九七〇年代には、フランスを中心に、シャルトル、パレー・ル・モニアル、ルルドなどへの巡礼者が急増する。おなじように日本でも一九九〇年代、阪神大震災やオウム真理教事件などが、経済万能の時代精神にたいする批判をよびおこす。その結果なのであろう。四国八八か所をおとずれるお遍路やお伊勢まいりなど、信仰とむすびついた旅行が活発になる傾向が観察できる。

★16…西双版納には、タイ族のほか、ハニ族、プーラン族、ジノー族、ラフ族などの少数民族がすんでいる。しかし大多数はタイ族で、彼らはタイ王国のタイ人のルーツである。現在でもタイの人びとは、みずからを小タイ族、西双版納のタイ族を大タイ族とよんで尊敬をはらっている。

★17…一九九二年にリオ・デ・ジャネイロで開催された地球サミットにおいて採択された五つの議定書のひとつである「アジェンダ21」が提唱した重要な命題が「持続可能な開発」（sustainable development）であった。それを「観光」に適用したのが「持続可能な観光」というコンセプトである。

★18…スイスに本部をおく自然保護と野生生物保護の分野で活動している国際機関。設立は一九四八年。

★19…アジア太平洋地域の政府、航空・海運会社、旅行社などからなる観光促進団体。設立は一九五一年。

★20…飛鳥、奈良、京都など、近代以前の日本人は、このんで盆地に「都」をきずいた。それは都だけでなく、それぞれに固有の自然環境や空間的な閉鎖性に由来する独自の歴史と文化の伝統、多様な物産や習俗をうんだ日本文化がはらむ地域性に、ひろくあてはまる。それが米山俊直氏のいう「小盆地宇宙」である（米山俊直、一九八九『小盆地宇宙と日本文化』岩波書店）。

★21…さきの『小盆地宇宙と日本文化』のなかには、つぎのような記述がある。

小盆地宇宙とは、盆地底にひと、もの、情報の集散する拠点としての城や城下町をもち、その周囲に平坦な農村地帯をもち、その外郭の丘陵部には棚田にくわえて畑地や樹園地をもち、その背後に山林と分水嶺につながる山地をもった世界である。……このような地形を特徴とする世界で、住民が構築してきた精神文化を、小盆地宇宙と呼ぶのである。

付論

旅の終わりの談論

歩く・見る・聞く、そして考える
調査記録・現地討論抄録

山本志乃

「サイパン」(一九九二年一一月八日〜一一日)

〈日程〉

一一月　八日(日)　成田—サイパン/ハファダイビーチ泊

九日(月)　ハファダイビーチ=ラストコマンドポスト(日本軍最後の司令部跡)=バンザイクリフ(日本人が多数身投げした断崖)=バード・アイランド(日没時に海鳥が集まる小島)=聖母マリアの祠(洞窟内の拝所)=ハファダイビーチ/ハファダイビーチ泊

一〇日(火)　ハファダイビーチ=砂糖王公園(サトウキビを運んだ旧式の蒸気機関車がある)=日本刑務所跡(海に墜落した米軍パイロットたちは、ここに捕らえられていた)=北マリアナス大学(図書館を見学)=サンセット・ディナークルーズ(コーラルクイーン号でディナーショーを見ながらの食事)=ハファダイビーチ/ハファダイビーチ泊

一一日(水)　共同討議(ハファダイビーチホテル)=空港—成田

＊—は航空機利用。=は自動車利用

〈参加者〉

石森秀三・千田稔・高田公理・神崎宣武・江原玲子・坂口福美

〈現地討論の要旨〉

・サイパンは一九七八年にアメリカの自治領になった。当初は、沖縄に代わる戦略基地として軍事基地化をはかる予定であったが、その後はむしろ日本が中心となって観光開発が進められた(石森)。

・ホテル開発は、一部のアメリカ系、韓国系を除いて、ほとんどが日本系列。サイパンの観光地化のはじまりは日本企業による観光開発が大きく関与している(石森)。

・当初の観光客は新婚旅行が中心。その後海洋レジャーのシステム化で若いグループ旅行者が増えている。一番近くて安く行ける外国として人気が安定している(神崎)。

・長期滞在の工夫が、サイパンではまだまだやれる余地があるのではないか(千田)。

・サイパン島全体が、三泊四日(実質は三泊二日)程度のパック旅行に対応するシステムを作りあげてしまっている。長期滞在型を受け入れるシステムがあまりない(高田)。

・三泊二日のサイパン観光は、社員旅行の行く先としても適当である(石森)。

・長期滞在、自炊システムを取り入れる場合、流通システ

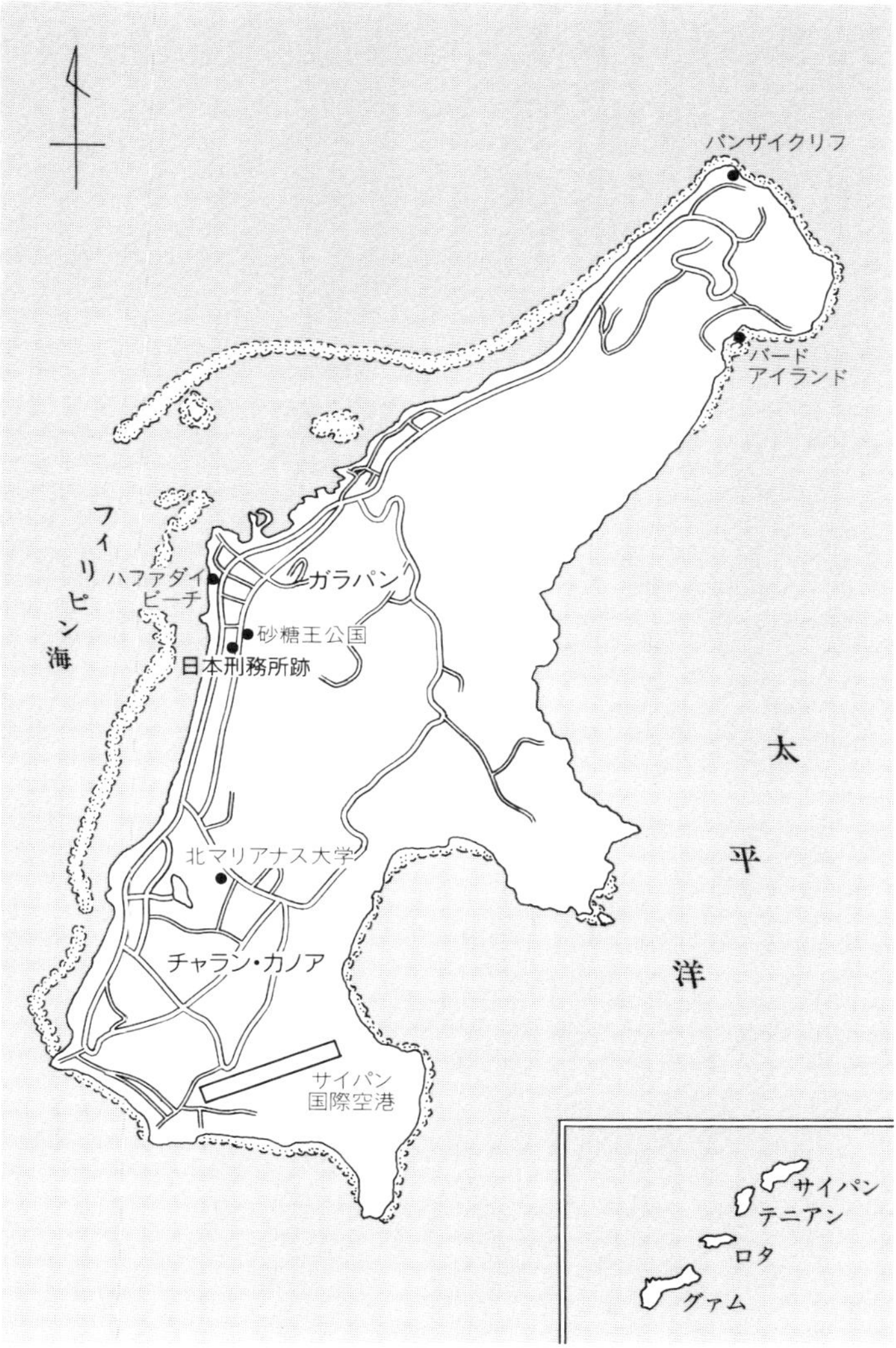
パンザイクリフ
バード
アイランド
フィリピン海
ハファダイ
ビーチ
ガラパン
砂糖王公国
日本刑務所跡
太
平
洋
北マリアナス大学
チャラン・カノア
サイパン
国際空港
サイパン
テニアン
ロタ
グァム

ムや施設から考え直さなければならない。野菜の供給ができない島というが、やりかたによっては可能ではないか(神崎)。

• 本来文化的にマリーンであるサイパンで農業をやっても、難しいのではないか。アグリカルチャーは組織だった仕事にも向いているが、マリーンの文化はこれが不得手なのではないか(千田)。

• 現地の人々の観光産業への参画が必要なのではないか。フィリピンからの労働者の導入ばかりに頼るのでなく、現地の雇用拡大が必要(神崎)。

• 特別な見どころというのもないが、かといってマイナスイメージもない。全体に健康的なイメージがあり、悪所などがないだけに家族でも行ける(高田)。

• サイパンを訪れる観光客は年間五〇万人。人口の一〇倍以上にもなる。観光立島としては大成功だが、現実には外国資本に支配され、従業員もフィリピン人が中心で、ただ島が利用されているに過ぎない(石森)。

• 緯度がプラスマイナス二〇度のあいだの島嶼部は、住人にとっても「生活楽園」。サイパンのようにあくせく働かなくてもすむ世界で、産業としての観光をもちこんで対応できるとは思えない。「裏腹の共存」を考えるべきである(神崎)。

• 少し前まで農業社会だったサイパンにとって、環境変化が急激過ぎるのでは。工業化を素通りして情報化産業社会がやってくる可能性が現実化している。結果として、風土を無視して、それを消費することにしかなっていない(高田)。

• 逆に、地元の人々が観光産業に労働力として入らないことを評価もできる。観光における「文明改革」と「文化伝承」は、対立でなく調和をめざさなければならないだろう(神崎)。

共同討議

「海南島」（一九九三年一〇月一三日～二三日・一九九四年九月一七日～二五日）

〈日程〉

第一回（一九九三年）

A班

一〇月一三日（水） 成田・大阪―香港／香港泊
一四日（木） 香港―海口（五公祠、海瑞墓など）／海口泊
一五日（金） 海口＝屯昌＝通什（海南島のほぼ中央部にあり、先住民の居住地）／通什泊
一六日（土） 通什滞在（黎族村、苗族村、通什民族博物館など）／通什泊
一七日（日） 通什＝海口／海口泊
一八日（月） 海口滞在（火山口、鯨台書院など）／海口泊
一九日（火） 海口―香港―成田・大阪

B班

一〇月一七日（日） 大阪―香港／香港泊
一八日（月） 香港―海口（五公祠、海瑞墓など）／海口泊
一九日（火） 海口＝文昌（ヤシの林、宋慶齢旧居など、名物は鶏料理）＝興隆（興隆温泉）／興隆泊
二〇日（水） 興隆（華僑農場でのプランテーション、とくにコーヒー栽培）＝三亜／三亜泊
二一日（木） 三亜滞在（天涯海角、牙龍湾、大東海など、「東洋のハワイ」を目指して開発中）／三亜泊
二二日（金） 三亜＝海口／海口泊
二三日（土） 海口―香港―成田・大阪

第二回（一九九四年）

九月一七日（土） 成田・大阪―香港―海口／海口泊
一八日（日） 海口＝三亜／三亜泊
一九日（月） 三亜＝通什／通什泊
二〇日（火）～**二二日**（木） 通什滞在／通什泊
二三日（金） 通什＝海口／海口泊
二四日（土） 共同討議（海南省旅游局海外旅游公司・時社長が参加、金海岸大酒店）―香港／香港泊
二五日（日） 香港―成田・大阪

＊―は航空機利用。＝は自動車利用

〈参加者〉

第一回 **A班** 石森秀三・神崎宣武・李琦・坂口福美
B班 高田公理・神崎宣武・李琦

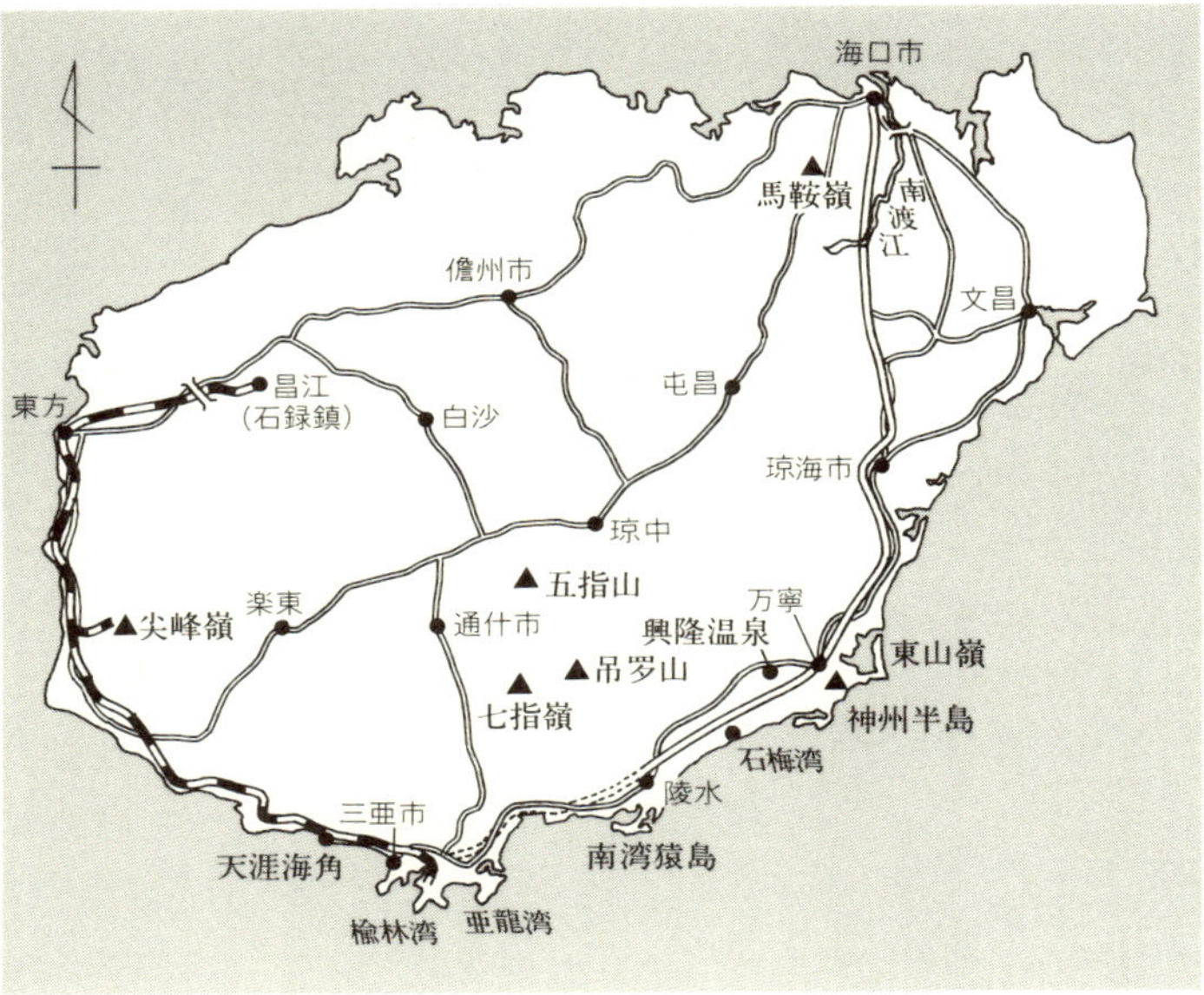

第二回　石森秀三・神崎宣武・李琦・坂口福美

〈現地討論の要旨〉

・かつて海南島は中国の南方の軍事拠点だったが、冷戦終結によって観光拠点へと変わった(石森)。

・海南島は一九八八年に省に昇格し、経済特別区に指定。当初は大工業地帯の開発が計画され、日本を含めた外国企業との合弁会社が三三九三社、国内企業は八三二四社が急激に作られた。九二年末頃からバブルがはじけ、四割の工事がストップ。工業立島から観光立島への転換がはかられる。中国国家旅游局は海南島をリゾート観光の最重要地区に指定している(石森)。

・旅游区の開発は、観光客を誘致するためだけのものでなく、食糧などの物資を供給する地区にもなされる。観光産業を基幹として、農業、工芸などをこれに従属する産業として育成するという地域経営の考え方は興味深い(高田)。

・「落地ビザ政策」(現地に到着したのちにビザの支給をうけることができる入国制度)は、島であるからこそ可能な政策。中国大陸と海で隔てられていることで、観光開発に有利な条件を備えている(高田)。

・観光資源として、海、山、少数民族、グルメなど豊富。海南省旅游局によれば二一四ヶ所の開発可能な箇所がある(石森)。

- 海口は海南省の省都であり、空港のある場所。海口自体に観光地として展開する可能性はあまりないが、島の中心都市としてさまざまな合法・非合法の水商売が派生している。そこに観光客も足を運び、巻き込まれることになる(神崎)。
- 売春婦とおぼしき女性が、露骨にホテルのロビーにまで入り込んでいる。観光地の「光と影」の「影」の部分が表出するのは好ましいことではない(神崎)。
- ここ二〜三年の観光客は年間二八〇万人〜二九〇万人。うち八〇%以上が国内観光客。香港と台湾の客もこの中に含まれ、とくに台湾からの男性渡航者が多い。彼らが、かつて日本人が台湾で売買春に興じたとおりを追体験しているともいわれる(神崎)。
- 文昌は川をはさんでの「田園都市」の雰囲気があり、のんびりと風景を楽しみ、鶏料理を食べるという楽しみ方ができる(高田)。
- 興隆には温泉がわいているが、温水プールに利用されている程度。日本の温泉地のような利用法ができないものか(高田)。
- 三亜では亜龍湾に約二〇〇億元を投じて一大国際リゾートを開発中。高級ホテル、ゴルフ場、ビラ、競馬場などが計画され、三亜鳳凰国際空港も九四年七月に開港した(石森)。
- 明確なイメージや理念なしにリゾート開発を進めると、特定の地域イメージとはかかわりのない「あいまいなリゾート」になる可能性がある(石森)。
- 三亜と通什のあいだの道が整備されれば、民族村の見学を組み合わせた海と山の観光コースは悪くはない。三亜の鉄道を再整備して観光路線として残すという方針もあるらしい(神崎)。
- そもそもリゾートとは、アジアで定着しうるものなのか。アジア的リゾートを作り出さなければならないのではないか(石森)。
- 第一回調査の際に辟易した回族の女性の物売りが、一年後の第二回調査の際には一掃されていた。これも売買春の問題と同様に、急激に観光客が増えたところへ派生した過渡期的な商業形態である(神崎)。
- また、第一回調査では亜龍湾で泳ぐ人をほとんどみかけなかったが、一年後には海に入っている人が五〇人ほどいた。売店で水着を売っていたり、水上バイクで遊びまわるなど、速いテンポで変化している(神崎)。
- 独特の歴史性、地理性、文化性をはらんだ島であるので、たとえば歴史資料館を作るなど、文化の産業化をはかるべき(石森)。

・亜龍湾近辺の農村地域は、二〇〇〇人ほどの住民のうち九割が黎族で、そこに民族村を建設し、亜龍湾のリゾート開発に連動させようという計画がある。同じようなことが回族でも可能ではないか(石森)。

・通什には複数の民族村があり、はじまりは一九八九年頃から。ひとつの村を観光客に開放するというスタイルが最初だが、今ではさびれていて、村と離れたところに観光民族村、文化村を作った。そこへ近隣の村人が働きにきている(神崎)。

・海南島には、漢民族以外に三五の少数民族がいる。もっとも多いのは黎族で、島の人口約七〇〇万人のうち、一〇〇万人ほどを占める。黎族は海南島の原住民とされる(石森)。

・海南省民族博物館は一九八六年に開館。隣接の「黎族・苗族観光村」とともに通什の主要な観光施設となっている。観光開発の一方で、こうした少数民族の文化の保存と継承も実践されている(石森)。

・この博物館は文化創造のセンター機能を果たしており、単に民族文化を記録・保存するだけでなく、あらたに編集しなおして観光客に提示している。そういう点からも、民族村が複数あるのは、バラエティに富んでいてよい(石森)。

・演出された民族村と、実際の居住区である日常生活の場が別々に存在していることは、かえってよいこと。近代化と観光化が同時進行できる(高田)。

・食べ物の分野で、今後黎族の伝統的な食べ物を観光客向けに再生産する試みが期待される(神崎)。

・将来のさまざまな層の観光客の訪問を予測すると、海口と三亜にアンテナショップ型のインフォメーションセンターを作るべきではないか(神崎)。

・日本をはじめ、観光客誘致をねらう地域にむけて、民族文化の「出開帳」をするなどのPRも必要(高田)。

・「観光立島」の緒についたばかりの海南島であるから、国際的なリゾート水準が評価されるにはもう少し時間がかかるだろう。まだ、中国人観光客が多いのだから(神崎)。

・官民一体となった「もうひとつの中国―ハイナンリゾート」を作る試みに期待したい。一方で、旅する側でも「もうひとつの旅のかたち」を模索する時期にきている。すなわち欧米の先進事例に比較するのでなく、また日本人の好みを基準にするのでもなく、「郷にいれば郷に従う」かたちでアジアの可能性を考えることが必要ではないか(神崎)。

「マレーシア＝サラワク州」

（一九九五年一二月一一日〜一七日）

〈日程〉

一二月一一日（月）　成田―クチン／クチン泊

一二日（火）　クチン滞在（イギリス統治時代の博物館・大学・図書館群、セピロックオランウータン・リハビリテーションセンター、河口の貿易港と運河など）／クチン泊

一三日（水）　クチン＝、…イバン族のロングハウス（川をさかのぼった密林の中の村、昼食を食べながら舞踊を見学、ただし観光の制度化は未整備）…、＝クチン／クチン泊

一四日（木）　クチン―ミリ／ミリ泊

一五日（金）　ニア国立公園（アジアでもっともエコ・ツーリズムの環境整備がなされている公園）＝ミリ空港―クチン／ダマイビーチ泊

一六日（土）　サラワク文化村（野外民族博物館に相当するが、食堂や売店も多い）／ダマイビーチ泊

一七日（日）　共同討議（ダマイラグーン・リゾート）＝クチン―成田

＊―は航空機利用。＝は自動車利用。…は船利用

〈参加者〉

石森秀三・高田公理・神崎宣武・坂口福美

〈現地討論の要旨〉

- クチンの街には、イギリス統治時代の名残か、建物やゾーニングなど全体にわたって都市的な秩序が感じられる（高田）。
- とくに近年、ウォーターフロントの部分に、見られることを意識した整備がなされている（神崎）。
- 多民族が混住するマレーシアにおいて、国民的統合をすすめるひとつの手段として国内観光旅行が奨励されている（石森）。
- サラワク文化村は、規模、芸能の演目、展示民家の配置など、さまざまな面において質の高い民族村であり、観光客誘致にも成功している（神崎）。
- イバン族の村への観光は、一九八〇年代以降に、ワンデイツアーやナイトステイなどが一般の観光客を対象になされるようになった。ただし、開放されているのは川沿いの限られた村である（神崎）。

・観光客が訪れるイバン族の村では、ロングハウスの廊下で土産物を売ったり、踊りや吹き矢のパフォーマンスなど、かつては見られなかった観光客向けの対応がなされている(高田)。

・ヨーロッパのナチュラリスト志向の旅行者は、ロングハウスに長期滞在して、ジャングルトレッキングなどのエコ・ツアーを体験する(石森)。

・オランダやドイツなどアルプス以北のヨーロッパ旅行者にとっては、海と太陽、そして食材の豊かな南への憧れが強いのではないか。東南アジアの島々は、そういう点でも人気がある。サラワクへもヨーロッパ人観光客がいち早くはいってきた(高田)。

・島の許容性を考えると、住民の生活と観光客とをうまく「切り結ぶ」ような、ある境界領域をつくっていかなければならないのではないか。サラワク文化村は、そのひとつの例となっている(神崎)。

・近隣諸国間のグランドデザインをリンクさせて、アジアの島々をめぐる「サークリング」や、環境問題を考えながら観光開発を進める必要があるのではないか(神崎)。

・「自文化に誇りをもったホスピタリティ」の実現が、観光立島を唱えるうえで今後の大きな課題といえる(神崎)。

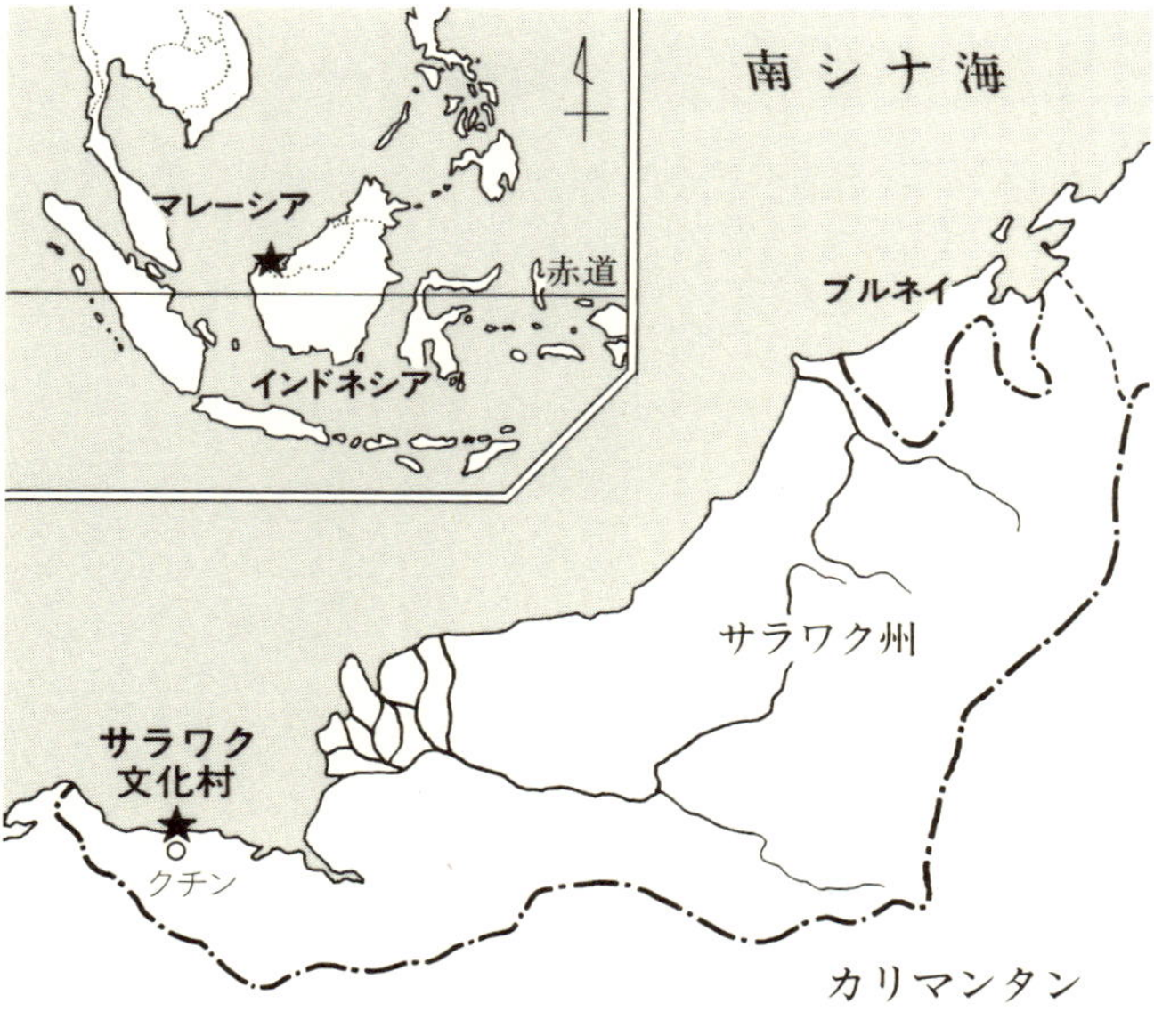

「タイ＝プーケット島・サメット島」

（一九九六年五月一〇日～一七日）

〈日程〉

五月一〇日(金)　成田―プーケット(「太陽の楽園」をうたうリゾート地)／プーケット泊

一一日(土)　プーケット滞在(タイビレッジは、民族ショーと象のショーで人気)／プーケット泊

一二日(日)　プーケット―バンコク＝パタヤビーチ(日本人・アメリカ人を集めるリゾート地)／パタヤビーチ泊

一三日(月)　パタヤ…サメット島(小規模なリゾート地でビーチが美しい)／サメット島泊

一四日(火)　サメット島…ラヨーン(ホテルの設備とサービスが優良)／ラヨーン泊

一五日(水)　ラヨーン＝バンコク／バンコク泊

一六日(木)　バンコク＝アユタヤ(日本人街の発掘現場、日本の援助による近代的な博物館)＝バンコク／バンコク泊

一七日(金)　共同討議(ホリデイイン・クラウンプラザ・バンコク)＝空港―成田・関空

＊―は航空機利用。＝は自動車利用。…は船利用

〈参加者〉

石森秀三・高田公理・神崎宣武・坂口福美

〈現地討論の要旨〉

- ヒッピーの放浪と軍隊の遠征は、旅の先鞭をつける役割を果たしてきたともいえる(神崎)。
- プーケットは、アメリカ軍の軍人たちがベトナムから一時出国して保養する、そうしたリゾート地から発達した。保養地とはいうが、酒場とギャンブル・娼婦は、当時とすれば必要悪のようなもので、観光地として日本人などを集めだしてからも、その裏観光の印象が長く残った(神崎)。
- タイの場合、プーケット、サムイといった島々には、観光客に先がけてヒッピーたちが足を向けた。実際にサメット島にもそういう系統の人たちがたまっていた。一大観光地となるまでは、突出した旅人たちのある種「たまり場」となる。そこに麻薬がからんでくる(神崎)。
- あのサメット島でマリファナの禁止を徹底することはできないのではないか(高田)。
- 北部タイは麻薬の生産地でもあるが、近年麻薬の取締りが非常に厳しくなっている。もちろん、健康や犯罪の面

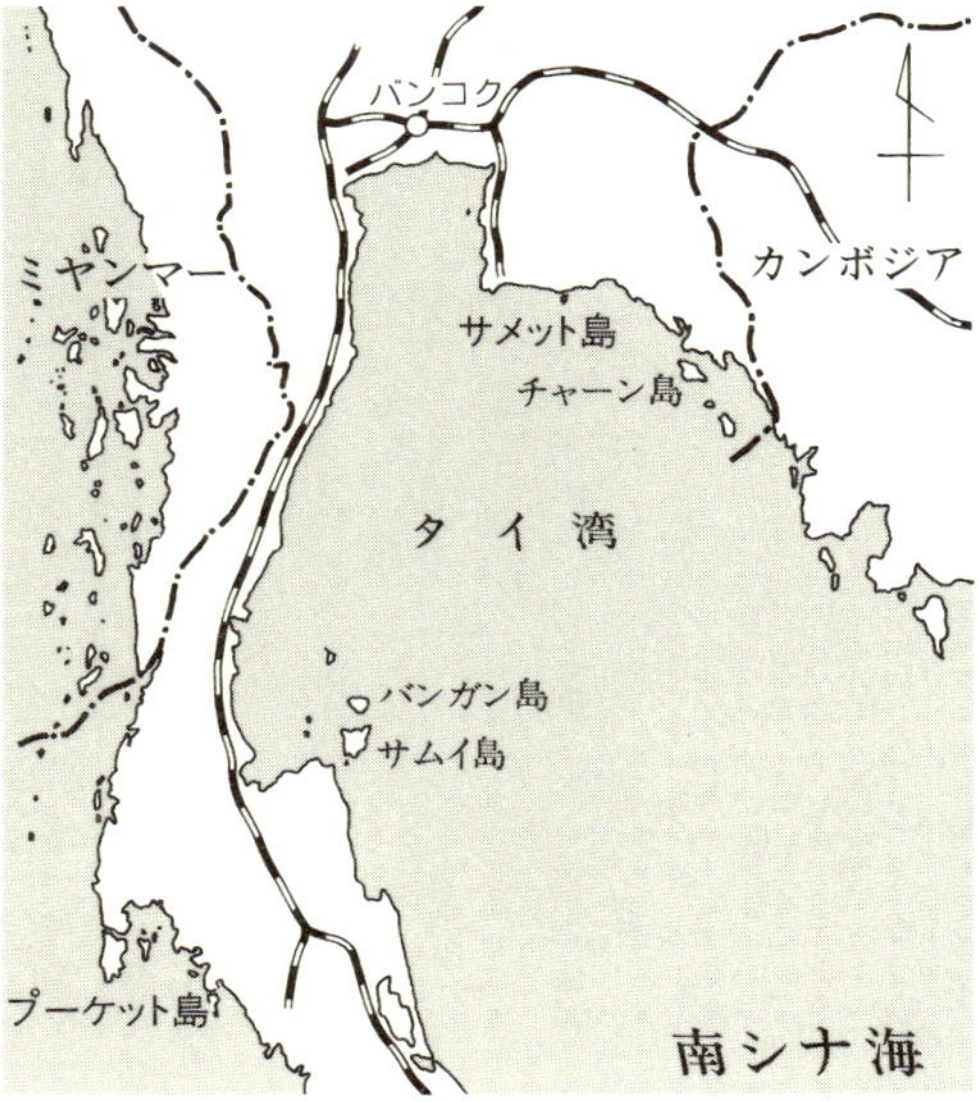

からもそうあるべきだが、国際的な観光地として持続するには、やはり麻薬や売買春のイメージはマイナス、ということなのだろう(神崎)。

- タイの島では、セクシャルな部分の表出はそれほど感じられなかった。制度として裏にもぐって存在しているのだろうが(神崎)。
- バンコクでは、一〇年ほど前に、日本人とドイツ人とアラブ人がセックス・ツーリズムの面で非常にきわだっているといわれた。これらのツーリストは遊ぶ場所を完全に棲み分けしていた。ツーリスト側の文化が非常に異なっているので、お互いの観光ガイドシステムも異なっている(石森)。
- 島というのは、表と裏のギャップが少ないというところで観光立島をはからないと失敗するのではないか。開発政策として、ドラッグと売買春をもちこまない、制度的にそれを認めないことが、万人の心を癒す観光地となりうる方法であろう(神崎)。
- 「癒す観光」というと、プーケットで行ったマッサージ。部屋がいささか薄汚いところを除くと、健康的でよかった。現地の人たちも女性客もいて、二時間たっぷりマッサージしてくれる。裏観光のセクシャル・マッサージばかりが話題になるが、こうした健康的なマッサージをもっと売り出してよいのではないか(高田)。

●表の観光のなかでは、タイビレッジはなかなかのものだった。民族ショーやタイ料理は他でも同じレベルのものがあるが、蘭の栽培農園と象のショーは迫力があった。とくに象のショーは、もちろん演出されたものだが、山地での木出しの労働風景をかなりリアルに見せるということでは演出もすぐれていた。まるでつくりものではない臨場感が、この種のテーマパークには必要であると確信した(石森)。

●人間よりも花、花よりも動物が受ける。皮肉なことだが、大衆演劇でも、客受けが悪ければ子どもを出せ、子どもが出ても受けなければ猿を出せ、というから、そんなものだろう(高田)。

●タイは全体的に見ると、アジアでは台湾とともに国際的な観光地として他より先んじている。世界の観光地の標準、たとえばハワイ並みの標準を構築して持続できるかどうか。ここから先は、観光政策とも関係することなので何とも予断できないが、裏観光のイメージがいつまでもつきまとうのは望ましくない。明るい観光地としての発展を望むしかない。と同時に、こうした片寄ったイメージを固定させたのは、我々日本人観光客にも一部の責任がある、ということもこの際言っておきたい(神崎)。

サメット島の海岸

「沖縄」（一九九六年九月一二日〜一六日）

〈日程〉

九月一二日（木）　関空・那覇―宮古／宮古泊

一三日（金）　宮古（ドイツ文化村、宮古島パラダイスなど）―石垣／石垣泊

一四日（土）　石垣滞在（八重山民俗園、八重山博物館など）／石垣泊

一五日（日）　石垣…竹富島（喜宝院蒐集館、内地から移住した人が営業する売店など）…石垣／石垣泊

一六日（月）　共同討議（石垣グランドホテル）／石垣泊

一七日（火）　石垣滞在（台風のため）／石垣泊

一八日（水）　石垣―羽田・関空・那覇

＊―は航空機利用。＝は自動車利用。…は船利用

〈参加者〉

石森秀三・千田稔・高田公理・上江洲均・神崎宣武・清水良治・小川善久・坂口福美

〈現地討論の要旨〉

- 宮古島は、ここ数年で見る限りでは沖縄で一番観光の活性化が進んだ（神崎）。
- もともとサトウキビ農業が盛んな島で、どちらかというとあまり観光には熱心でなかった（清水）。
- 新しくできた観光施設は、マリンダイビングを中心としたもの。島全体は三〜四時間で見てまわれるので、周遊型の観光客が一泊していく程度（清水）。
- たびたび台風の被害にあったことで、観光客の目につくような伝統的な建造物などが残っていない（上江洲）。
- 八重山諸島の島ごとに異なった顔を追求して、それらの島々を巡礼するような旅や観光が演出できるのではないか。たとえば西表島ではエコツアー、石垣島と竹富島では民族文化観光、そして宮古島ではマリンスポーツやテニス、ゴルフなどのスポーツ、といった具合にすれば、三〜四島をセットで一週間は楽しめる（高田）。
- 台風が観光のオンシーズンにかぶるため、島をつないで動くことが難しいのではないか。また、島々の「サークリング観光」をはかるべき県が、どの程度その問題に取り組めるか。観光開発は外部（本土）資本への依存が強い（神崎）。
- 沖縄は一九七二年に本土復帰、七五年に海洋博があり道路が整備された。七八年に自動車の車線変更。七〇年から八〇年を通じて、農村の圃場整備が急速に進んだ（上江洲）。

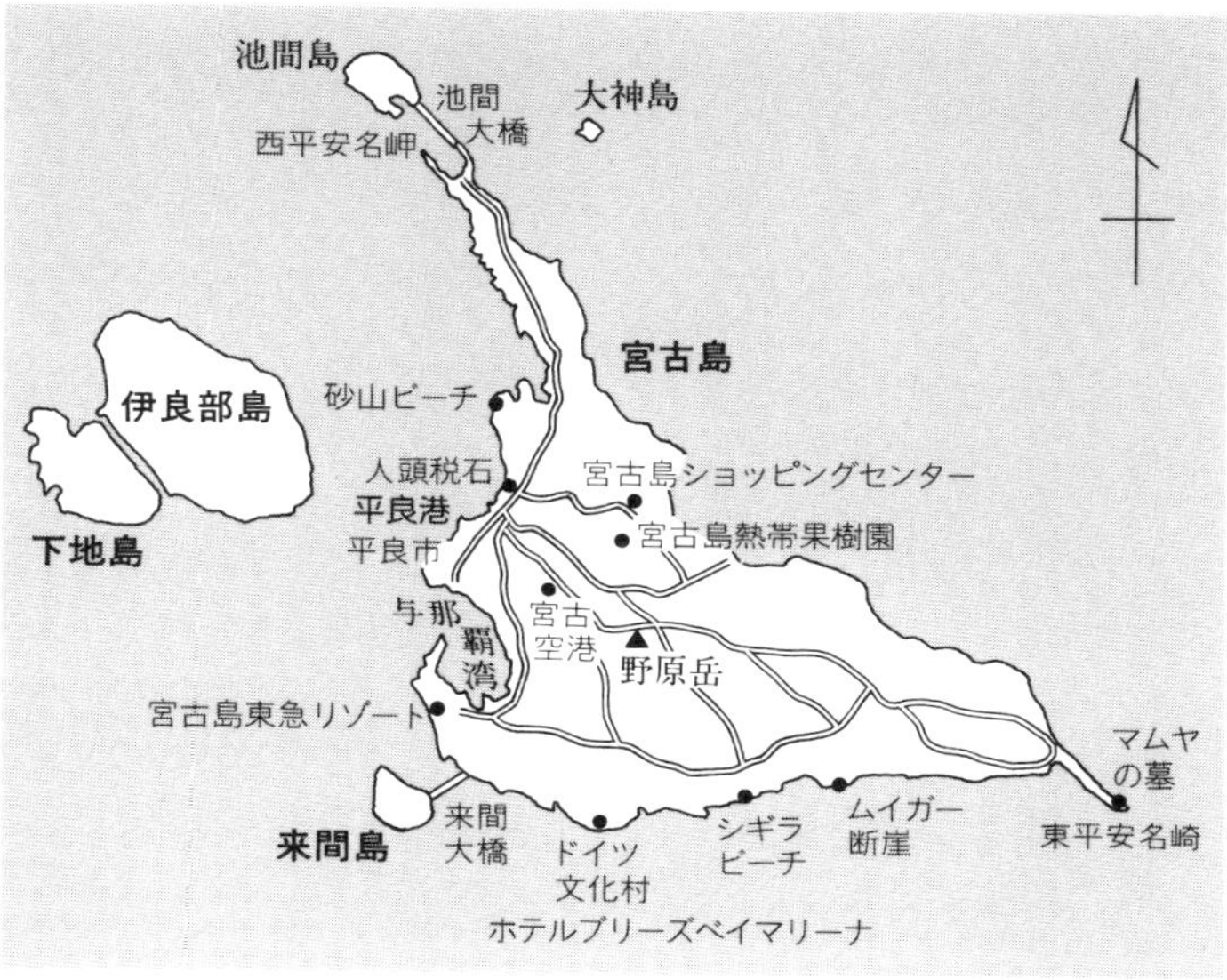
池間島
池間
大橋
大神島
西平安名岬
宮古島
伊良部島
砂山ビーチ
人頭税石
宮古島ショッピングセンター
平良港
平良市
宮古島熱帯果樹園
下地島
与那
覇
湾
宮古
空港
野原岳
宮古島東急リゾート
マムヤ
の墓
東平安名崎
来間島
来間
大橋
ドイツ
文化村
シギラ
ビーチ
ムイガー
断崖
ホテルブリーズベイマリーナ

石垣島
玉取崎展望台
川平公園
ヤエヤマヤシ群落
於茂登岳
名蔵湾
八重山民俗園
ヴィラフサキリゾート
石垣
空港
石垣市
石垣港
小浜島
竹富島

・沖縄にはまだ観光資本といわれるようなものはなく、本島にいくつかの地元資本のホテルがある程度。県の第三セクター方式で開発を進めているところもあるが、離島にまではそうした開発方針が届いていない(清水)。
・若者を対象にした観光開発では、観光資源の活用が限定される恐れがある。島に来る若者は、多くが海洋レジャーを目的とした単一的なパターン。文化的なものを掘り下げるニーズはない(千田)。
・社会の高齢化を考えると、今後は冬の避寒リゾートが重要な意味をもつようになるのではないか(高田)。
・古代に興味をもって集まる熟年世代にあわせて、日本文化の源流をさぐる「海上の道観光」のような設定も可能ではないか(千田)。
・そもそも沖縄の観光は、一九七〇年頃に本土からの戦跡めぐりの慰霊団が中心となってはじまった。当初は道も悪く、設備も整っていなかったが、その後「本土並み」の水準を追及した結果、島々が均一化してしまったともいえる(清水)。
・アジアのなかの沖縄の位置付けを考えると、「民俗文化観光」に大きな可能性がある(石森)。
・沖縄は、日本で唯一カルチャーヴィレッジが可能な場所であろう。外から来る人へのガイダンスとなり、雨天の場合の観光施設ともなるような、現在あるものよりも大きな規模の民俗村をつくってはどうか(神崎)。
・あるいは「国立沖縄博物館」のようなセンターも必要である(石森)。
・八重山、宮古、本島と、歴史的な文化相が異なり、島と島とをつなぐかたちでの観光に開発の余地がある。沖縄は、日本でもっとも「観光立島」の夢がある場所といえる(神崎)。

上江洲均氏の講話をもとに共同討議

「台湾」（一九九七年一〇月二〇日〜二六日）

〈日程〉

一〇月二〇日(月)　成田・関空―台北／台北泊

二一日(火)　台北＝台中＝鹿港（もっとも古く開けた漢人街・古蹟区に指定）＝日月潭（山中の自然湖・景勝地）／日月潭泊

二二日(水)　日月潭＝九族文化村（先住民族の生活文化を伝える野外テーマパーク）＝仁愛（旧霧社・昭和一四年、タイヤル族青年による日本人虐殺のあった山上の村）＝蘆山温泉（日本時代に開発された温泉）／蘆山温泉泊

二三日(木)　蘆山温泉＝大禹嶺（ともに三四〇〇メートルを超える合歓山と無明山が左右に望める峠）＝太魯閣（二〇キロも続く大理石の狭谷）＝花蓮／花蓮泊

二四日(金)　花蓮＝阿美文化村（先住民族アミ族の集落を利用したテーマパーク）＝豊濱郷八里湾（古い生活風情を残すアミ族の居住地）＝花蓮／花蓮泊

二五日(土)　共同討議（統師大飯店）、花蓮―台北／台北泊

二六日(日)　台北―成田・関空

＊―は航空機や鉄道利用。＝は自動車利用

〈参加者〉

石森秀三・高田公理・神崎宣武・鈴木恭子

〈現地討論の要旨〉

• 台中から花蓮まで台湾を横断してみて、巨大な「山島」であることがよくわかった。日本時代には、新高山（玉山）が最高峰（三九五二メートル）であった。このルートでも合歓山・奇萊主山・無明山など富士山より高い山が望めた。地勢の実感は、新鮮な体験である（石森）。

• しかし、このルートは、現状では、観光客の動員には適さない。自然景観のいちばんの見どころである大禹嶺への道は、自動車のすれちがいもむつかしい。外国人の旅行者はもちろん、台湾人の旅行者にとってもメジャーな観光ルートにはならないのではないか（高田）。

• 台湾で一般的な横断ルートは、台中―梨山―大禹嶺―太魯閣―花蓮。今回は、台中―大禹嶺までは梨山ルートを外して南の別のルートをとったから、その間が道路が悪かった。梨山ルートなら、快適なハイウェイとまではいかないが、定期観光バスも往き来している。梨山・大禹嶺・太魯閣と三つの観光ポイントをつないで、一日がか

台湾海峡
淡水河
基隆《キーロン》
北投《ペイタウ》
台北《タイペイ》
新竹《シンツウ》
烏来《ウーライ》
宜蘭《イーラン》
蘭陽溪
苗栗《ミャウリ》
大覇尖山
大安溪
大雪山
南湖大山
碧緑山
中央尖山
合歓山
大禹嶺
台中《タイチュン》
阿美文化村
霧社《ウーリオー》
彰化《チャンフア》
鹿港《ルーカン》
九族文化村
能高山
花蓮《ファリエン》
花蓮溪
南投《ナントウ》
日月潭
濁水溪
太平洋
斗六《トウリョウ》
光復《コンフー》
豊浜《フォンピン》
阿里山
秀姑巒山
嘉義《チャーイ》
瑞穂《ルウスエイ》
玉山
尖山
(新高山)
玉里《イーリ》
楽合《ロホ》
關山
卑南主山
台南《タイナン》
屏東《ピントン》
知本《ツウホン》
台東《タイトン》
卑南溪
緑島
高雄《カオション》
大武山
蘭嶼《ランユー》(紅頭嶼)
墾丁《クンテイン》
鵝鑾鼻《ウオーランピー》

りの観光ルートとなっている(神崎)。

●ところが、台湾一周五日間とか七日間の観光のコースには入っていない。日本でも、横断コースの観光商品化は進んでいないはず。現代では、大衆動員からすればハイウエイ観光への装置化が必要となるが、ここでは当面むつかしいのではないか(高田)。

●しかし、大禹嶺あたりの大パノラマは、ヨーロッパのアルプスにも匹敵するのではないか。ヒマラヤよりも越えやすいということでは、アジア第一の山岳景勝地であり、山岳観光地である(石森)。

●いずれにしても、山岳観光は、これまで何度も確認したように天候しだい。もとより、全天候型ではない。そこで、台中からのルートとしたら、とくに冬場の悪天候期には、梨山も大禹嶺も通りにくいのだから、日月潭や九族文化村や蘆山温泉などがもう少し利用されていい。しかし、何年も前から注目しているが、どうもいい観光ルートに発展しない。ひとつには、台中からの距離が遠いからだろう。また、花蓮からは大禹嶺を越えなくては、ここに入りにくいからだろう(神崎)。

●観光資源と観光動員は、必ずしも一致しない。たしかに大禹嶺の景観は、超一級といってもよいが、あとはどうか。各資源間の距離と交通問題もあるが、日月潭や九族文化村や蘆山温泉などは、観光資源としての水準の問題もある(高田)。

●秘境観光というには、俗っぽすぎる。やっぱり、観光ポイント間のアクセスからいうと、観光資源としての水準が同レベルなら、多くの人たちが海岸ルートをたどるのではないか。ならば、というので九族文化村もつくられたのだろうが、台湾山地の観光活性化にあまり機能しているとは思えない(石森)。

●九族文化村は、広大な敷地に九つの村が点在。村では、その部族出身者の老人や夫婦などによって日々の生活が営まれている。あくまでも展示としてだが、原村もそうだろうと思わせることでは、成功している。アジアには方々に民族村があるが、成功例として評価してよいのではなかろうか(高田)。

●ツオー族の村では、小学生が木工や竹飯づくりなどの体験学習をしていた。時期にもよるが、子どもたちがある一定数入ってくると、この種のテーマパークは成功、と評価してよい。それに、ここで働いている人たちは、おおむね元の村でのふだんどおり。けっして卑屈な展示物というわけではない(神崎)。

●これまで、先住民族や少数民族は、世界各地で観光業者によって「見世物」として商品化され、絶好の観光対象にされてきた。そのような観光の局面における人権無視についてては、厳しく糾弾されなければならないが、先住民族と観光の関わりを全否定するのはまちがいだ。現在、ほとんどの先住民族や少数民族が中央政府からの経済的援助に頼って生きなければならない状況にある。そのような状況のなかで、先住民族や少数民族が自覚的に観光に関与できるならば、経済的自立と文化的自立の両面において、観光は大いに役立ち得るものになる。民族村の評価も、そうした視点からみなくてはならない(石森)。

•九族文化村は、一九八五年にできた。それ以前からあった民族村は、韓国水原の民俗村。九族文化村も韓国の民俗村を参考にした、という。したがって、現在は数多いアジアの民族村では、この二つが老舗《しにせ》だ、といえる。そして、この二つが、それなりの水準を伝えて維持されている。ということは、その国の少数民族や地方文化に対してのまなざしの違いが反映してくるように思える(神崎)。

•しかし、いずこも経営は苦しいようだ。この九族文化村も、中央の一等地に巨大ドームの遊園地がある。観光バスで子どもたちの来訪は多いが、その大半は遊園地目あてではないか。たしか、韓国の民俗村にも、あとから遊園地が隣接してつくられた。これが、どうもそぐわない(高田)。

•民俗村・民族村を文化財相当施設とみるか、ただの模造観光施設とみるか。もちろん、双方にまたがっての「文化観光施設」があってもよいのだが、現実には、その方向性が曖昧で、したがって経営もむつかしくなるのではないか(神崎)。

•「文化観光」は、二十一世紀の観光の成熟をはかるひとつのテーマになる。しかし、経営を考えると、けっして楽観できるものではない。やはり、文化・教育的な施設とテーマパークは、企画段階から別なものとして計画しなくてはならないのではないか(石森)。

•九族文化村の方向性のやや曖昧さに比べて、阿美文化村の方向性は、じつに明解である。観光娯楽施設に徹しており、見世物を堂々と売っている。つまり、アミ族の民族性もあるが、歌舞が中心で、興行としての方向性が明解なのだ(高田)。

•「文化観光」は、もちろん望ましい将来的な展開だが、台湾でみるかぎりでは、日本人の観光客を含めてゲスト側のゆとりがまだその水準に達していないように思う。阿美文化村では、九族文化村よりはるかに古い歴史をもつ。それが、それなりに長く持続するのも、そういうことだろう(神崎)。

●その点、自然景観は、はじめから安定した観光資源である。もちろん、ダイナミズムという水準を満たしており、維持されている景観にかぎってのことだが、いわゆる時代による浮き沈みが少ない。そこでも、エコ・ツーリズムの必要がとかれる時代でもあるが(石森)。

●太魯閣は、日本人にとってもあまりにも有名な観光地で、行くまでは新鮮味を感じなかった。行ってみて、そのスケールに驚いた。大理石の狭谷が二〇キロも続く。文句なしの、一級品の景観だ(高田)。

●大理石を採取した跡であるから、人為的な自然景観である。産業史の景観といってもよい。雨天でバスの車窓から眺めるだけでも、十分に迫力がある。それにしても、人間もすごいし、自然もすごい。あらためて、石は強し、だ(神崎)。

●産業史景観という言葉が適当かどうかは別として、たしかに産業史景観が観光資源になりうる。炭鉱跡もそうだし金山跡、銀山跡もそうである。とくに、採掘場には、独特の雰囲気がある。ただ、太魯閣の場合は、そのスケールがけたはずれに大きいので、日本の佐渡金山跡や石見銀山跡ではかなわない(石森)。

●太魯閣を見たあとは、おきまりのみやげもの店に案内されても、興ざめることがない。大理石細工の大理石は、必ずしも台湾産ではないが、ありきたりのみやげも多い。しかし、採掘場と加工場の組み合わせは当然で、観光客には暗黙の諒解が生じる(高田)。

●みやげものは、大理石細工のほかに、何でもありだった。そこでも、日本人客は、カラスミと乾燥肉を好んで買っていく、という話を聞いた。定番化した台湾みやげではあるが、それだけ水準が高く安定している、ということになるだろう(石森)。

●食事は、全体的にちょっと印象が弱かった。というのは、全体的に口にあう標準にあるからだ。となると、客は勝手なもので、少し外れた味に冒険もしてみたくなる。それで、夕食後の屋台巡りがでてくるのだろう。それと逆に、一晩ぐらいはとびぬけて高級な、マキシム的な店へ行って食事をしたい、という客もでるだろう。台北は、すでにそうした街だろうと思うのだが、日本・台湾両方の案内書にそうした情報が乏しい。屋台店についての情報と同等に、もうひとつの高級料理店の情報もほしいところだ(高田)。

●高級料理は高級ホテルで、とほぼきまっているのではないか。ただ、たしかにそれは、豪遊も中ぐらいなり、だ。「一晩の食いだおれ」は、台湾での売りになるかもしれない。ナイトライフでなく、カップルとか熟年組を対象のそうした選択肢があってもよいだろう(神崎)。

●故宮博物館も、まぎれもなく超一級の文化の資源だ。ほとんどのパッケージツアーの見学コースであったが、最近は、それを外すツアー企画もでてきている。これは、見学に時間がかかるからだろう。実際に入館してみても、日本人の見学は、どうもせわしない。喫茶店でお茶を飲む人も少ないし、販売店で図録を手にとる人も少ない。今後は、博物館対象の観光の発達を望みたいが、それには日本での学校教育から見直しが必要なのだろう(石森)。

●あと、台湾では温泉観光やクルージングやゴルフ・釣がらみの観光など、その意味では多様な観光パターンがあるが、それについては、今回は体験を共有していないので討論のテーマにはとりあげない。台湾は、とくに日本人にとっては、アジアでの観光先進地であるから、また、あらためてそれら今回の討論から外れたテーマをひろって歩く機会もつくりたい(神崎)。

九族文化村の野外劇場でのショー

「済州島」（二〇〇四年九月一〇日〜一三日）

〈日程〉

九月一〇日（金）　成田・関空―済州＝「三姓穴」（島の創世神話を伝える「三つの穴」。これらの穴から済州島民の祖先となる三神人が誕生したという）＝済州民俗自然史博物館（済州島の地質学的構造、動植物、人々の暮らしと生産活動を実物や模型を用いて展示している）＝龍頭岩（済州市の西海岸に突き出た奇岩。龍が海中から頭をもたげているように見える）＝済州道庁（『道政要覧』などの資料を収集）／済州市泊

一一日（土）　済州市＝国立済州博物館（済州島の先史・考古学的資料から耽羅国時代を経て朝鮮時代に至る歴史遺物を展示。屋外には野外展示もある）＝騎馬ショー（モンゴル人による騎馬ショーと中国雑技）＝城邑民俗村（島の東部山中にあって、今なお人々が実際に生活しながら、住宅をはじめ、古い民俗を保存している）／済州市泊

一二日（日）　済州市＝トケビ道路（実際は「下り坂」なのに、あたかも「登り坂」であるかのように見える道路。周囲に飲食店や土産物屋が軒を並べる一端の観光地になっている）＝山房山（山容の美しい景勝地）＝大侑狩猟場（島の中央山地にあり、狩猟のほか、クレー射撃・ピストル試射などができる。キジ肉料理のレストランもある）＝済州民俗村博物館（済州島の民家を中心に、伝統的な生活を再現したテーマパーク）／済州市泊

一三日（月）　共同討議（ロベロホテル）／東門市場（済州市民の生活を支える生鮮食品の市場。海産物、農産物などの店が軒を並べる）＝済州市内見学を経て空港―成田・関空

＊―は航空機利用。＝は自動車利用

〈参加者〉

神崎宣武・高田公理・山村高淑・山本志乃

〈現地討論の要旨〉

・ソウルをはじめ、韓半島の都市部に比べると、済州島の人情は、著しく穏やかで人当たりが良いという印象を受

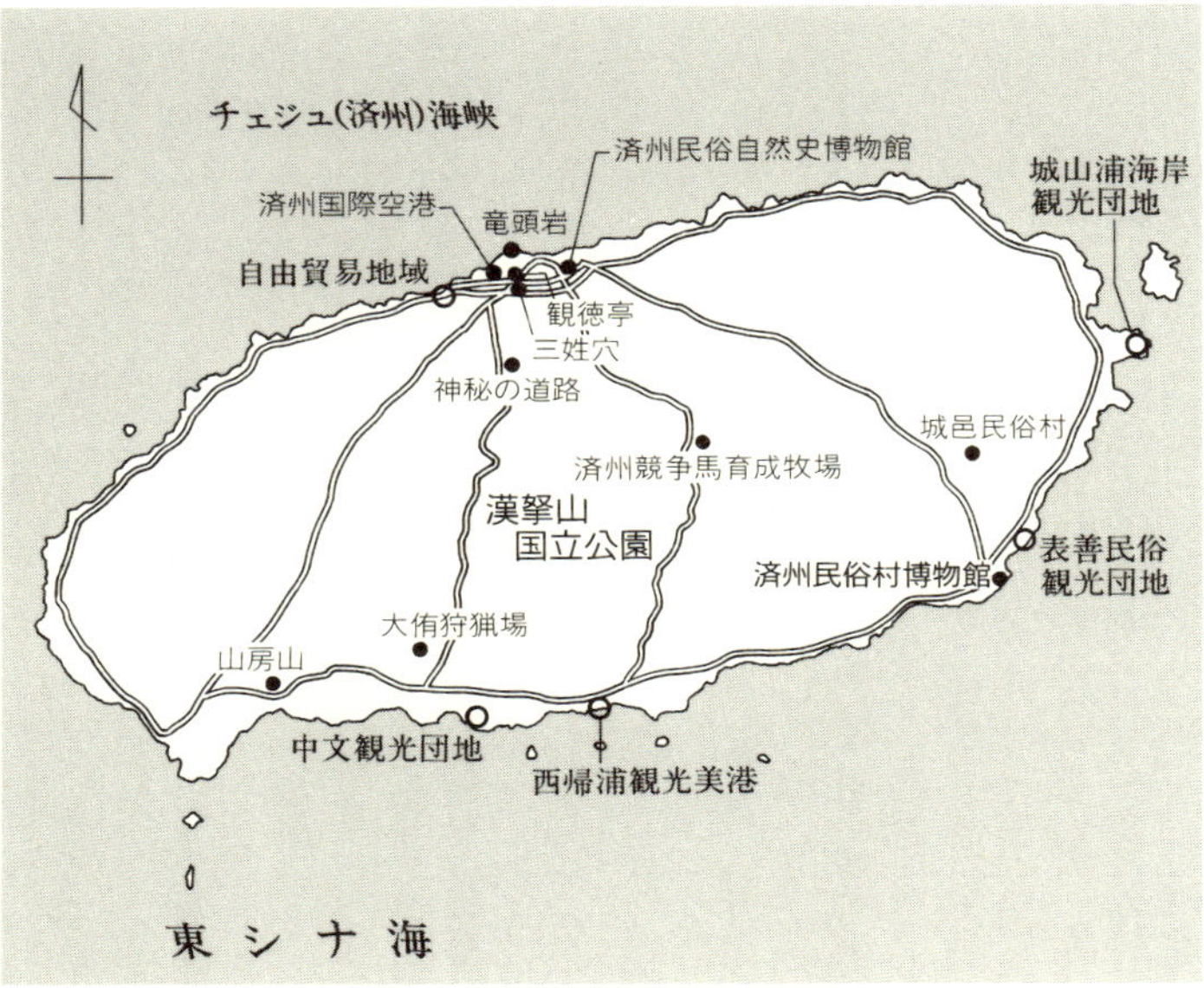

けた。のみならず、対日感情そのものにも、韓半島との違いが感じられる(高田)。

- 背景には、韓半島とは異なる済州島の歴史がある。たとえば「三姓穴」をめぐる故事来歴によると、太古、済州島は無人島だった。そこにある日、地中から三神人が生まれる。その穴が三姓穴である。やがて東の海の彼方から、木箱が流れてくる。開けると、三人の美しい女が現れた。そして三神人と結ばれる。彼らは、それぞれの居所を定め、牛馬を飼い、五穀を蒔いた。こうして豊かな生活世界が開かれていったという。その国の名が耽羅である。ここで「東の海の彼方」といえば、日本であろう。そんな記憶が、人々の穏やかな対日感情を生んだのかもしれない(高田)。
- のみならず済州島は、二十世紀なかばまで、韓半島から「未開地」と見なされていた。南北分断直後も、南の単独選挙に反対する運動への弾圧で、島民の四分の一が虐殺の憂き目にあった(神崎)。
- 済州島の人々の意識からいえば、韓半島への従属よりも、むしろ沖縄との類似に注目すべきなのかもしれない(山村)。
- ちなみに沖縄は、同じ離島でも、近代以前に幕藩体制に組み込まれた対馬などとは大きく異なる。李氏朝鮮とは異なると見なされた済州島の歴史は、徳川幕府から疎外された沖縄の歴史と重なると見ることもできる(神崎)。

- 人々の人情に関していえば、六〇%が仏教徒という土地柄も、その穏やかさに影響を及ぼしているかもしれない(高田)。
- 小さい島なのに、海産物を中心とする食材が豊かである。その結果、多様な献立が楽しめる。済州島は「食材グルメの島」といってよい。ただし、カツオやマグロなど、遠洋漁業による魚種は少ない。少し外海に出れば獲れるはずなのだが……(高田)。
- その必要がないのではないか。タコやアワビをはじめとする貝などは磯漁で獲れる。アマダイ、サバ、タチウオなども、近海で獲れるのだから……(神崎)。
- そういえば、果物の多様性にも、喧伝されるほどの潜在力はないように思う(高田)。
- 海産物だけでなく、伝統的な食文化が残っているのも魅力のひとつなのではないか。粟を原料とするマッコリ(濁り酒)、ドングリの豆腐、行事食に使われてきた味の濃厚な豚肉などが、その例としてあげられる(神崎)。
- ほかの事例をいえば、伝統的なのかどうかは別に、しゃぶしゃぶをはじめ、「キジ料理の観光化」が、かなり成功しているように思う。ただし、薬草や茶など、一次産品とその加工に関しては、いま少しの工夫が欲しい(山村)。
- ガイド付き観光のシステムが「制度化され過ぎ」ている。このまま行けば、個人旅行、グループ旅行など、自由な旅行の発展が、かえって阻害される可能性がある(山村)。
- なかでも「観光業」と「物販業」の連携というか、もっと悪くいえば「癒着」がはなはだしい。ニセモノ・ブランドの店に行くことが、ツアー参加者の義務になっているような状態は、早々に克服されるべきである(神崎)。
- 物販業との癒着だけではない。実際に旅行計画を立ててみた経験からいうと、自由度が著しく低い。料金設定も、高め止まりの印象を受けた。しかも、土曜と日曜に旅行しようとすると、とくに宿泊費が、週日に比べて格段に高価なものとなる(山本)。
- 今後の観光を考えると、個人旅行者が、どこまで済州島を楽しめるのかという点が大きな課題となる。その課題に地域全体として、どう取り組むのか。人々の意識の高まりと、それに対応した施策の実施が、観光地としての成熟を占う指標になる(高田)。
- あらゆる表記をハングルで統一することの功罪も考えるべきであろう。確かに、レストランや食堂のメニューには日本語表記のある場合がある。しかし、それ以外の場所では、漢字やローマ字を目にすることは極度に少ない。

このままでは、自由な旅行者の増加はむつかしいような気もする(高田)。

• ただ、済州道庁が所管しているインターネットのホームページは非常に充実している。とくに民俗文化に関する記述は、情報が豊富だと思う。しかも、それらが韓国語のほか、英語、日本語、中国語などで記されている(山本)。

• ところが、実際の観光場面では、民俗文化に触れる機会が少ない。たしかに民俗文化村は整備されているが、訪問者が多いとはいえない。それに、民俗芸能に触れる機会は皆無に近い。モンゴルの騎馬団や中国雑技のパフォーマンスがあるのに、これはどうしたことなのか。韓国、あるいは済州島の専用劇場はないし、レストラン・シアターすら存在しない(神崎)。

• 確かに、その通りだが、いまだ済州島の訪問者の多数が韓国人だとすれば、済州島の民俗芸能が市場性を持たないのかもしれない。広大な中国の場合には、国内旅行者でも、地域ごとに独自性のある民俗芸能に人が集まるのだが……(山村)。

• くわえて、済州島の人たちが、みずからの歌や踊りを観光資源として評価していないのではないか(高田)。

• 今ひとつ、韓国の現状を眺めると、いまだ「芸能ショーのアジアン・ワールド化」という要因があるかもしれない。海外旅行がじゅうぶんに普及していない国では、国内旅行での訪問先で手軽に外国の芸能に触れたいと考える傾向が強い(山村)。

• そういえば、ひと昔まえの日本の温泉地では、タヒチアン・ダンスやフラダンスが、人々の耳目を集めた時代が、確かにあった(高田)。

• その一方で、ペ・ヨンジュンが主演したテレビドラマの撮影現場を訪れるツアーをはじめ、映画やテレビドラマなど、メディアの力を最大限に活用した観光客誘致が展開されている。新しい傾向として注目する必要があるかもしれない(神崎)。

• それに似たことは、一九九〇年代後半、香港の映画ロケ地を観光客誘致に利用して成功したといった事例にも観察できる(山村)。

• 済州島の場合、未だ九〇％が韓半島からの観光客で占められている。今後その「国際化」がどのように進むのか。興味深い点である(神崎)。

• そういえば、たとえば日本からの訪問客も、その客層は著しく均質的である。主流は「二泊三日」の日程で「ゴルフ(プラス射撃)、カラオケ、カジノ(プラス女遊び)」で遊びたい中高年男性。最近は、これに中年女性がプラスされつつあるようだが、めざす遊びには男性と大差がないように思う(高田)。

●日本人のつぎに済州島の関係者がターゲットにしているのは、中国人の団体旅行ではないか。現状を考えると、それが奏功すれば、観光形態がまた変化するかもしれない。というのも、中国人観光客は巨大な団体で動きまわる。その際、われわれから見れば、自文化中心の日常生活スタイルを、そのまま観光地に持ち込む傾向が生じるだろう。かつてのアメリカ人観光客がそうであったように。また、かつての日本人観光客もそうであったように。国際観光の過渡期現象が避けられないのではないか。これらの問題を踏まえて、いかに新しい客層の関心を引くのか。このあたりに済州島観光の将来を占う鍵が隠されている(神崎)。

済州民俗村博物館

あとがき

本書は、旅の文化研究所の特定研究プロジェクトの成果報告です。

旅の文化研究所は、近畿日本ツーリスト株式会社の支援のもとに平成五(一九九三)年七月一日に設立されました。といっても、業務的な研究を託されているわけではなく、特定研究と公募研究を柱に学際的、かつ国際的な研究活動を展開しています。

本特定研究プロジェクトとは、平成六年から一〇年までの「島世界の伝統と現代―アジア・太平洋地域における『観光立島』のあり方」です。そのなかで私どもは、短期間ではあっても共同でのフィールドワークを重視してきました。そして、そのつど最終日に行う共同討議を重視してきました。そのあらましは、「付論」として本書にも収録しております。

本特定研究プロジェクトには、多くの人が参加しています。宮田登(故人)、千田稔(国際日本文化研究センター教授)、上江洲均(久米島自然文化センター所長)、石井正己(東京学芸大学教授)、山村高淑(京都嵯峨芸術大学助教授)、清水良治(㈱近畿日本ツーリスト情報システム)などの諸氏。それに、事務局からは、小川善久、中里照代、坂口福美、鈴木恭子、山本志乃らの諸氏が参加してくれております。また、お名前は省きますが、現地でも多くの方々にご協力をいただきました。ありがとうございました。

したがって、本書をまとめるにあたっては、右の方々のなかからもご報告をいただくのが道義というものです。当初は、そう計画もしておりました。しかし、出版を進めるには作業上の制約もあって、最初から通してプロジェクトに参加している私ども三名(石森秀三・高田公理・神崎宣武)が代表して執筆を行い、その責を負うことになりました。

じつは、私どもの原稿の大半は、プロジェクトが終了して間もなくの平成一三年には書きあがっておりました。したがって、本書は、その時点での報告ということになります。もちろん、一部データを改めて修筆もしましたし、以後のフィールドワークの成果も部分的にはとりいれました。しかし、原則として執筆時におけるそれぞれの思いを大事として、原文を残すことにしました。また、文体も最小限の整理にとどめ、三者三様の個性を生かすことにしました。

諸般の事情があって、出版が今日まで延び延びになりました。その間、ずっとかわらず、出版の相談にのってくださったのが、道川文夫さんです。道川さんは、このたび、長年おつとめだった出版社を退職され、新しい出版社を設立されました。その第一期の出版ローテーションに本書がとりあげられました。うれしいかぎりです。ここに、道川さんに対しての謝意を表します。

また、テロやサーズや交通事故の突発のたびにゆれる旅行業界のなかにあって、旅の文化研究所の活動の維持をはかってくださる近畿日本ツーリスト株式会社のメセナ精神に対して、心から敬意を表します。そして、旅の文化研究所を支援してくださるアソシエイツの皆さまに対しても、心から御礼を申しあげます。

私どもは、旅の文化研究所を中心に、あらためて人類社会における旅のあり方を考えてみようとしています。そのひとつに、本書でとりあげた観光のあり方があります。旅で学ぶと同時に、旅をも学んでいく。旅、あるいは観光という「手」の加え方しだいで、地球は美しくもあり、人類は平和でもあるだろう、と信じてうたがいません。本書を手にとってくださった方が、新たに旅の文化研究所のアソシエイツに加わってくださるならば、それは、私どもにとって望外のしあわせというものです。ご支援を願ってやみません。

平成一七年五月五日

執筆者を代表して

神崎宣武

著者略歴

石森秀三（いしもり・しゅうぞう）

1945年神戸市に生まれる。

国立民族学博物館教授。文化資源研究センター長。観光文明学・文化開発論専攻。

主な編・著書に『危機のコスモロジー』（福武書店）『観光と音楽』（東京書籍）『観光の20世紀』（ドメス出版）『Tourism』（National Museum of Ethnology）『博物館概論』（財団法人放送大学教育振興会）ほか

高田公理（たかだ・まさとし）

1944年京都市に生まれる。

武庫川女子大学教授。観光学・都市文化論・比較文明学専攻。

主な編・著書に『酒場の社会学』（ＰＨＰ文庫）『自動車と人間の百年史』（新潮社）『「新しい旅」のはじまり』（ＰＨＰ研究所）『料理屋のコスモロジー』（ドメス出版）『嗜好品の文化人類学』（講談社メチエ選書）ほか

山本志乃（やまもと・しの）

1965年鳥取市に生まれる。

旅の文化研究所研究員。民俗学専攻。

主な共著に『落語にみる江戸の食文化』『落語にみる江戸の「悪」文化』『絵図に見る伊勢参り』（いずれも、河出書房新社）ほか

編集　道川龍太郎・山本則子

図版　谷田貝オフィス
協力　神崎研究室　指田純子

写真　飯田隆夫

装画『街が斜めに遠ざかる』（2003年作）について　根本有華（ねもと・ゆか）

「なくしものを探す旅」というテーマで個展をした。その時にこの絵を描いた。機上からの眺めだ。

引越ばかりで過ごしてきたわたしのなくしものは「故郷」だ。現実にそんなことはないのに、いつも辿り着く場所を探している。だから、旅をする。世界のどこかに心が立ち止まる街があるような気がして、ふと時間ができれば旅に出る準備をする。なにより、わたしは旅が好きなのだ。

車窓からの眺めに心が掴まれるのは、去っていく場所が在るから。戻れない景色を想う淋しさばかりが残像になる。それらを懐かしみ、描いている。

展覧会場はカフェだった。道川氏とは、そこで出会った。彼はその店の常連であったが、会期終了三日前まで絵に気付かなかった。いつも座る場所からは見えなかったのだ。その日に限って、たまたま違う席に座り、この絵に気付いた。そして立ち上がり、絵の正面に向かっていた。

偶然にはっとさせられることは確かにある。或る日、離陸直後の機上から見た街。それは深く青い海の揺れる波光、そして水底の小石に映った。届かないから美しいと救われた気がして、この絵を描き展示の最後に置いた。その理由を道川氏は瞬時に酌んでくれた。いまはすべての新しい出会いに、居場所を見つけたような、そんなあたたかさを感じている。


1998年日本大学芸術学部美術学科卒業。

装丁、挿画、広告などを中心に、車窓から見た風景をイメージとする作品を展開。

早描きを得意とするため、壁画、車体画など広大な画面に描くことが多い。

主な装画作品に、『対岸の彼女』（角田光代）、『とおくはなれて そばにいて』（村上龍）、『FLY』（新野剛志）、『鯨岩』（又吉栄喜）など。

神崎宣武

……かんざき のりたけ……

1944年、岡山県生まれ。

民俗学者。旅の文化研究所所長。

著書『盛り場の民俗史』(岩波新書)

『観光民俗学への旅』(河出書房新社)

『おみやげ—贈答と旅の日本文化』(青弓社)

『「うつわ」を食らう—日本人と食事の文化』(日本放送出版協会)

『江戸に学ぶ「おとな」の粋』(講談社)

『江戸の旅文化』(岩波新書)

『「まつり」の食文化』(角川選書)など

文明としてのツーリズム

歩く・見る・聞く、そして考える

発行

2005年 7 月20日　初版第1刷発行

2005年11月20日　初版第2刷発行

編著

神崎宣武

発行者

道川文夫

発行所

人文書館

〒151-0064

東京都渋谷区上原1丁目47番5号

電話 03-5453-2001

電送 03-5453-2004

http://www.zinbun-shokan.co.jp

ブックデザイン

鈴木一誌+仁川範子

印刷・製本

信毎書籍印刷株式会社

ISBN 4-903174-01-8

Printed in Japan

＊私たちは何処へ向かうのか

近代日本の歩んだ道―「大国主義」から「小国主義」へ

田中　彰　著

日本は大国主義をめざして戦争に敗れた六十年前の教訓から「小国主義」の日本国憲法をつくることによって再生を誓った。中江兆民、石橋湛山など小国主義の歴史的伏流から日本の行く末を説く。

Ａ５変形判二六四頁　定価一八九〇円

＊風土・記憶・人間

文明としてのツーリズム―歩く・見る・聞く、そして考える

神崎宣武　編著

人はなぜ旅を「食う」のか！　文明のフィールド・ワーカーによる「旅学」のすすめ！

Ａ５変形判三〇四頁　定価二一〇〇円

＊天地有情とともに。カミと出会う場所。

木が人になり、人が木になる。―アニミズムと今日

岩田慶治　著

［自分って何］［民族って何］［草木虫魚って何］

自然な宗教的感覚・アニミズム的死生観の到達点！

Ａ５変形判二六四頁　定価二三一〇円

＊若き日の未発表論文から、「岩田人文学」の原点をたどる

近刊

森林・草原・砂漠―地理学的考察

岩田慶治　著

〃地理学は人間を理解しようとする一つの試みである〃

Ａ５判　予定価三九九〇円

定価は消費税込です。（二〇〇五年九月現在）